"寻找中国制造隐形冠军丛书" 编委会

主　任

陆燕荪　国家制造强国建设战略咨询委员会委员

副主任

屈贤明　国家制造强国建设战略咨询委员会委员

高端装备制造业协会合作联盟专家指导委员会主任

委　员（按姓氏笔画排序）

王玲玲　吕亚臣　任晋阳　杨松岩　陈　曦

陈良财　武　鹏　卓卫明　周　波　庞维中

郑锦荣　柯继安　秦　伟　顾志刚　徐　静

唐　波　谢東华　薛　林　魏志强

XUNZHAO

ZHONGGUO ZHIZAO

YINXING

GUANJUN

寻找中国制造隐形冠军丛书编委会 编

魏志强 陈良财 主编

厦门卷

寻找
中国制造
Hidden Champion
隐形冠军

人民出版社

《寻找中国制造隐形冠军》（厦门卷）编委会

主　任

柯继安　厦门市经济和信息化局局长

副主任

邓建华　厦门市经济和信息化局副局长

王玲玲　高端装备制造业协会合作联盟专家指导委员会秘书长

委　员（按姓氏笔画排序）

王志琴　王玲玲　叶怡锻　李　莉　李永福　杨金水

陈　曦　陈良财　陈振超　武　鹏　金　松　周松奕

秦　伟　智　强

总　序

隐形冠军这个概念源自于德国赫尔曼·西蒙（Hermann Simon）教授写的一本书，就是《隐形冠军：未来全球化的先锋》。这本书的中文版出版发行后，隐形冠军这个词很快就在中国流行开来。但很多人并不明白隐形冠军是什么意思，也不清楚隐形冠军在制造业中的地位和作用，所以，我们有必要首先搞清楚它的含义。

西蒙教授这本书的书名很耐人寻味，他把隐形冠军称作"未来全球化的先锋"。西蒙教授认为，经济全球化是人类社会发展的大趋势。他说："世界经济共同体是我对未来的称呼。"与大企业相比较，隐形冠军虽然企业规模不是那么大，但在西蒙教授的眼中，隐形冠军却是人类走向世界经济共同体的先锋。从西蒙教授的书中我们能够看到，德国这个世界制造强国，就是由隐形冠军企业铸就的。

为了准确地理解隐形冠军这个概念，我们用一个实际例子来说明其内涵。以菲尼克斯公司为例，这个公司生产的产品主要是配电柜里的接线端子，它生产的接线端子技术领先，质量可靠。一般人都知道西门子、ABB、施耐德这些世界著名的品牌，但并不知道它们所用的配电柜里的接线端子全部由菲尼克斯提供，像菲尼克斯这样的企业就是隐形冠军。为什么说它是"隐形"？因为它生产的产品不是整机，也就是说，不是一个独立的终端产品，只是产业链上某一个关键环节，从这个意义上来说，我们称其为"隐形"。隐形冠军在全球制造业现代化的进程中，即我们现在讲的数字化、网络化、智能化的进程中，在每条产业链里，它的地位绝对不可忽视。因为一个企业不可能什么都做，最终产品实际上都是组装起来的。关于这个问题，在"纪念沈鸿同志诞辰110周年"时，我写了《沈鸿质量思想对新时期机械工业质量工作的指导意义》一文，其中介绍了我国著名机械工程专家、原机械工业部副部长沈鸿同志在1979年2月23日写的文章《关于什么是先进机械产品的探讨》。沈老部长在他的文章中画了一张圆圈图，从品种、质量、成套、服务四个方面对"先进的机械产品"进行了界定和形象的描述。"先进的机械产品"就是从这个圈里出来的，最后形成的成套设备才是生产力。人们通常都知道市场上成套设备的品牌，但在成套设备整个产业链的一些重要环节所用的关键零部件却不为人知，它们隐形于整机之中，生产这些产品的企业我们称之为隐形冠军。

在中国，主机厂和配套厂之间的关系不是单纯的买卖关系，而是一种协同创新的伙伴关系。如山东临工，它把专供其零配件的供应商叫作黄金供应商，山东临工帮助这些企业研发产品，而这些企业也就不再为其他厂家供货，成了山东临工的专门供应商。

从一条产业链来看，配套厂产品质量的可靠性必须达到主机厂信任的程度才可以。那么，配套厂怎样才能向主机厂证明其产品的可靠性呢？那就是配套厂的质量保证体系健全，产品一定要经过试验、认证，才能出厂。在这方面，沈老部长的思想非常重要，他认为，"可靠性是机械产品最主要的质量特征之一，一切产品都要通过试验方可出厂。"中国制造强国战略强调了产业质量技术基础的战略作用，而标准、计量、检测、试验、认证等是其主要技术支撑体系。

人们买东西通常是倾向于购买品牌产品，这是品牌效应的结果，但是如果真正追究其背后的原因，一个品牌还是要包括许多质量指标的。这些指标的建立，就是建立标准，而标准是要统一的。我们现在有很多国家标准、行业标准，但事实上这些标准只是低水平的准入门槛。作为行业领袖的隐形冠军，一般都有远高于国标和行标的自己企业的标准。

比如，有一次我到北京 ABB 公司调研，在现场我询问陪同人员，质量指标究竟到了什么样的标准。这位陪同人员说，他们的标准完全符合中国国家标准和行业标准。我说我不是这意思，我是要问企业的标准。他就生产线上开关的例子回答了我的问题。他说，这个产品的指标，国标要求保证开断 1 万次无故障，但他们公司的控制指标是 3 万次，因此零部件的标准也都大大提高。我们现在要求产品符合国家标准，其实这是低标准，缺乏竞争力。我参加过很多国家标准、行业标准的制定，大家都讨价还价，最后标准的水平只能符合大多数的意见。所以，现在标准改革提倡企业标准，以树立企业品牌。

再如，在三峡工程中，我负责三峡工程机电设备的质量，三峡公司的制造质量标准，包括铸锻件质量标准，都远远高于同类国际标准，形成了我们自己的一套标准，现在外国公司给三峡公司提供产品都要遵从这套标准，三峡公司后来把它列为采购标准，现在又上升为电器行业协会的协会标准。这一系列的指标或标准，作为隐形冠军企业都应该具备。现在，中国制造强国战略的实施战略之一——强基工程就是要解决这个问题。

菲尼克斯是个典型隐形冠军企业，他们写了一部书，名字叫《面向中国制造 2025 的智造观》。他们把"制造"改为"智造"，其中包括数字化、网络化，特别强调精益生产。把精益生产纳入到智能制造环节很重要，很多企业忽略了这一点，只强调信息化是不够的。现在也有人提出精益化思维，我觉得生产和思维是不同的。精益生产是"Lean Production"的翻译词，我们要理解原词的含义。麻省理工学院教授写的《改造世界的机器》一书，对精益生产作了详细的阐述。它是从汽车行业推行的"准时化生产（JIS）"发展而形成的生产运行模式。汽车是大批量、流水线生产，在生产环节上不允许有多余的零件存放，它的目标是零库存，当然实际上很难做到，但是要尽量减少库存量，加快资金周转，以提高经济效益。菲尼克斯把精益生产纳入智能制造的内容，很值得研究、推广。

在制造业发达国家都有一个产业转移的现象，但我们看到，发达国家的产业转移是对产业链都做了详细规划的，他们转移的是中低端企业，而产业的整体链条还是在发达国家手中掌握。在这种情况下，中国企业可以收购外国企业，但是它的核心技术并未转移出本国。这也迫使中国企业必须加强自主创新。现在，我们国家也正在经历产业转移这个过程，所以，我们也要有一个像发达国家那样的规划，这个规划的关键包括了如何支持隐形冠军企业真正实现国产化的目标。做这样的规划要以企业为主体，但也要发挥政府的作用。

我们现在对大企业了解得多一些，对于隐形冠军，尤其是各地区的隐形冠军了解得还不是那么清楚。不清楚隐形冠军，实际上就是不清楚我们的产业链和世界制造强国比还有什么样的差距，也说不清楚我们的产业在世界上究竟处于什么样的水平。孙子兵法说"知己知彼，百战不殆"。我们编辑出版这套丛书，就是要搞清楚我国隐形冠军的状况，从而使我们能够制定出一套有效的产业政策，以促进隐形冠军的发展，加速"强基工程"的实施，实现中国制造由大变强。

从我们的现实情况来看，一个地区隐形冠军的培育和发展，离不开地方政府的支持。比如，在产业政策、经济金融等方面都需要地方政府制定出有利于隐形冠军企业发展的长效机制。再如，有些研发项目需要持续5年、8年，甚至10年，民营企业很难承受这种投资大、周期长、利润低的项目，这就需要政府的支持。中国最近提出要建立国家实验室，这对于建立长效创新机制有重大作用。

我们编辑出版的"寻找中国制造隐形冠军丛书"，将分行业卷和区域卷出版。我们希望各行业协会、地方政府能够对隐形冠军企业和这套丛书的编辑工作给予大力支持。

西蒙教授在他的书中把隐形冠军定义为"未来全球化的先锋"。今天，全球化的激烈竞争已不单是一个个企业的单打独斗，而是产业链的竞争，一个行业领军企业只是"冰山一角"，需要无数的供应商或协作方（包括服务类组织）等"隐形冠军"来支持和保障。中国制造要走出去，走全球化之路，必须打造我们完整的供应链和创新共同体，形成整体竞争优势。拥有这一整体竞争优势的前提，就是看我们能否培育和发展出一批隐形冠军企业。

因此，在这里我们呼吁社会各界支持中国隐形冠军的发展，关注并支持"寻找中国制造隐形冠军丛书"的出版。

陆燕荪

2017 年 10 月

目　录

序　言 ………………………………………………………………… 001

前　言 ………………………………………………………………… 001

第一部分　电　子

第一篇　宏发：挺起民族继电器工业脊梁 ………………… 陈　曦 003

第二篇　厦门天马：开启 LTPS"天马时代" ……………… 王志琴 014

第三篇　三安光电：引领光电"芯"潮流 ………… 金　松　李　莉 024

第四篇　麦迪电气：国际电工巨头身后的隐形冠军 ……… 王志琴 036

第五篇　芯阳科技：家电安全的幕后英雄 ………………… 秦　伟 047

第六篇　赛尔特：用电安全"守护神" …………………… 李　莉 055

第二部分　材　料

第七篇　虹鹭钨钼：梦想照进现实 ……………………… 秦　伟 069

第八篇 路达：专注为王 ……………………………………… 刘志昊 086

第九篇 长塑实业：科技成就品质生活 ……………………… 秦 伟 099

第十篇 创业人：创新引领国际精细包装 …………………… 陈 曦 107

第十一篇 建霖集团：创造引领 智造蜕变 ……………… 陈良财 117

第十二篇 百霖净水：净水行业的英特尔 …………………… 陈 曦 128

第十三篇 姚明织带："双创"与"双反"的样本 ………… 陈良财 136

第十四篇 威迪亚：用智慧改变生活 ………………………… 刘志昊 150

第十五篇 金德威："包装"王者之道 …………………… 金 松 李 莉 159

第十六篇 利德宝：专业、创新、求变 ……………………… 秦 伟 171

第十七篇 聚富塑胶："膜"界成雄 ……………………… 金 松 李 莉 180

第十八篇 威尔邦：成功源自创新 …………………………… 刘志昊 191

第十九篇 中鲨动保：迈步走向国际品牌的路上 …… 金 松 李 莉 199

第三部分 机 械

第二十篇 科华恒盛：创业30年来的"变"与"不变"……… 王志琴 209

第二十一篇 厦门力巨：LOCD领导者让制造更智能 ………… 陈 曦 219

第二十二篇 大千集团：创新自成一格 ……………………… 王志琴 229

第二十三篇 申颖科技：商用洗净设备开拓者的坚守 ……… 陈 曦 242

第二十四篇 永裕机械：汽车刹车系统领航者 ……………… 李 莉 252

第四部分 物联网

第二十五篇 蓝斯通信：智能公交技术领航员 ……………… 陈 曦 265

第二十六篇 物之联：轨道交通主动安全的守护者 ………… 王志琴 277

序　言

隐形冠军的缘起

隐形冠军是一个定义企业的流行词，源于德国赫尔曼·西蒙（Hermann Simon）教授所著的《隐形冠军：未来全球化的先锋》一书。在这本书中，西蒙提出了隐形冠军企业的三个标准：

1. 世界前三强的公司；

2. 营业额低于 50 亿欧元；

3. 不是众所周知。

满足这三个标准的企业，西蒙称之为隐形冠军。第一个标准标志着隐形冠军的市场地位，是指在一个细分市场中隐形冠军所占的市场份额。第二个标准是一个动态标准，2005 年时，西蒙曾把它确定为 30 亿欧元。第三个标准是指不为消费者所周知。隐形冠军虽然在某个细分市场中为客户所熟知，但因它生产的是工业品、原材料等，不是终端消费品，所以，一般不为消费者即大众所周知。

西蒙认为，隐形冠军战略有两大支柱：第一个支柱是集中和深度。隐形冠军一般都在一个细分市场里长期精耕细作，并强调服务的深度。由于隐形冠军的业务都是集中在某个领域，所以，国内市场有限，这就产生了隐形冠军战略的另一个支柱，就是市场营销的全球化。因此，隐形冠军是"未来全球化的先锋"。

西蒙关于隐形冠军的思想对中国有很大的影响，例如，2016年我国发布的《制造业单项冠军企业培育提升专项行动实施方案》（简称《方案》），这里所说的单项冠军实际上就类似于西蒙定义的隐形冠军。

《方案》提出，制造业单项冠军企业是指长期专注于制造业某些特定细分产品市场，生产技术或工艺国际领先，单项产品市场占有率位居全球前列的企业。有专家指出："制造业单项冠军企业包含两方面内涵：一是单项，企业必须专注于目标市场，长期在相关领域精耕细作；二是冠军，要求企业应在相关细分领域中拥有冠军级的市场地位和技术实力。从这个意义上讲，单项冠军与德国赫尔曼·西蒙教授提出的'隐形冠军'概念是十分类似的。"

《方案》强调，制造业单项冠军企业是制造业创新发展的基石，实施制造业单项冠军企业培育提升专项行动，有利于贯彻落实中国制造强国战略，突破制造业关键重点领域，促进制造业迈向中高端，为实现制造强国战略目标提供有力支撑；有利于在全球范围内整合资源，占据全球产业链主导地位，提升制造业国际竞争力。

寻找中国制造的隐形冠军

我们在策划这套丛书时，首先碰到的问题就是如何界定和选择中国制造的隐形冠军。何谓"隐形"，隐在何处？何谓"冠军"，冠在哪里？在这些方面，本书吸收了《方案》和西蒙教授的思想，但也有不同。

一提起隐形冠军，很多人常常把它归结到单纯的制造领域，实则不然。"那种认为德语区的企业只是在机器制造领域保持技术领先的观点是错误的。我们在消费品和服务领域里，同样可以找到相当数量的说德语的世界市场的领导者。"西蒙说，"有超过2/3的隐形冠军（确切地说是69%）活跃在工业领域。1/5的隐形冠军涉及消费类产品，另有1/9属于服务业。"显然，西蒙认为，隐形冠军在机器制造、消费品和服务业三大领域。

隐形冠军不单单在机器制造领域，但西蒙说的三大领域也还有待细化和拓展。例如，服务业应主要指生产性服务业，消费品（包括耐用消费品）领域应指那些为终端产品提供配料、配件、原材料等的企业。因此，隐形冠军应主要在工业品、消费品、生产性服务业、原材料四个领域。隐形冠军生产的产品通常是"隐形"于终端产品或消费品之中的中间品，或生产工具（装备）、原材料，它是成就终端产品和消费品品牌不可或缺的关键因素。

在"冠军"的甄选方面，考虑到我们寻找的是中国制造隐形冠军，所以，除了排名世界前三的隐形冠军，本书还选入了一些在某一个细分市场居于中国前三的企业，或者有可能培育成为隐形冠军的企业。在市场地位方面，本丛书更强调隐形冠军对市场的引领和带动作用。

隐形冠军企业的成功模式和发展战略

我们在隐形冠军的调研中，发现中国的隐形冠军与德国的隐形冠军有诸多不同，它们有自己独特的成功模式和发展战略。

首先，中国的隐形冠军都在探索适合自己发展的企业组织形式。德国隐形冠军主要是家族企业，很多有百年以上的历史。中国的隐形冠军绝大多数产生在改革开放之后，没有德国隐形冠军的悠久历史，要想追赶上制造强国的隐形冠军，在企业组织形式上就不能拘泥于家族企业，而是要选择更适合自己发展的企业组织形式。例如，我们在嘉兴调研时，发现很多隐形冠军就是从家族企业转变成为上市公司的，一些没上市的隐形冠军也在筹划上市。而在通用机械行业调研时，我们发现，很多隐形冠军是国有企业。这次在厦门调研时，我们又发现，由于受惠于经济特区的特殊政策，这里的隐形冠军不少是合资企业。这些实际情况说明，家族企业并不是隐形冠军可选择的唯一组织形式，中国隐形冠军根据实际情况确定适合自己的组织形式，这是正确的选择。

其次，中国的隐形冠军有自己对创新的理解。创新是从国外引进的概念，在英语世界里，科学成果叫发现，技术进步叫发明，企业研发、生产、经营管理的成果才叫创新。创新是一种企业满足市场需求的商业行为。我们调研的隐形冠军说明，企业的创新确实都是有商业价值的创新，都是为了更好地满足客户需求的创新。例如，《寻找中国制造隐形冠军》（嘉兴卷）中的浙江京马电机公司，它的创新是集中在产品性能的提高上，强调产品效率、温升、噪音、振动、功率等指标的不断改进。这里面的每一项创新都和产品有关，都和市场需求有关，都和企业盈亏有关，这一点不同于科学发现和技术发明。又如，《寻找中国制造隐形冠军》（通用机械卷）沈鼓集团生产的往复式压缩机和中核科技生产的主蒸汽隔离阀，前者是引进消化吸收再创新的经典之作，后者是突破国外技术封锁实现自主设计和制造的标志性产品，两者都打破了国外对中国市场的垄断。本书宏发公司生产的继电器、芯阳科技公司生产的电熨斗智能控制器、力巨公司生产的水胶贴合设备等，都是在深入了解市场需求的基础上不断创新的结果；还有创业人公司为了满足客户需求，不断地以品牌创新来塑造国际高端品牌。这些案例说明，企业创新不同于科学发现，也不同于没有商业目的的技术发明。因此，准确地把握发现、发明、创新这些基本概念，科学家才能专注于发现，技术专家才能专注于发明，企业家才能专注于创新，隐形冠军才能做好自己的产品。

再次，中国的隐形冠军在全球化中平衡自己的发展战略。在全球化过程中很多人看到的是"世界是平的"，例如，托马斯·弗里德曼出版专著《世界是平的》。他看到的是遍布世界的麦当劳、星巴克、好莱坞电影以及在谷歌上网等。但也有与他不同的观点认为，世界不完全是平的，它有国界、文化差异、价值观冲突等。这说明世界还没有那么平。隐形冠军应在这样一个全球化过程中找到标准化和差异化的平衡。《寻找中国制造隐形冠军》（嘉兴卷）的闻泰科技是一家全球最大的手机原始设计制造商（ODM），它有自己出方案的业务，也有代工业务，前者需要差异化，后者需要标准化。闻泰科技对差异化和标准化业务发展有比较好的平衡。由此引申出另外一个问题，就是市场地位如何体现？是按标准化去做量，还是按差异化去满足个性化需求？这也是对隐形冠军的挑战。关于这一点，我们赞同西蒙的观点，即隐形冠军的市场地位更应从引领市场的维度理解。引领市场的维度包括确定方向、制定标准、超越客户等。本书甄选的隐形冠军，大部分都是某一个细分领域的领袖企业，他们在引领行业发展方向、制定标准等方面都发挥了重要作用。例如，本书中的宏发公司在继电器行业、路达集团和建霖集团在卫浴领域都是标准的制定者，起到了引领行业的作用。

还有，我们发现中国制造隐形冠军有明显的区域集群发展的特征。例如，在长三角、珠三角的一些沿海城市就有集中产生隐形冠军的现象，形成了一个个隐形冠军区域集群。这不同于产业集群，它的产业关联性并不像产业集群那样大，有的甚至没什么关联性。他们除了在某个细分市场有举足轻重的地位之外，对地方经济发展也有引领和带动作用。为什么这些区域能产生隐形冠军企业集群？本丛书发现，主要是企业家精神和工匠精神使然。这种现象给我们留下了一个需要继续探究的问题，那就是他们的企业家精神和工匠精神是怎么培育出来的？

随着本丛书工作在更多城市和行业的展开，我们将进一步丰富有关中国制造隐形冠军成功模式和发展战略的研究成果。

中国制造需要更多的隐形冠军

根据西蒙的统计，全球隐形冠军企业共 2734 个，其中德国有 1307 个，几乎占了一半，中国只有 68 家，远低于德国。从每百万居民的隐形冠军数量看，德国为 16，中国仅为 0.1，与德国的差距更大。

隐形冠军是决定一国制造业是否强大的基石。从拥有隐形冠军企业的数量上来看，中国要实现制造强国战略还任重而道远。不过由于中国正处于隐形冠军发展的初期阶段，西蒙预测，"可以想象，中国的隐形冠军数量将在未来 10—20 年里大幅增加。"

中国制造强国战略提出，到 2025 年中国要进入世界制造强国方阵，制造业达到德国和日本的水平。但从隐形冠军这项关键指标来看，"中国制造"整体赶超德国和日本制造的任务还是非常之重。

不过，如果我们把隐形冠军所在领域像西蒙那样从机器制造领域拓展开来，把它确定在工业品、消费品、原材料、服务业四大领域，到了 2025 年，或许我们就会有理由更加乐观一些。《寻找中国制造隐形冠军》（嘉兴卷）选入了 26 个隐形冠军，《寻找中国制造隐形冠军》（通用机械卷）选入了 24 个隐形冠军，本书选入了 26 个隐形冠军。在中国，像厦门、嘉兴这样的城市，甚至比厦门、嘉兴制造业更发达的城市还有很多，这些城市会孕育出更多的隐形冠军。从行业的角度来看，隐形冠军遍布各行各业，仅就装备制造业而言，其产品就分为 7 个大类，185 个小类，这里面的隐形冠军还有待于深入挖掘。

党的十九大报告指出："中国特色社会主义进入新时代，我国社会主要矛盾已经转化为人民日益增长的美好生活需要和不平衡不充分的发展之间的矛盾。"毫无疑问，隐形冠军是解决中国经济发展"不平衡不充分"问题的主要力量，我们需要培育更多的隐形冠军。

本丛书的编写和出版

"寻找中国制造隐形冠军丛书"的编写工作始于 2017 年的春季，我们计划用四至五年的时间完成 30 卷的编写工作。本丛书按区域和行业寻找中国制造隐形冠军，每一卷选入 25 家左右隐形冠军企业。

"寻找中国制造隐形冠军丛书"的开篇之作是《寻找中国制造

隐形冠军》（嘉兴卷），已于 2017 年年底正式出版。行业卷的第一本书《寻找中国制造隐形冠军》（通用机械卷）也已经面世。现在出版的《寻找中国制造隐形冠军》（厦门卷）是本丛书区域卷的第二本。

作者在《寻找中国制造隐形冠军》（厦门卷）的调研和写作中，得到了厦门市经济和信息化局、福建工业文化协会的大力支持，在此我们对厦门市经济和信息化局、福建工业文化协会深表谢意！

我们还要感谢人民出版社通识分社对"寻找中国制造隐形冠军丛书"出版工作的支持，同时向付出辛勤劳动的编辑和其他工作人员致以深深的谢意！

这套丛书每一卷都是由工业专家和记者在对企业进行深入调研和采访的基础上，由记者执笔而完成的。我们想要做到既有新闻写作的通俗易懂，又有专业写作的深度。但因时间仓促、水平有限，书中不足之处在所难免，敬请读者批评指正。

"寻找中国制造隐形冠军丛书"写作组

2018 年 8 月 16 日

前　言

　　厦门，祖国大厦之门，位于台湾海峡西岸中部，闽南金三角的中心，东临金门诸岛，由厦门湾的大陆地区和厦门岛、鼓浪屿等岛屿及厦门湾组成，陆地面积 1699.39 平方公里，海域面积约 390 平方公里。是东南沿海著名的港口风景旅游城市，城在海上、海在城中，素有"海上花园"的美誉。

　　厦门岛别称鹭岛、鹭门、鹭屿。汉代属侯官县地。晋太康三年（282 年）隶属同安县（后并入晋安县）。康熙二十二年清军收复台湾岛，并于翌年设立台（湾）厦（门）兵备道，厦门地名从此固定下来。以厦门岛为中心设立相对稳定的政区始于民国元年，时称思明县。民国二十四年 4 月成立厦门市，为福建省辖市。1949 年 10 月，厦门解放，仍为福建省辖市。1953 年后，厦门市辖区逐渐扩展到厦门岛外。厦门市是最早实行对外开放政策的四个经济特区之一，是国家深化海峡两岸交流合作综合配套改革试验区、自由贸易试验区、计划单列市、副省级城市。

　　厦门经历了千年浪涌，潮涨风起。2018 年 6 月 22 日，新华社发表的专题文章《习近平同志推动厦门经济特区建设发展的探索与实践》中写道："当中国改革开放的航船扬帆出港，历史的坐标就将其定位为中国最早设立的四个经济特区之一。这个曾经偏僻的海防小城，在 40 年改革开放中破浪前行，昭示出中国城市蝶变的密码。"

2017 年，金砖国家领导人厦门会晤时，习近平总书记回首厦门经济特区的发展历程，对这座城市充满感情。总书记说："如今，海风海浪依旧，厦门却已旧貌换新颜。"总书记盛赞这座城市的"高素质、高颜值"，"勇敢坚毅、吃苦耐劳的当地人民，乘着改革开放的浪潮，用自己的双手把厦门变成了一座经济蓬勃发展、人民安居乐业、对外交流密切的现代化、国际化城市"。

作为厦门经济特区初创时期的领导者、拓荒者、建设者，习近平同志在这片充满激情的热土上开启的一系列改革开放、经济建设、环境保护、文化遗产保护等生动实践，取得了丰硕的成果，其中的科学理念、宝贵经验和优良作风，至今仍指引着这座城市破浪前行的航程。

一批批经济特区建设者按照习近平同志擘画的发展蓝图，坚持开放改革创新，大力发展实体经济，随时代浪潮快速发展，厦门成为"以工业为主，兼营旅游、商业、房地产业的综合性、外向型的经济特区"。长期以来，厦门坚持把战略目标和发展重点放在工业化的加速推进上，大力引进外资，发展外向型经济，加快构筑现代化产业体系。党的十八大以来，厦门积极应对宏观经济发展环境的新形势、新变化、新常态，以提高发展质量和效益为中心，全力以赴稳增长，多措并举促转型，创新思路谋发展，全市工业经济平稳较快增长，质量效益稳步提升。近年来，厦门工业经济发展呈现出一些显著特点：

一是工业规模稳步提升。继 2002 年全市工业产值突破 1000 亿元后，2014 年全市工业经济再上新台阶，工业总产值首次突破 5000 亿元大关。2017 年，规模以上工业总产值达到 5914.97 亿元，规模以上工业增加值增长 8.1%，超过 GDP 增速 0.5 个百分点；全年工业税收增长 10.9%，比全市税收增速高 1.5 个百分点，工业对经济增长引擎作用明显；全市工业投资增长 7.7%，平板显示、集成电路、LED 制造占工业总投资比重近 50%，生物医药、新材料等战略性新兴产业投资增速超过 124%，对推动产业转型升级起到积极的促进作用。

二是工业运行质量持续向好。工业经济效益综合指数由 2000 年的 137.34 提高到 2017 年的 245.91，全员劳动生产率从 7 万元 / 人提高到 24.01 万元 / 人，净增 17.01 万元 / 人。2017 年，全市工业实现利税总额 494.87 亿元，增长 15.4%；实现利润总额 340.13 亿元，增长 20.4%，主营业务收入利润率达 6.22%，比上年同期高出 0.55 个百分点，企业创利创税能力不断提升。

三是工业结构进一步优化。经过多年培育，厦门工业基本形成了以机械和电子为支柱，集成电路、新材料、生物医药等新兴产业多点支撑的产业发展格局。2017 年，全市规模以上机械、电子工业企业 846 家，占全市规模以上工业企业的 49%，产值占制造业比重达 68.2%。集成电路已形成覆盖设计、制造、封装、测试的全产业链，产值位居全国前列；新材料产业加速崛起，已初步形成以特种金属及合金、高分子及复合材料为主，光电信息材料、节能和新能源材料、先进碳材料集聚发展的产业格局；生物医药港构建形成"创新研发——孵化器——中试基地——加速器——产业园区"的产业发展体系，成为全国九大生物医药产业园区之一。

四是创新能力不断增强。先后入选国家创新型试点城市、国家自主创新示范区、国家十大知识产权强市创建市。2017年，全社会研发投入占GDP比重3.25%，居全国主要大中城市前列，每万人拥有有效发明专利为全国的2.3倍。高新技术企业突破1400家，规模以上高新技术产业增加值占规模以上工业增加值的67.7%。全市共有国家、省、市级企业技术中心149家，其中国家级21家；拥有国家、省、市级重点实验室、工程中心、博士后工作站等各类研发机构540余家；建成各类公共技术服务平台95个；具备较为完善的创新支撑体系。

五是工业与互联网融合发展。工业化和信息化融合走向深入，超过200家企业通过两化融合管理体系贯标，两化融合发展水平总指数为91.2，保持全国先进水平。深入开展智能制造试点示范，全市已有48家智能制造试点示范企业、7家智能制造样板工厂（车间）。制造业数字化、网络化、智能化转型加速，现有国家级服务型制造示范企业（平台、项目）3家、省级7家、市级12家，个性化定制、在线增值服务等成为企业利润新增长点。实施"企业上云"行动计划，推动工业互联网加速发展。全市80%以上规模以上工业企业业务系统实现"互联网+"，形成一批富有特色的"互联网+工业"融合服务平台。

目前，厦门市涌现出一批拥有自主知识产权、核心技术以及创新能力强、市场占有率居行业前列的龙头企业。在这些企业中，逐步涌现出一批引领细分市场、具有市场领导地位的"隐形冠军"，也有一批企业在行业内取得明显的优势地位，在行业内拥有较高的话语权，具备"隐形冠军"的潜质。这些企业是"厦门制造"的活力所在，为"厦门制造"发展提供了源源不断的动力。此次我们从这些企业中选择了 26 家技术领先、长期专注特定细分市场并具有市场领导地位的"冠军"企业，通过集中宣传这些企业"筚路蓝缕"的创业精神、"精益求精"的工匠精神、"日新月异"的创新精神、"物勒工名"的担当精神、"千金一诺"的契约精神，引导更多企业向他们学习，主动突破关键技术、关键领域，不断提升"厦门制造"的竞争力。

当前，在习近平新时代中国特色社会主义思想的指引下，厦门正坚定不移地推进工业发展质量变革、效率变革、动力变革，全力建设高素质创新创业之城。加快建设国家自主创新示范区，统筹推进"双自联动"，打造区域科技创新中心。加快促进实体经济、科技创新、现代金融、人力资源协同发展，加快建设创新引领、协同发展的现代产业体系。加快发展战略性新兴产业，坚持质量第一、效益优先、链群齐抓、赶转并重，深入实施千亿产业链（群）培育工程，推进一批产业链配套延伸项目，力争 2020 年有 10 条产业链产值突破 1000 亿元。深入实施质量强市战略，不断深化标准、质量、品牌、信誉一体化建设。围绕增强制造业核心竞争力，加快结构优化和转型升级，提升集聚化、高端化、智能化水平。加强产业政策系统集成，重点支持优势产业发展壮大。把握未来产业竞争的主动权，大力发展新技术、新产品、新业态、新模式，培育壮大产业增长支柱，打造更多、更强的世界级"隐形冠军"。

第一部分

电　子

◆　第一篇　宏发：挺起民族继电器工业脊梁

◆　第二篇　厦门天马：开启 LTPS"天马时代"

◆　第三篇　三安光电：引领光电"芯"潮流

◆　第四篇　麦迪电气：国际电工巨头身后的隐形冠军

◆　第五篇　芯阳科技：家电安全的幕后英雄

◆　第六篇　赛尔特：用电安全"守护神"

宏发股份
HONGFA GROUP

第一篇

宏发：挺起民族继电器工业脊梁

陈 曦

年产 18 亿只继电器。

全球继电器行业市场占有率第一。

电力磁保持继电器国际市场占有率达 50% 以上，国内市场占有率达 65% 以上。

在家电、电力和新能源板块继电器维持全球 25%、55%、20% 的市占率，均为第一。

拥有全球最全的控制继电器类别和型号。

产品出口到全球 100 多个国家和地区，在欧洲、美洲、亚太等地建立本地化营销及服务网络，美诺、西门子、三菱、施耐德等国际知名企业均为其主要客户。

拥有亚洲最大的控制继电器检测中心，中国业内唯一一个覆盖全产业链的研发中心。

无须赘言，厦门宏发电声股份有限公司（以下简称"宏发"）的这些经营数据就足以证明其隐形冠军的行业地位。

质量是企业生存的根基

党的十八大以来，以习近平同志为核心的党中央把质量摆到了前所未有的重要位置。2016年中央经济工作会议强调，供给侧结构性改革的主攻方向是提高供给质量。要坚持以提高质量和核心竞争力为中心，坚持创新驱动发展，扩大高质量产品和服务供给。要树立质量第一的强烈意识，开展质量提升行动，提高质量标准，全面加强质量管理。

在第一届中国质量大会召开时，党和国家领导人首次向全世界宣布我国的经济社会发展将迈向质量时代。2017年9月举行的第二届中国质量大会上，习近平总书记在贺电中指出，"质量体现着人类的劳动创造和智慧结晶，体现着人们对美好生活的向往。""今天，中国高度重视质量建设，不断提高产品和服务质量，努力为世界提供更加优良的中国产品、中国服务。"

其实，一部分中国制造企业早已经深刻领会了质量的重要性，而且通过为市场提供高质量产品抓住客户，发展成为业内翘楚。宏发就是其中之一。宏发的掌舵人、董事长郭满金不止一次地对员工强调，质量是企业的根基，并且在创业初期就把"以质取胜"作为企业的经营方针。"质量是宏发发展过程当中最根本的追求，也符

合习近平总书记提出来的质量兴国战略。改革开放以来，中国发展很快，竞争也激烈。在竞争对手众多的情况下，怎样能够真正生存下去，大家都在用自己的办法，有的靠资本，有的是靠科研，有的靠市场，宏发很明确靠的是以质取胜。"

1984年，宏发的前身，注册资本为360万元人民币的厦门宏发电声有限公司（以下简称"宏发电声"）成立，它的两家股东分别是江西原电子工业部4380厂和厦门联合发展有限公司。360万元，在当时是一笔不小的投资，显示出这两家企业对于这次合作的重视。然而，宏发电声经过三年的惨淡经营，到了1987年，已经连员工工资都付不出来了。郭满金临危受命。他一方面"借钱"让企业能够继续运营，另一方面找到代加工耳机的业务以维持公司的基本生存。宏发电声有限公司的大股东江西原电子工业部4380厂的主要业务是电声产品，还兼做一些继电器业务。这也是郭满金能"要来"生意的原因。这时，宏发电声看似已经脱离了倒闭边缘，但是其未来却依然是阴晴不定。原因之一，代加工耳机可以说是母公司给的业务，宏发电声自己在寻找客户方面还很欠缺。原因之二，如果继续以电声产品为核心业务扩张，发展好的话就会与母公司成为竞争对手。基于这样的考虑，郭满金提出了让众人大跌眼镜的想法：以继电器为主营业务，以出口为市场方向。他认为，继电器技术含量高，行业准入门槛高，形成优势后不容易被对手超越。另外，当时国内继电器市场还比较小，而国外市场大，虽然要求高、难度大，同样地，门槛高对手少。这就是决定宏发命运的"两个定位"。

如今回头去看，郭满金选择了难走的一条路，也是最符合他喜欢挑战的个性的一条路。

彼时，在继电器领域，宏发还是一名新丁，缺乏知名度，要打开市场，着实困难。现任宏发副总裁、当时还是一名业务员的丁云光表示，那时做销售，吃闭门羹是常有的事，而把质量做好，是对销售最大的支撑。他回忆，在一次推销中，他误打误撞进入了客户的技术部，在跟技术人员聊了许久专业话题后，有一名技术人员当即要宏发先送 20 只样品过去做实验，如果可以的话，就把宏发继电器设计到他们的产品里。丁云光虽然将信将疑，但还是让公司以最快速度寄了样品过来。结果，宏发的继电器一次通过实验，随后毫无阻碍地赢得了这个客户。

正是因为宏发坚持对质量严把关，才能用质量做敲门砖，攻下了一个个客户。在 20 世纪 90 年代初，国内少有企业像宏发一样通过了 UL 认证和 ISO9000 认证，这从侧面反映出当时大部分企业对质量的认识还跟不上。郭满金的想法却不同，他深知，成功没有捷径。对标国外成功的企业，没有一家企业不是靠着过硬的产品质量赢得客户的，不论市场怎样变化，高质量的产品始终会有市场。

技改　从买最好的到自己做最好的

工欲善其事，必先利其器。明确了"以质取胜"的经营方针之后，宏发确定了"敢于超前投入"这一技改方针。郭满金有一句很朴素也很直截了当的话："好的产品要有好的零部件才能做出来，好的零部件要有好的模具才能做出来，好的模具要有好的设备才能做出来。"

1992 年，宏发经过几年的埋头苦干，刚刚"脱贫"进入"温饱"。喜欢挑战的郭满金，在"和平年代"看到了危机：公司的生产设备、工艺、管理以及理念，都还与世界先进水平存在较大差距。当时，宏发的全部家当都可以用简陋、粗糙来形容，装配线上用于铆压的设备，竟然还是一台 500 元的手扳压床。彼时的宏发在国内市场已经可以跻身行业前列，但是在国际上，仍然是无名小卒。而公司在 1987 年确定的两个定位之一是出口为主，这也要求宏发必须在各方面向国际先进水平看齐。

技改，被提上了议程。

于是，在企业流动资金不足的情况下，宏发仍然以贸易补偿的方式向 AZ 公司购进了当时世界最高水平、国内独一无二的生产线，希望通过引进 AZ 公司的设备和管理，来提升公司的硬件和软件档次，缩小与国际先进水平的差距。

郭满金在一次干部会议讲话中强调，永远不要向落后看齐。坚持高标准地进行技术改造，是宏发管理模式中的基本理念。这一理念确实一直贯彻于宏发的技改历程中。

回首过去，宏发的技改，没有将就，要么不改，改就要改好，保证十年不落后。在一次讨论模具制造的技改会上，有人提出，购买一台进口的慢走丝线切割机的价钱，可以买 15 台国内的快走丝机床。用进口设备加工，成本明显增大，成本 10 年也收不回来。郭满金却算了另一笔账，体现出他的商业智慧："形而上学地算账，当然不划算，可是这种设备能使磨具的加工精度提高一个数量级，能使零件符合图纸要求，这钱花得值。以前那种天天去分选合格零件，报废了一批又一批的做法，既浪费人力、物力，又无法提升质量，是很不合算的蠢办法。"

如果说与 AZ 公司的合作，使得宏发的外向型目标得以实现，那么通过在 1999 年引进西门子 D2 生产线，宏发不仅成为中国首家研发和生产第三代、第四代高端信号继电器的厂家，而且塑造了企业的自动化生产能力。宏发信号电子公司总工程师董欣赏至今还记得第一次见到这条80年代末研制的生产线时的震撼："这是一条真正意义的整线自动化，没有一道工序是人工完成的。无论设备的数量、精度，还是技术含量，都远非我们当时所能想象。激光焊接、激光校正、自动点胶、自动点焊，这些工艺和设备，我们统统连听都没听说过。"

通过对西门子D2生产线技术的消化吸收，宏发成功研制出信号继电器自动化生产线，研发并生产出了拥有完全自主知识产权的第三代、第四代信号继电器HFD3、HFD4，这两条自主研发的自动生产线的投产，打破了国外信号继电器的垄断，使国内企业购买信号继电器的成本大幅度降低。

宏发坚持技术改造投资不间断、不吝啬。1995年起积极实施"加大投资力度，加快技术改造步伐"国家战略工程，对模具、零件生产能力进行提升；2014年融资8亿元，2015年技改投入3.41亿元，2016年继续加大技改投入，2017年技改投入6.13亿元，技改投资的效果显著，产销规模迅速扩大，人均指标一路高升，高出同行近一倍。

为了最大限度地保证质量，宏发将继电器生产的链条前移，进一步完善质量保证体系，形成了无以复制的核心竞争力。目前宏发是控制继电器行业内唯一一家从基础研究、模具技术研发、精密零部件技术研发、可靠性技术研发平台以及多类继电器研究所等全产业链中各环节都设置独立研发机构的企业。

原机械电子工业部副部长陆燕荪在为《宏发之路》作序时写道："更加打动我的是，宏发通过健全产业链，实现了零部件和主机的协同创新，形成了自己独特的质量保证体系。""其实，宏发的创新最为可贵之处不在于产品本身，而是延伸到设备上，他们自制了一批成本低、可靠性高的继电器生产线。""设备的高度自动化，不仅提高了生产效率，而且节约了人工成本，同时也是产品质量的保证，以自动化来保证产品的一致性、可靠性和稳定性。"

宏发1998年专门成立子公司开展自动化生产线装备的研制，目前还拥有全资子公司专门从事工业机器人研制。郭满金介绍："继电器装备有160条自动化生产线，每一条都不一样，全是我们自己设计。以前继电器生产以手工线为主，每条线100—120人月产60万只，人均5000到6000只。我们研发的自动化生产线，单班只用3个人，一条生产线月产150万到200万只的继电器（自动化三班生产），也就是说原来一个人一个月只能做5000到6000只继电器，现在一个人可以做到20万只了。"

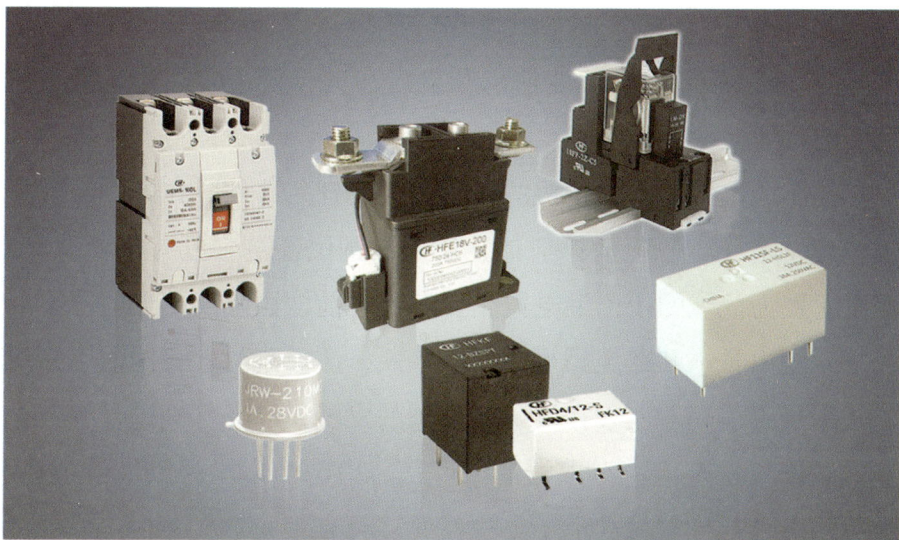

继电器系列及低压电器

光耀民族品牌　发声国际市场

1994 年对于宏发而言，是不寻常的一年，这一年宏发群体建设拉开序幕。

企业家的格局，体现在企业的战略布局上。郭满金坦言，他是坚定的社会主义拥护者。宏发的群体建设，旨在建设具有宏发特色的群体企业，既是社会主义思想的具体表现，也是宏发对行业冠军社会责任的认知。

"以宏发为核心，带动一批制造产业和配套厂商形成综合实力更强的宏发群体，成为经济体制多样化、产品门类多元化、主导产品系列化的联合企业，同时，要在海外设立子公司和分公司，努力走上跨国经营的发展方向"，是宏发对于群体建设最早的表述。宏发的群体建设理念，不仅是其打造全产业链的经营思路，也道出了其作为行业龙头企业对国际化发展的认识。

"代表民族继电器工业追求和巩固在世界行业的领先地位"是宏发的企业使命。

控制继电器是各类整机的核心关键基础元器件，在国民经济分工中属于电子信息行业产业链上游，在国民经济中具有重要意义。在以宏发为代表的中国继电器企业发展之前，国际高端继电器市场和技术均由日本和欧美等少数企业垄断，严重制约着我国电子整机的技术进步。随着宏发在继电器领域的发展，已经打破国外少数企业的垄断，实现高端继电器的国产化，为国内市场提供最佳选择，对我国电子元件领域和电子整机行业均具有重要意义。

郭满金一直认为，"中国造"不能只是价廉的产品，中国的制造业企业应该将更多精力和资金投入到技术改造和技术研发。经过30多年发展，目前宏发已获得了655项授权专利（其中发明专利155项、国际专利48项），形成独特的核心竞争力，从而进一步提升产品的国际影响力。

曾几何时，在我们的生活中，但凡贴着"进口"标签的，都被高看一等，民族品牌总是被当作退而求其次的选择。不知不觉中，以宏发为代表的民族品牌已经悄然崛起，有能力与外国品牌一较高低。

原宏发经销商、上海锦昌电器成套设备有限公司总经理吴永庭讲述的一件宝钢紧急求助案例，充分证明了民族品牌在关键时刻可以担当重任。吴永庭回忆，一次宝钢发生大火，一条生产线烧损严重，停产一天就要损失766万元。这是一条日本进口生产线，维修部件要求非常严格。当时缺少四五千个进口继电器，宝钢与几家国际大企业联系之后，对方的回复是，"最快也要50天做出来"。无奈之下，吴永庭向宏发求助，郭满金即刻决定接下这单生意。为了完成任务，宏发还将一套生产线拆掉重建。最终，5000只继电器按时、按质、按量交付到宝钢手中。如今，宝钢已经成为宏发的忠实客户，建立了牢固的合作关系。

宏发继电器产品涵盖功率、电力磁保持、汽车、信号、新能源、密封、工业、安全继电器等共有160多个系列40000多种常用规格。其中家电、电力、汽车继电器为三大支柱产品，每一条产品线产量均位居世界第一。正如郭满金所言，开拓市场要与时俱进。这三大产品线的拓展，均是宏发审时度势、适时而动，跟随国家战略而作出的战略抉择。

宏发发展初期，正是国民生活水平迅速提高的时期，最明显的例子就是家用电器的大面积普及。多年来，中国家电产业的进步有目共睹，随着全球家电需求量日益增加，家电继电器需求量大增，宏发抓住这一机遇，在国内外家电领域均占领一席之地。

2000 年之后，郭满金意识到家电继电器市场天花板限制，因此他在变革中求进取，瞄准了正在兴起的中国电力行业，跟随国家发展特高压和智能电网的政策，宏发成为继电器领域的佼佼者。国内市场趋于饱和，而宏发的产品远销至美国、意大利、英国、法国、日本、韩国、西班牙、德国、印度、巴西等国家。

进入 21 世纪的第二个十年，宏发继续与时俱进地把目标市场放在了汽车继电器上。耳熟能详的汽车品牌几乎都成为宏发汽车继电器业务的客户。宏发已经具备了电动汽车继电器研发实力，客户囊括了北汽、众泰、比亚迪等新能源汽车翘楚。这一领域，在宏发的竞争对手中，松下的实力最强，全球市场占有率最高。宏发通过加紧研发，正在发力电动汽车的高压直流继电器市场。2013 年，江淮汽车高压直流继电器供应商由松下更换为宏发；2017 年，宏发与宁德时代达成战略合作，成为优选供应商。一辆高端新能源车配备的继电器总量将达到 60 个以上，而且价格比传统继电器高出数倍，宏发未来在该领域的盈利能力值得期待。

2012 年上市以后，宏发提出"翻越门槛、扩大门类、提升效率"的发展思路，标志着公司进入了新的发展阶段。郭满金进一步解释："所谓'翻越门槛'，2012 年上市的时候，我们自我评价产品技术水平、质量水平与欧美竞争对手有一定差距，宏发要翻过这个'门槛'，才能进入到一流的水平。'扩大门类'指的是，原来宏发主要专注于继电器，但是随着企业发展上市，继电器毕竟市场有限，所以必须积极发展新门类产品。'提升效率'是指，宏发要继续坚决提高自动化程度。"如今，宏发已成为世界最大的继电器制造供应商。在效率方面，以人均销售收入计算，宏发人比国内同行高出 80%—100%。

从濒临破产的小厂，到如今继电器行业全球最大企业，宏发一路走来，距离"创国际品牌，树百年宏发"的企业愿景越来越近。迈入新时代，宏发将围绕"统一规划、强化集中、纵横结合、分块实施"这一新形势下的管理方针，开拓奋进，努力实现成为世界最主要继电器制造商的目标。

年逾七十的郭满金依旧充满干劲和野心，他表示，今天的宏发正迎着巨大的市场需求，焕发出勃勃生机，成为市场竞争的积极参与者，成为优秀品质的积极倡导和推动者，为实现人类更加美好的生活不遗余力地奉献力量。

TIANMA

第二篇
厦门天马：开启 LTPS"天马时代"

王志琴

  2018 年 2 月初，就在人们对新春翘首以盼时，位于厦门市翔安区的厦门天马微电子有限公司（以下简称"厦门天马"）迎来了一个让人欣喜振奋的消息。据知名市场调研机构 IHS Markit 发布的数据显示，2017 年第四季度，厦门天马成功实现 LTPS 产品市场占有率全球第一，打破国外厂商数十年的垄断。随着技术的快速发展，显示产品的技术含金量逐渐高阶化，显示屏的好坏对手机、平板品牌的竞争力愈发重要。作为目前中高端智能手机普遍采用的一种显示技术，LTPS 技术在提高显示屏像素开口率、透光率的同时还能够减少屏幕功耗。我们熟悉的苹果、华为、小米等国际知名品牌手机有多款产品都采用了 LTPS 显示屏。

  然而，令人尴尬的是，LTPS 技术作为全球主流的高端显示技术，此前的国产化程度较低，严重依赖高价从海外进口，"缺芯少屏"是中国整个电子工业的短板。由于缺少有竞争力的国产高端屏，以华为为代表的我国手机品牌厂商长期受制于国外供应方，与国际品牌竞争时处于不利地位，严重制约了我国电子产业的良性发展。

厦门天马自成立以来，就在一直积极寻求解决我国缺少高端屏困境的方法，着手深耕布局 LTPS 显示领域。

2011 年 3 月，公司投资 70 亿元兴建了中国大陆第一条第 5.5 代低温多晶硅薄膜晶体管液晶显示器件（LTPS TFT–LCD）及彩色滤光膜（CF）生产线（简称 "G5.5 项目" "一期项目"）。G5.5 项目于 2012 年在中国大陆率先实现产品点亮，2013 年产线正式量产，2015 年 6 月产线实现满产并持续保持满产满销至今，已成功配合华为、vivo、OPPO、小米、联想、金立、魅族、HTC、ASUS、SONY、MOTO、微软、谷歌等众多全球品牌大客户实现产品首发并批量供货，填补了我国高端显示领域空白，代表中国打破了长期的国际垄断！

厦门天马外景图

2015 年 1 月，公司投资 120 亿元建设了一个第 6 代低温多晶硅薄膜晶体管液晶显示器件（LTPS TFT–LCD）及彩色滤光膜（CF）生产线（简称"G6 项目""二期项目"）。2016 年 2 月，G6 项目以仅用 382 天的速度在中国大陆率先点亮，再次突破领先，缔造行业新纪录；2016 年 9 月，G6 项目在中国大陆率先量产出货；2017 年 9 月，G6 项目在中国大陆率先实现满产满销并持续。凭借着持续的满产满销，厦门天马的市场占有率不断攀升，2017 年第四季度一跃升至全球第一，成为全球最大的 LTPS 单体工厂。

成功，源于恒久专一

1968 年，美国无线电公司（Radio Corporation of America，简称 RCA）制成了世界上第一个液晶显示模型，液晶显示技术问世。20 世纪七八十年代，由于日本企业的大量参与和持续研发，液晶技术相关环节的各家企业在日本聚集。企业的聚集加快了知识的传播速度，大大刺激了技术的进步，也促进了整个液晶生产供应链的发展。1990 年，全球 90% 的液晶显示屏在日本生产，到 90 年代中期，这一比例又上升到 95%，日本人几乎独占了液晶市场。

从无到有，从单色到彩色，液晶显示器如今已有 50 年的历史了。相对于液晶显示器发展史来说，至今才成立 6 年的厦门天马显得有些年轻。然而就是这样一家年轻的公司，居然在 2017 年第四季度 LTPS 市场占有率问鼎全球第一，一举突破国外厂商独霸十几年的龙头宝座，成功的秘诀是什么？

厦门天马总经理王磊给出的答案是"专一"二字。

这种专一，来自天马微电子股份有限公司（以下简称"天马"）

的传承和影响。作为中国第一家开发制造液晶产品的公司，天马在30多年的时间里持续拓展平板显示事业，并不断加大对全球先进技术和高端产线的布局。王磊说："我们从1983年就开始做液晶显示屏，从最早的黑白屏到彩色显示屏，再到现在更高端的显示屏，是一步步过来的。而且我们专注于做这个，没有做别的，一直做到现在。技术积累不是两三年就能积累出来，在这个过程中一直很专一，也因此培养了很多核心的人才、技术人才、管理人才。"作为中国显示领域国家竞争力的代表，天马以技术和市场为驱动，经过20余年的积淀和发展，已成为全球显示面板新体系的重要建设者，并不断强化中国显示面板在全球竞争中的市场地位。天马在业内的积累和发展，使得厦门天马从一诞生就拥有了一个高起点。

这种专一，来自公司自身对细分市场的确定。从公司一成立，厦门天马就定位于中小尺寸显示市场，产品主要应用于中高端移动终端消费类显示屏及模块。目前厦门天马最核心的产品就是中小尺寸的移动智能终端显示屏，尤其是以手机为载体，因为现在手机是智能终端最大的一块，手机是其最大最主要的一个市场。其他的还包括平板电脑、笔记本，或者一些工控、车载这种比较小的显示屏。清晰的市场定位，让厦门天马在发展中避免了走弯路的风险。凭借着这种专一，厦门天马一步步成长壮大了起来，在电子行业中也逐步地得到了公众的认可。

然而，即便是这样一家成长迅速的企业，在发展中也并非一帆风顺，也遭遇过挫折，承受过质疑。压力主要来自两个方面。一方面是技术。王磊坦言："不管是研发，还是工厂，我们在最初很长一段时间都没有达到相应的水准，但是我们的产品又定位于高端，这样市场就一直没有打开。我们2013年、2014年的经营状况是不好的。所以当时也经历过很多质疑。另一方面，是市场接受度。2011 年前后，智能手机本身还是新鲜事物，远不如现在普及，诺基亚、三星、LG、中兴等品牌的功能手机依然占据着全球手机市场的大多数份额，智能手机在市场中份额较少，高端显示屏的需求量会有多少，还是个未知数。对于像我们这种高科技行业来讲，它不是一个简单的复制，技术的提升，总是需要时间的。"

厦门天马产品

　　一分耕耘一分收获。一方面，在一次次的调试改进中，厦门天马的技术与产品质量得到不断提升。另一方面，随着中国智能手机行业的发展，中国智能手机品牌在全球竞争中的表现越来越出色。凭借着企业自身的努力和有利的外部环境，厦门天马迎来了属于自己的春天，迈入了良性发展阶段。从加大参与到逐步引领激烈的国际市场竞争，厦门天马为打破国际垄断贡献着自己的力量。

创新管理，善用人才

　　人才是一个企业发展最重要的资源，对于像厦门天马这样有着极高技术要求的企业来说，更是如此。如何吸引和留住人才，成为厦门天马需要解决的问题。

2011 年，天马成功收购了日本电器厂商 NEC 旗下生产中小型液晶面板的子公司 NLT 70% 的股份。随着收购的成功，天马拥有了相应的人才和专利技术。然而，如何把被收购企业中的人才和技术更好地用起来，成了摆在厦门天马面前的一道难题。在解决这个问题时，厦门天马提出了"管理简单化"的思路，这种简单化管理包含很多内容。一方面，对海外工厂的日常管理不做过多干涉。除了核心岗位指派了专门的人员，技术开发和生产方依然由原来的团队管理。另一方面，把厦门天马所需的人才请到中国来，让海外的专家融入中国本土的团队中来，"在工作安排上，尽可能地让他们少一些参与管理，更专注于技术层面。在生活方面或者工作当中给他们一些特殊的照顾，让他们能够安心在这里工作。"对于留在日本工厂里的人才，厦门天马则更多的是以一种技术交流的方式开展工作。王磊认为："对于纯粹技术上面的东西，比如一些专利，我们就做整合，我们制定一些开发的任务，让他们在日本开发，最后把输出成果给我们，这样就能把他们开发的能力利用起来。而大家也变成一种技术的交流，不涉及管理上的东西，这样也可以做得简化。"在企业目前的发展阶段，如何更好地利用引进的技术和人才帮助企业快速成长才是最关键的。而把管理简单化，有助于实现这个目标。

除了对海外公司的简单化管理之外，厦门天马还提出了"消除壁垒，发挥人的主动性"的思路。王磊表示："现在社会发展太快了，不仅技术、经营模式、商业模式可能会发生改变，内部管理也需要不断创新，因为企业要创新，要改变，就一定要让大家消除壁垒，发挥人的主动性，激发大家创新力。对此，厦门天马推出了很多机制，设立了专门管理创新的部门，由专门的部门来推进，旨在不断改善整个公司内部环境，让每一个有创意的想法都有机会展现，王磊说："我们公司目前有一万多名员工，我们希望可以通过激发全员改善整个公司内部，而不是从上到下命令大家做什么。"

凭借着对不同人才进行不同管理的灵活做法，厦门天马在管理人才方面卓有成效，给企业发展带来的好处也显而易见，截至2017年12月31日，厦门天马自主掌握了LTPS领域面板设计、生产工艺、产品制造等关键技术，建立了完整的技术创新体系，形成了多项自主知识产权。截至2017年已累计申请专利数1536件，其中发明专利占比80%以上。同时，公司累计授权的专利达476项，其中境外发明专利授权55项。

智能制造不停步

第6代LTPS产线投建伊始，厦门天马结合我国的产业发展趋势，提出了建立中国智能制造示范产线的战略性目标。

目前厦门天马已成功打造全球智能化水平最高的后段模组生产线，2016年实现年度智能化率71%，人力成本大幅下降67.5%，产品良率提升5%，其竞争力已达业界顶尖水平，成为业界全面领先且具有示范性的智能制造企业。

面对这样的成绩，厦门天马并没有骄傲，而是保持着清醒的认识。王磊说，"我们前期在自动化这方面做得比较多，现在自动化在继续推进。信息化、智能制造这方面我们也做了很多事情，但是我们在智能制造这一块确实还是刚刚起步。"

2015年，国务院提出建设制造强国战略，为中国制造业发展和产业升级指明了道路和方向。2017 年 5 月，国务院召开常务会议，指出下一步深入实施制造强国建设，把发展智能制造作为主攻方向。新一代信息技术和人工智能的快速发展，引起了人们的关注。这给中国制造业追赶处于发展前列的美国、德国、日本制造业提供了机会。如果抓住机会，将新一代信息技术的发展和中国制造业转型升级的迫切需求结合起来，就会大幅提升中国制造的水平。在这样的思想指导下，厦门天马不断向智能制造发力。

在智能制造的构想中，王磊计划企业未来几年要实现如下几个方面的突破。首先要通过把整个系统化的管理与人工智能、图像识别等技术相融合，实现产品检测自动化。自动化检测给企业带来的好处显而易见，"首先变得效率更高，做得更准确，我们就可以形成更快的管理，因此品质就可以做到更稳定、更好。"

除了效率和品质的改变之外，厦门天马未来两三年的发展目标是通过对大量数据的采集和分析，实现产品定制化生产。这一点，对企业未来的发展至关重要。王磊表示："我们目前已经有大量的数据了，90% 以上的数据我们都可以收集，但是怎么把数据利用好，才是真正最核心的价值。怎么更好地把大数据运用起来，是我们今后两三年要更着力的点。"

如果说在实现产品定制方面，智能制造的优势还没能显现出来，那么在节约人力成本这个问题上，自动化的生产已经让厦门天马尝到了实实在在的甜头。这从一些数据上就能直观感受到：2017年，随着两条生产线满产，最高峰的时候，厦门天马的人数超过了20000 人。随着自动化机器的引入，现在工厂的人数降到 17000 人左右。据王磊介绍，生产线的人数依然会下降，今年的目标是降到15000 多人。

与客户共同成长

在信息时代，人们几乎已离不开手机。对手机的巨大需求也创造出巨大的商机，促进了手机产业链的发展。而手机产业链涵盖了材料、生产、代工等领域，还可以按照行业进一步分类，具体分为触摸屏与液晶显示屏、连接器件、外壳（结构件）、PCB（印刷电路板）、天线、电池组件、芯片、电声器件、摄像头等。特别在2007年到2017年智能手机飞速发展的10年里，4G、大屏、大内存、快充、双摄等智能手机不断问世，一边改变着终端消费者的使用习惯，一边让产业链中的上下游企业意识到只有彼此支持合作才能向价值链的高端迈进。

厦门天马同样意识到了这个问题，王磊说："我们企业后面发展起来，也跟我们客户有很大关系。因为以华为、小米为代表的国内手机市场也就是在过去这几年发展起来的，其实我们是跟它们一起发展起来的。这也是个全产业链的问题，大家都要一起成长，这样才能有更快的速度，否则你的发展会很慢。"因此，在与客户合作时，厦门天马目前采取的策略是"跟客户共同成长，与客户深度联合设计产品"。王磊介绍，厦门天马在很早以前就开始尝试和客户一起联合开发产品。"在这种模式下，不是我们企业生产一个产品卖给客户，而是针对客户的一些定制化要求，在产品正式开发以前，甚至有时候是产品正式开发的半年前，可能我们就要先开发技术了，技术开发完以后才会转换成产品。"

具体来说，在新产品的开发方面，厦门天马不再只局限于生产提供标准化产品，而是结合全产业链的发展来进行研发创新，给客户提供定制化服务。"我们跟客户一起联合开发，而不是把我们企业做出来的产品推销给客户。我们会告诉客户今后可能会有哪些新的技术出现，会在哪些地方形成突破，客户再根据我们产品的进化发展判断自己需要哪些产品。在研发之前，双方会提前沟通，如果大家觉得这个产品可行，我们就把双方的资源集合起来，一起开发，最后把它形成产品化。"通过这样一种形式的合作，厦门天马和下游企业取得了双赢。对企业自身而言，通过资源整合，厦门天马所拥有的技术快速转化为产品并实现销售。而销售以后创造的利润会促进企业下一步的发展，让企业形成一个良性循环。

对于下游的企业来说，通过这种定制化的产品，可以让自己的产品实现差异化，不仅可以为终端消费者提供差异化的产品，让企业自身的品牌更有辨识度，还能获得更高的溢价。也正是在这样一步步的摸索中，王磊越来越意识到产品差异化的重要性，"最终一定要实现产品的升级，生产差异化的产品。而不是拼一样的标准化的产品和成本，因为这最终是走不通的。"

凭借着稳定的产品质量和定制化产品服务，厦门天马赢得了越来越多客户的认可。2017 年，厦门天马荣获华为、vivo、OPPO、中兴、金立、小米等众多国内外客户的多项合作大奖、多款产品支持客户实现全球首发，产品质量在多个品牌客户中排名第一。

目前，国内各个手机厂商之间竞争激烈，而在中间产业链，面对的压力和挑战同样也不小。我们乐于看到国产手机厂商崛起并成功走出国门，同样也期待着像厦门天马这样的产业链上游企业不断进行技术积累，在高端市场和全球环境中拥有更多的话语权。

第三篇

三安光电：引领光电"芯"潮流

金 松 李 莉

"三安光电拔得头筹，抢先打入了三星 Mini LED TV 供应链"。

2018 年 5 月，在海峡两岸多个 LED 厂商蓄势进军 Mini LED 应用，形成了硝烟四起的新一轮产业竞争中，三安光电股份有限公司（以下简称"三安光电"）又一次创下蜚声业界之举。

一直以来，厦门的支柱产业电子产业、机械制造在国内名列前茅。其中，LED 产业更独占鳌头。而在这片产业天空中，以三安光电为代表的民企 LED 厂商，与以友达光电为代表的台企 LED 厂商交相辉映。

但事实上，三安光电进军的远不止是 LED 产业。资料显示，三安光电 10 年前即在上交所上市（股票代码 600703）、现为"上证 50 指数"指标股，是国内半导体照明和 III-V 族化合物半导体集成电路龙头企业，拥有我国规模最大、品质最好的全色系超高亮度发光二极管外延及芯片研发及产业化生产基地，还拥有我国首条真正的 6 英寸化合物半导体生产线，"各项技术指标国内领先，并跻身国际先进水平"，甚至吸引了国家集成电路产业投资基金股份有限公司"成为战略投资者，成为公司第二大股东"。

尤为值得宣扬的是，三安光电盯住了"21世纪最具发展前景的前沿高新技术"——III–V族化合物半导体技术，并确立了宏伟目标和企业愿景：成为世界级化合物半导体集成电路研发、制造与服务公司，跻身于全球这一领域前三强之列，以"引领 III–V 族化合物半导体'芯'潮流，争当 III–V 族化合物半导体领域无可撼动的领跑者"。

光电产业领军者

总资产300多亿元，员工逾2万名，拥有国内外20多家企业，是一家复合型跨国企业集团，业务涵盖光电高科技、光生物技术和 III–V 族化合物半导体集成电路等高尖端领域……这便是闻名于全球光电产业的福建三安集团有限公司。如今，这家巨型集团企业旗下的核心企业——三安光电，堪称中国乃至全球光电产业领军者，"拥有制造、研发、市场三大规模优势"：它具有全球最大的 LED 芯片产能，约占全球总产能20%；它坐拥国内外专利1800多项，其中发明专利占比70%以上，且在 LED 光电产业人才储备上，有全球最大人才库，每年研发投入都占营收总收入6%以上；此外，由于其新型芯片持续引领市场，也刺激了市场增长，国际业务也不断扩大发展，"优质的产品和客户口碑，加之成本的优化，使单一光源使用的芯片数量大幅增长"。

不止于此，近几年，三安光电有许多耀眼于行业内外的事迹：有其着眼于国际化经营平台战略构建的一系列大手笔；有其逐步完善的全产业链布局的大投资；还有一系列产品的"各项技术指标均被鉴定为国际先进水平"；还有打破国内以往一些产品只能依靠进口的局面……

"我们加快了发展步伐，进一步提升了公司产品的国际市场份额"，一位三安光电负责人介绍，在市场拓展上，这些年来，三安光电先后收购了美国 LED 领先企业流明公司、中国台湾第二大 LED 上市公司璨圆光电 19.9% 股权，携手韩国首尔半导体公司创立三首光电，通过控股公司安芯基金收购了全球第三大碳化硅材料研发生产厂商——瑞典 Norstei 公司；此外，还与美国 EMCORE 公司合作，建成了国际级研发与产业中心，还与美国集成电路公司 GCS 合作，成立了三安环宇集成电路公司……通过一系列的跨境合作，三安光电把蓝光、半导体激光器、白光照明、主动微波通信元器件等半导体领域的研发，推向国际一流水平。

而在全产业链布局上，三安光电如今也占得先机。这些年来，其相继在天津、芜湖及全国大江南北，累计投资近 300 亿元进行全产业链布局，充分占得长三角、珠三角、环渤海和西南等国内主要市场份额，实现了产能扩展 10 倍。在完善全产业链布局外，逐步形成了国内最大、国际一流的全域垂直半导体产业化战略体系，目前，其产品体系也涵盖了第三代半导体晶体材料、全光谱超高亮度 LED 外延片、芯片、空间应用太阳能电池、半导体激光器、光通

信发射与主动微波通信元器件、电力电子功率器件等，且这些主营产品，也已广泛应用于室内外照明、背光、显示屏、信号灯、电子产品以及微电子等领域，产品的各项技术指标，均被鉴定为国际先进水平。

“我们也拥有氮化镓、砷化镓、碳化硅、磷化铟四类半导体的核心技术”，上述人士还介绍，目前在这些领域，三安光电的多项技术，已达到国际领先水平。比如，其超大功率薄膜芯片技术、高电流密度红光芯片技术，与欧司朗并驾齐驱，达到国际最高水平；照明系列氮化镓芯片技术居全球第二，仅次于日亚；虹膜辨识使用的红外芯片开发，已取得国际领先的成果；应用于智能手机、卫星通信和汽车雷达的微波射频技术，以及应用于电源管理、太阳能电池的电力电子技术，已达到世界最大代工厂的水平……

此外，尤其值得称道的是，早在2015年，三安光电产品即取代了4英寸蓝宝石衬底的进口。这是因为通过全资子公司晶安光电与LED厂商的紧密合作，其还开发出了性能稳定、高品质、低成本的图形衬底，从而为国内整个LED产业、集成电路产业链奠定了关键的基础优势：“目前，已有6家集成电路芯片企业，在我司进行量产，有40多家集成电路芯片设计公司，在我司进行生产验证。”

从钢铁到光电

这璀璨而荣耀的一切，始于创始人林秀成20年前一个异乎寻常的决定。这个决定，在起初一段相当长时间里，似乎显得草率鲁莽，但事后却被证明非常具有远见卓识。

1999 年，通过在钢铁行业的苦心经营，赚了第一桶金后的林秀成，决定涉足当时的高科技产业——LED 产业。在当时，国内本土企业尚无人涉足这一行业且"大家全都是门外汉"；2000 年，他创立国内第一家涉足 LED 的民营企业——厦门三安电子，"几十个人，从 4 台小机台起步"。

创业初期，艰难困苦无所不在：高端设备昂贵，只能购买小机台；企业规模小，付不起高薪，难以吸引经验丰富的高端科研技术人才，只能招聘一些刚刚毕业的大学生；产品研发从零起步，完全是摸索前进；研发出的产品，销售推广也困难重重……"做到现在，最主要靠的是老板的执着精神"，一位追随林秀成 10 多年的老部下记忆犹新："当时人手不足，一人身兼数职是常事，而公司最苦难最低谷时，甚至快要破产了，工资都发不出……很多时候，在别人看来，已经坚持不下去了，可他就是一直坚持做 LED。"

坚持不懈最终换来了研发成果的回报：2002 年 9 月，成功研发出第一片外延片；几个月后，2003 年 1 月，其全色系超高亮度 LED 芯片，一举通过了科技成果鉴定，成为陆资厂商中首家实现全色系超高亮度发光二极管芯片的生产厂家，为笼罩在阴云中的母公司透出了希望的亮光。

2003 年，科研进展、成就捷报频传：当年 4 月，承担的"氮化镓基发光二极管外延片和器件制备"项目，被列入国家发展改革委 2003 年光电子、新型元器件专项高技术产业化示范工程；9 月，研制出具有我国独立知识产权的 LED 芯片，以往 LED 芯片全部依靠进口的历史，宣告成了过去；10 月，被国家半导体照明产业联盟授予"半导体照明工程龙头企业"的称号，同时在第十四届全国发明展览会上，《一种制作氮化镓发光二极管芯片 N 电极的方法》与《一种发光二极管外延结构》，分别荣获发明银奖和铜奖；与此同时，还被原航空航天工业部确认为"战略合作伙伴"，开始研发多结化合物太阳电池……无论是厦门三安电子还是福建三安集团，都终于"守得云开见月明"。

从加速跑到腾飞

从 2004 年 1 月起，总部搬迁到厦门的福建三安集团，日益踏上了聚焦光电产业和 LED 产业的专注发展之路。而其后大约五年里，它在国内同行中也率先加速跑，迎来腾飞时刻。

这个时期，三安光电引人注目的成果，还是在产品研发突破上。2004 年 8 月，成功研发出"多结化合物太阳电池"，填补了国内空白，还通过了中国航空科技集团公司上海空间电源研究所的测试和使用，其后被用在一些国产卫星上。这也意味着，此前美、日、欧等垄断该技术的局面，一举被打破。

即便如此，相比于欧美日及中国台湾同行，"我们那时的技术还比较落后，属于追赶型企业"，上述人士坦言，那是一个奋起直追的年代，在当时全球 LED 产业中，后起之秀三安光电，快马加鞭追赶着行业先行者。

成效也可见一斑：2004 年底至 2005 年间，其"半导体照明高亮度功率白光二极管芯片开发及产业化"项目，先后被列入 2005 年国家信息产业基金重点支持项目、福建省十大重点投资项目、2005 年国家火炬计划项目。2005 年底，该项目全面通过国家科技部组织的专家验收；与此同时，其"氮化镓基发光二极管外延片及器件制备"项目，被认定为厦门市高新技术成果转化项目，半年后，该项目通过了专家鉴定，并被评定为"产业化规模达到国内最大、质量稳定可靠、技术指标达到国内领先"。

"从销售、产业、市场角度来说，一直到 2005 年、2006 年都还比较艰难"，上述人士还记得，三安光电的产业、市场，是从 2006 年一段时间后"开始慢慢地做起来的"：那时，其已经建成国内最大、国际一流的光电子产业化基地，其产品包括全色系超高亮度发光二极管、空间应用太阳能电池、半导体激光器和主动通信元器件等。与此同时，福建三安集团也在这年成为"中国制造 500 强""国家高新技术产业化示范基地""航空航天工业部战略合作伙伴"……

这一切的关键，是三安光电在技术上有了很大提升：2006 年 7 月，其"功率型高亮度 LED 芯片及倒装技术"项目，通过了专家鉴定，被鉴定为"产业化技术指标达到国内领先水平"；11 月，三安光电承担的"功率型半导体全色系芯片产业化"项目，被国家发展改革委列入"国家 2006 年信息产业企业技术进步和产业升级专项项目"；12 月，其承担的"100lm/W 功率型白光 LED 制造技术"项目，则被国家科技部确定为国家高技术研究发展计划（"863"计划）课题，"在当时，这纯粹是一个前沿的技术攻关项目……我们拿到了科技部这个'863'计划课题，最终，对我们的光电技术、LED 芯片技术有很大提升"。

随着承担"863"计划课题，进入 2007 年后的三安光电，其新品新技术研发以及市场化、产业化进程渐入佳境，以至于到当年 10 月，其被国家发展改革委授予了"国家高技术产业化示范工程"称号；与此同时，其科研创新、技术突破也取得巨大成就，当年 11 月，其"S-RGB07 全色系超高亮度（红、橙、黄、蓝、绿）LED

芯片"产品，通过了权威专家鉴定，而其拥有的"衬底转移的红光功率型 LED"产品，更被鉴定为"国内首创，填补国内空白"。

一系列自有技术的突破性进展，产业化、市场化进程的步伐越迈越大，终于，三安光电迎来了腾飞时刻。这个标志性的节点，是 2008 年 7 月其在国内 A 股成功上市：这不仅提高了公司全员的信心，更重要的是，借助资本市场助力实现行业美好发展前景，这成了其光电产业、LED 产业在未来实现跨越性发展的里程碑。

在 2008 年北京奥运会、2010 年上海世博会上，三安光电 LED 大放异彩，先声夺人地昭示着：一个全球光电行业、LED 行业的新巨人，已经初露端倪。

从追赶者到领跑者

从成功上市时算起，时至今日，三安光电又走过悠悠十年。这十年里，三安光电写就了一个辉煌的篇章：在全球 LED 业界，它从行业追赶者嬗变为行业领跑者。

在生产规模上，从 2015 年起，三安光电已无出其右者。根据 HIS 信息咨询公司统计，2015 年，三安光电 LED 芯片产能占全球的 15%，跃升全球行业首位；而根据 LEDinside 统计数据，到 2017 年，三安光电拥有 400 余台 MOCVD，年产能 3000 万片以上，拥有全球最大的 LED 芯片产能，约占全球芯片产能的 20%。

"2008 年上市后，我们就开始全国范围内迅速扩厂"，上述企业负责人介绍，在厦门总部生产园地扩建后，从 2008 年底，三安光电就开启了产业基地的全国化布局进程，先后落子天津、芜湖、泉州等城市，最终，随着这些基地的建成投产，三安光电的产能扩

LED 芯片分选前圆片

张、市场占有率迅速提升，也逐渐成了国内 LED 产业链中芯片制造环节的龙头企业。

"早在多年前，三安光电就已经是国内规模最大、技术最先进、品质最好的 LED 芯片制造企业"，上述人士介绍，从产品品质来说，目前，三安光电已经达到甚至超过台湾 LED 芯片制造商，与美国 CREE、日本日亚化学等世界知名企业的差距进一步缩小；还获得客户的广泛认可，目前在全球有 2000 多家客户，其中，国内重要客户基本为上市公司，如国星光电、兆驰股份、聚飞光电、东山精密、瑞丰光电、长方照明、厦门信达等，此外，国际客户也日益增多，现有飞利浦、欧司朗、首尔半导体、台湾宏齐科技、台湾光宝科技、台湾亿光电子和其他国际大厂。

"上市后的第一个五年，三安主要在 LED 产业全力发力"：2008 年后，工艺、规模的提升，成本的降低，以三安光电为代表的大陆 LED 产业快速崛起，逐个打破台系厂商 LED 应用的原有优势，"大约在 2012 年，我们的 LED 产业、技术，基本上就可以称雄亚洲了"。

于三安光电来说，硕果累累的背后是其全球视野：着眼于追求跻身全球产业第一梯队。而为达此目标，其更加重视技术创新：一方面，先后创办了国家级博士后科研工作站、国家级企业技术中心氮化镓工程技术中心、CNAS 实验室认证以及 NVLAP 美国认证实验室等研发机构，大力推动技术研发；另一方面，则面向全球延揽高科技人才，"已经引进了来自欧美、日本等国家及台湾、大陆等地区顶尖研发专家团队数百人"。

相关数据显示，为了实现弯道超车，三安光电在科研、技术创新方面的投入巨大：近 3 年，其 R&D 经费支出占主营业务收入分别为 8.48%、7.44%、7.89%，平均每年投入四五亿元。与此同时，目前，其拥有核心知识产权 1800 余项，其中发明专利占比 70% 左右，"各项技术指标名列国内领先、国际先进水平……核心专利围绕 LED 外延、芯片制造工艺进行保护"。

"从代际角度看，现在，LED 已经不再是高科技"，上述企业负责人还介绍，近三年来，在技术研发方面，三安光电已生产出第二代、第三代半导体芯片——而这始于 2014 年，三安光电进一步扩大和延伸 LED 产业链建设，在厦门投资新建 LED 产业基地和通信微电子器件项目。

资料显示，三安光电 2014 年在厦门巨资投建的新厂，位于厦门同安区新民镇，属于厦门火炬开发区翔安片区，"目前是世界上单体规模最大的 LED 产业、光电产业生产基地……投产两年多来，去年生产规模大幅增长"，这使三安光电的 LED 产业生产规模，直接迈入国际顶尖行列，而其也因此成为中国第一家具备规模化生产、研发世界级化合物半导体芯片能力的企业。

值得一提的是，世界级化合物半导体芯片技术，被誉为"21世纪一项富有发展的前沿高新技术"，比如，三安光电研发的砷化镓高速半导体 MMIC 集成芯片，主要应用于微电子领域，包括移动通信（第四代及第五代）、全球定位系统、卫星通信、通信基站、国防雷达、航天、军事武器等功率型、光纤通信、汽车电子等多个领域。

今后，三安光电将立足于 III-V 族化合物半导体材料的研究与应用，着重于 III-V 族化合物半导体产业发展，致力于以碳化硅、砷化镓、氮化镓、磷化铟、氮化铝、蓝宝石等半导体新材料所涉及的核心主业研发、生产和销售及做大做强，努力打造具有国际竞争力的半导体厂商。

而凭着在 III-IV 族化合物半导体产业管理和技术方面拥有 10 多年的探索和积累，据悉，三安光电在厚积薄发外，还将加快国际并购步伐，引进国外高精尖技术和高端人才，以迅速打开国际市场、抢占全球技术及市场的制高点，力争把三安光电打造成世界级半导体前三强企业。

此外，尤为振奋人心的是，现在的三安光电，还走在全国同行前列，扩展到集成电路芯片的研发："跟 LED 技术相比，集成电路的技术，层次更高得多"，上述三安光电负责人介绍，早在 2014 年时，三安光电就在思考、储备这方面人才，并筹划、准备进入到这个高精尖领域，2018 年则开始实践。

"集成电路芯片，现在基本上还是靠进口"，他坦言，这个行业，需要用上最高端的科研、生产人才及最先进的设备、材料，

"在 3 年前，这些都极度稀缺，并不具备研发生产的基本条件"，但随着三安光电翔安厂区建成后，通过与国外方面的合作或收购国外行业企业，请国外最好的专家来培训工人，并购买最好的设备、材料，这些情况今后都将逐步改善。

而这，也是三安光电在为制胜未来而未雨绸缪。

Motic ELECTRIC

第四篇

麦迪电气：国际电工巨头身后的隐形冠军

王志琴

  2018 年 5 月 1 日，这一天对麦克奥迪（厦门）电气股份有限公司（以下简称"麦迪电气"）来说有着特别的意义，这一天，麦迪电气迎来了成立 30 周年的日子，这对于想要做成百年老字号的企业来说，无疑距离目标又近了一步。对于这家已经走过了 30 年岁月的企业，该企业监事会主席章光伟不无感慨地说，"实际上麦克奥迪是伴随着厦门经济特区改革开放的过程成长起来的"。

  伴随着改革开放，麦迪电气逐渐茁壮成长起来，从一个不起眼的工厂发展成为如今的上市公司。其中有这样几个时间节点，对于麦迪电气来说，尤为关键。

  1988 年麦迪电气的创始人在厦门大学安装了第一台自动压力凝胶设备。1997 年奥地利库瓦格与香港协励行集团共同组建库瓦格（厦门）高压电气有限公司。2008 年协励行集团收购奥地利库瓦格所拥有的公司部分股权，公司从此更名为麦迪电气。2012 年 7 月 26 日，这家股权几经变更的公司在深圳创业板上市，成为厦门市第 28 家上市公司。章光伟介绍，麦迪电气上市后经过 6 年的发展，"现在这个上市公司底下有三个板块，分别是环氧绝缘制品、光学显微镜、远程医疗。"

如今，麦迪电气主要的两个主营业务，即环氧绝缘制品和光学显微镜产品，是公司主要利润来源。特别是在环氧绝缘件市场上，麦迪电气已经发展成为国内销售规模最大、拥有国内同行业一流技术水平的环氧绝缘件专业制造商。

环氧绝缘件是电气设备中用于隔离不同电位导体的关键部件，能够保证电气设备的正常运行，达到能量转换、能量传输与信息传输的目的。环氧绝缘件可以在不同的电气设备中使用，根据产品技术要求的需要，绝缘件起着隔离、支撑、固定体等诸多作用。

不仅如此，环氧绝缘件作为输变电设备的关键绝缘部件，是提高配电网络可靠性的核心部件，市场具有一定的刚性需求。2017

年，全社会用电量 63077 亿千瓦时，同比增长 6.6%。用电量的持续稳定增长必然要求稳定的电力建设投资。此外，电气化铁路的加速建设和海外市场的开拓将进一步促进行业发展。

然而，生产环氧绝缘件并不是件容易的事情。作为输配电设备的重要组件，它的质量关系到输配电设备的性能优良和质量稳定。因此高压和中压环氧绝缘件的入门门槛很高，作为输配电设备配套的关键部件，环氧绝缘件产品必须与下游整机客户相契合。只有通过了客户严格的考核和长期检验，才能进入大型客户的供应链体系。下游客户一旦与环氧绝缘件生产企业建立合作关系，一般情况下不轻易更换，这将对意图新进入这个行业的企业形成了较强的壁垒。

凭借着在这个行业的领先地位，麦迪电气不断被越来越多下游企业所认可。合作的企业包括 ABB、施耐德及其下属企业，以及通用电气、阿尔斯通、西门子、库柏、东芝、三菱电机、北开电气、中国西电等一批国际国内知名输配电厂商。

高度国际化视野

作为一家国际化程度很高的上市公司，麦迪电气在企业人才构成、企业管理理念等各方面都能感受到国际化的气息。可以说国际化已经深入麦迪电气骨髓里，对它的发展产生着深深的影响。

一个最能被大众感知的国际化因素，要算是公司的名称"麦克奥迪"了。在麦迪电气总部，章光伟介绍了这个名称的由来。麦迪电气的母公司是做光学仪器起家的，公司便将显微光学的英文"Micro Optic"作为公司的品牌。后来在海外拓展的过程中，为了让消费者念起来更顺口，就对这两个英文词汇精练，"现在 motic

是 micro optics 的缩写，我们选了 5 个字母 motic，形成了这个品牌"，麦克奥迪由此而来。

除了让人印象深刻的名称之外，人才国际化在麦迪电气也被体现得淋漓尽致。从研发人员到销售团队，外籍人士均不在少数。章光伟介绍道，"电工领域技术部负责人是瑞士人，公司设立时股东之一也来自瑞士，公司现在的销售部包括法国人、奥地利人、俄罗斯人、印度人。也就是说在国际化背景下我们这个华人企业吸纳了这个领域里面很多不同国家的拔尖人才。"

不同国家不同领域的人才汇聚在一起，带来了不同的认知和理念，碰撞在一起，形成了新的火花，推动了麦迪电气的快速发展。对于这一点，麦迪电气总经理 Hollis Li 深有感触，"我们的工艺和国外差了几十年。作为一个传统工业，想要把这几十年的基础拿下来，要经过很长时间的摸索。但如果把这些国际人才本地化，在这个基础上同步做技术，企业的发展进度相对来讲就变快了。"

对人才的合理运用，带来了麦迪电气业务的快速发展。据了解，这些年来通过麦迪电气研发团队的积累以及"产学研"相结合的技术发展模式的共同推动，麦迪电气在技术发展中保持着优势。截至 2017 年年底，麦迪电气电工业务共持有 7 项发明专利和 34 项实用新型及外观设计专利并掌握多项关键生产环节的非专利技术。

如果说企业的名称、员工都是容易被外界感知的因素，那么企业的管理理念则相对不容易被外界感知。但是企业的管理理念对于企业的发展却同样不能被忽视。而麦迪电气的管理理念中，同样可以看到国际化的影子。

在当下，知识产权越来越被人们所重视。知识产权已经成为经济全球化背景下的制高点，它能够使企业获得超额利润，成为企业乃至国家竞争的焦点。现在知识产权壁垒对于占领市场和保护市场的作用不断展现出来，正成为非关税壁垒的主导形式之一。而麦迪电气对于知识产权保护的认同，让它在众多生产绝缘件的厂商中脱颖而出，得到了国际知名输配电设备厂商的认可。

谈及对于知识产权的保护时，Hollis Li 介绍，"这些外资企业来到中国的时候，他们担心自己的技术被拿走，所以要寻找可靠的供应商，也就是在对知识产权的保护和对质量的追求等方面，理念有比较相近认识的企业。在这方面我们是能够确保的，这几十年的企业发展一路走来，也证明了这一点。"

落实在具体的合作中，对于怎么执行和遵守这些知识产权保护的规则，成了麦迪电气的一项重要工作。Hollis Li 介绍，从最初确定合作后，双方就要签订一个互相保护的协议，约定双方如何保护彼此的知识产权。除此之外，在其他方面也积极努力着。"企业政

固封极柱

策的连通，以及加入我们自己的技术储备和展示，都会融汇到和客户的合作中来。"

经过双方一次次的磨合，麦迪电气渐渐地赢得了客户们的认可，从最初开始帮客户生产非核心产品转变到最核心的产品。而在这个过程中，麦迪电气也会根据客户差别化竞争的考虑，对产品的电压等级、电气性能、机械性能、热性能、气密性、使用环境以及外观尺寸的不同要求，进行定制化生产。

在与众多客户的合作当中，Hollis Li 坦言企业也学到了很多，对于企业自身的发展帮助很大。"我们在这些跨国企业身上学到很多，比如他们对于产品品质的要求。"Hollis Li 介绍，在绝缘件生产过程中，这些企业会花很多时间、精力在产品一线当中，"它不要你检验产品，而是要看你这个过程，看你过程中产品品质是否得到了控制。因为质量是生产出来的，不是检测出来的。"渐渐地，麦迪电气加强了对员工的思想意识培训，让每个员工开始意识到生产过程控制好产品质量的重要性，"产品的稳定性是在生产过程中完成的，不是靠检验能够检验出来的，不好的你怎么检测也不可能是好的。"

持之以恒搞研发

一个工业要想从完全没有的情况下做到成功，需要持之以恒，要有长期的坚定的信心。一个企业的发展同样如此，只有坚持，才有可能做得更好。"加工行业很难有什么革命性的创新，但如果能不断把产品做精细，就会变得无可替代。"Hollis Li 在谈到麦迪电气的发展时如是说。

凭借着对信念的坚持，麦迪电气完成了一次又一次的突破。

2013 年 11 月，麦迪电气自主研发的 40.5kV 高海拔固封极柱产品分别配在四川电器集团股份有限公司 40.5kV 户内高压固封极柱真空断路器和 27.5kV 单相户内固封极柱铁道真空断路器开关柜上，在昆明高海拔电器检测有限公司机械工业高原电器产品质量监督检测中心顺利通过了型式试验。该产品具备在 3500 米高海拔试验环境下使用的能力，麦迪电气在国内首家采用固封极柱产品成功地应用在铁道电气化领域。该产品技术先进、结构简单、外形新颖、填补了固封极柱高海拔铁道真空断路器空白。

2015 年，麦迪电气在高压开关绝缘拉杆方面实现了新的突破。而在这之前，全世界范围内，只有为数不多的企业拥有在 550kV 以上这种技术。为了实现这个技术突破，早在 2011 年麦迪电气就开始跟欧洲的两所大学进行合作，在欧洲成立了技术攻关团队。经过 4 年的自主研发，逐渐制定出合理的工艺和配方，保证产品性能达到了标准要求。最终，在 2015 年，这项技术得到了电工行业巨头 ABB、通用电气、西门子等的认证。"这个拉杆实际上是在高压开关里面核心的核心。"

2017 年，成功完成深海底电缆测试，一举打破国外垄断，成为国际上少数掌握这一技术的公司之一。这个消息令人振奋。据 Hollis Li 介绍，电缆中的绝缘件就是麦迪电气与客户一起设计、量身定制的。不同于普通电缆，海底电缆在产品规格、技术要求、施工等方面都有极高的门槛，因此长期被少数欧美巨头垄断。在这个过程中，麦迪电气同样面临着挑战，"这些绝缘件完全是新的，没有标准的"，而如何解决它在海底的可靠性和安全性，是绕不过去的。为此，一次次实验，终于突破了这个难题。不仅如此，据

Hollis Li 介绍，这个绝缘件产品的性能参数、材料使用也为行业制定标准提供了参考依据。

基于强大的工程和技术背景，以及多年电气绝缘领域的制造经验，麦迪电气设计开发并制造 10kV—1100kV 各种电压等级的一系列绝缘零部件，产品广泛应用于各类输配电设备中，而技术水平和产销规模也始终处于行业前列。

Hollis Li 说，"我们的产品从中低压，到高压，再到超高压，这样一步一个脚印走过来。在这个过程中，我们集中技术实力，解决把每一个产品怎么做成的问题。传统行业就是讲究怎么把这个工艺做精，所以在整个运作过程当中，我们经过大量的数据采集来沉淀每一个加工工艺的优化。"

随着人工智能的发展，麦迪电气在绝缘件产品中也逐步尝试增加智能化的元素。"我们在产品方面正在考虑更多智能化改进，比如植入电流和电压的传感器形成智能模块，所以在这方面我们不断探索。"

一路走来，麦迪电气之所以能取得这些成绩，Hollis Li 认为，一个重要原因是不断把产品做精细。"精是一个企业核心的核心，我们不是在实验室里面研发一个产品就算成功了，中国有很多领域做得很尖端，但是他们没有工业应用，纳米技术就是这样新的东西，大家都说我攻克了，但是没有工业应用，无法体现到公司制品中。"另一个重要原因是产品稳定性。"质量差异就体现在稳定上，你可以做好一个产品，但你要做好一百个、一千个、一万个产品，那就只有批量稳定生产才能保证质量。"

对于材料，麦迪电气也同样重视。"我们常常在想，能不能在材料上面做革命，有没有成本更优的替代材料，有没有新的发明材料"。在这种思路的指导下，他们不断探索不断进步。Hollis Li 表示，比如特高压 1100kV 中所用到的绝缘件，该产品同跨国公司自己生产的产品相比较，性能的超越关键就在于材料。Hollis Li 说，"我们自己在材料研发方面投入了大量的精力，我们有材料实验室、材料专家，原材料的研发"。不仅如此，针对目前越来越高的环保要求，麦迪电气也开始研发更加环保的材料。

一直以来麦迪电气十分注重技术研发工作。据 Hollis Li 介绍，从 2000 年起到现在，每年在 R&D 的投入都很多，在他看来这项专门的投入很有必要。"我们每年在 R&D 方面都保持较高投入，也能看到我们整个的营业收入，每年都是较稳定的。有了研发资金的支持，才有可能让企业进入良性循环状态中。企业过了这个良性关，品牌树立起来了，技术水平提升了，同时技术能力也沉淀了，那么和竞争对手的差距就拉开了。研发投入对于企业是压力，但是这个压力转换，将有助于有效化解来自竞争对手的竞争压力。"

持续的研发投入，保证了麦迪电气的产品无论从工艺还是材料方面，精细化程度不断提高，而这也让企业变得越来越有竞争力。

契约精神很重要

作为国内销售规模名列前茅的环氧绝缘件专业制造商，麦迪电气是 ABB、施耐德、阿尔斯通等电气巨头的供应商。能同时成为这些存在竞争关系的企业的指定供应商，靠的不仅仅是先进的技术，更在于麦迪电气对于契约的严格遵守和执行。

"这些跨国企业竞争这么激烈，它能够把它最核心的绝缘件的制造图纸落到一个企业来做，这本身就说明了一个问题。你很难想象一个中国的中间制造企业能够跟世界五百强巨头形成这样的一个关系紧密的产业链，这都是企业成功的地方。"章光伟如是说。

而这样的成功，是麦迪电气人一步一个脚印发展来的。

章光伟介绍，"在原来最早的绝缘件合作方面，ABB 跟麦迪电气之间已经建立了信任，它对我们整个的技术、研发能力、质量水平，特别是理念很信任。所以到后面再去攻关新的东西的时候，ABB 愿意尝试跟我们配合。"

最初，对于众多的跨国企业来说，尝试与麦迪电气合作，或许只是为了培育一个供应商，为自己在激烈的市场竞争中多一个筹码。而随着双方了解的深入，双方之间的关系越来越密切，成了战略合作伙伴。甚至对于那些企业来说，"现在有一点相依相存的关系，就是说你如果不给它供货，它就存在一定的风险。"对于彼此的关系，Hollis Li 这样说道："在我们跟施耐德的合作中，施耐德把它的三个制造厂都关闭了，因为它将绝缘件的核心件都移到麦迪电气这边来生产了。"

当然，促成这种信任的，除了外部的因素，还有公司内部严格的管理。Hollis Li 介绍，在每个员工入职前，都要和公司签一个保密协议。"对一个企业来说，保密是一道墙。我们跟所有的合作企业签订的保密协议条款是相当严的，特别是欧洲公司的协议是相当严谨的。如果出现任何问题，可能会给企业带来风险，所以我们就必须严格去执行和要求。"例如对于产品展示，有着严格的保密要求。Hollis Li 介绍，对于任何产品的展示，事先都要征得对方的同意。生产环节更是如此，在麦迪电气的生产车间，拍照是不被允许的。不仅如此，对方提出要参观制造过程，也是不被允许的。

理想很丰满，现实很骨感。在麦迪电气发展的早期，这样看起来有些严苛的规定被一些客户所不能理解，"加工一个产品有什么神秘的，有什么我不能看到的？"这样的问题经常被潜在客户们问起，也因此让麦迪电气损失掉了一些潜在的客户。Hollis Li 表示，"麦克奥迪自己是立足于中国，但是实际上跨国企业国内国外的工厂占我们电工行业业绩较高比例，因为我们有很多方面是有保密的要求，国内很多客户觉得不能理解。"

然而直到今天，这样的规定在麦迪电气依然被严格遵守着。因为他们知道，要想让企业长久地发展下去，成为一个百年企业，就一定要遵守这个"国际游戏规则"。

虽然，这真的很难。"在前面整个运作过程中是很艰难的，我们在做的过程中损失了很多客户，在能不能开放这个原则问题上我们也曾经有所动摇。"

在开放与不开放间作抉择，看起来更像是一场未知胜负的博弈。最终，麦迪电气选择了遵从这个"国际游戏规则"。如今看起来，麦迪电气在这样的博弈中尝到了甜头。Hollis Li 介绍，"从我们企业这么多年整个业绩来看，包括我们顺利上市，证明了我们在这一方面是赢的。如果当时没有坚持，到今天可能这些客户就不会跟你合作。"也正是因为坚持不动摇，成就了如今麦迪电气隐形冠军的地位。

CHIPSUN
芯 阳 科 技

第五篇

芯阳科技：家电安全的幕后英雄

秦 伟

　　家电，作为人们必不可缺的伙伴，如今在我们的生活中扮演着越来越重要的角色。但同时也带来了安全隐患，据不完全统计，每年我国因使用家电造成触电伤亡的人数超过了 1000 人，因使用家电引发火灾造成的经济损失更是惊人！

　　"安全性"已经成为衡量家用电器的首要指标，"安全"，毋庸置疑，离不开智能控制器的存在。"从概念可知，智能控制器是典型的嵌入式系统软件产品，它以自动控制技术和计算机技术为核心，是集微电子技术、电力电子技术、信息传感技术、显示与界面技术、通信技术、电磁兼容技术等跨领域技术而成的高科技产品，在终端产品中扮演'神经中枢'及'大脑'的角色，是终端产品的核心和关键部件。"厦门芯阳科技股份有限公司（以下简称"芯阳科技"）董事长刘双春如此描述。

　　2003 年 4 月成立的芯阳科技，是国家级集成电路设计企业和专业从事智能控制器技术研发、产品设计、产品制造和销售的高新技术企业。公司以集成电路设计为核心，以智能控制方案开发为依托，以现代化生产制造为基础，为客户提供从芯片设计、方案开发到生产制造的一条龙增值服务，以此打造公司的核心竞争力。

"做一个行业一定要把它做好，芯阳的做事风格是讲求'一米宽百米深'，这也是芯阳成功的关键。"刘双春表示，能够向全球跨国电器、整机厂商提供高端电子智能控制产品和服务，在部分细分市场尤其是高端市场上有着较大优势。今天，智能控制器已成为芯阳科技的显著标签。

"一米宽百米深"的背后

"芯阳成立之初，我们初心想做集成电路设计，也就是芯片设计。芯阳做的第一款芯片由于种种原因没有赶上交货期，当时芯阳投了100个原片，卖了10年，2014年才全部卖完。"刘双春回忆，"做了芯片定制失败以后，我们总结怎么能把芯片这个含义做得深入一

些，我们该选择什么切入。"

智能控制器种类繁多，应用领域广泛，其中将电子智能控制技术应用到家电领域而形成的智能控制器产品，称为家电智能控制器。

早期的智能控制器行业发展比较分散，往往依附于某个细分产业，作为整体产品中的一个附属部件而存在。"随着终端用户对自动化和智能化的需求不断提高，电子智能控制器产品的技术难度和生产成本也不断上升，智能控制技术逐步成为一个专业化、独立化和个性化的技术领域。"刘双春表示，"我们对小家电行业进行了深入研究，了解到当时都是使用台系芯片，做小家电的时候把台系芯片做成专用芯片。"刘双春继续说，"做专用芯片有什么好处？那个时候的单片机很贵，而且它的整个的控制电路都比较复杂，专用芯片把原来芯片外围的很多器件都集成到芯片里面去。"

2005年，芯阳科技成功研发一款应用于电熨斗上的专用芯片，"芯片出来以后刚开始推向市场还是蛮难的，因为大家都不相信，不相信中国的企业能做出这样的产品。"研发成功只是迈出第一步，市场的开拓远比想象的困难，"客户觉得这个行业技术水平低，国产化真的太难了。为什么？因为大家都对国内的产品不认可。"

如何让客户接受，如何让国产化真正落地，一直是中国制造业特别是装备制造业面临的一大困境，发展初期的芯阳科技也不例外。"我们让客户去做测试，跟其他产品对比，按照最严苛的标准来要求我们。"刘双春话锋一转，"但重要的还是我们提出免费试用，用好了订购，用不好我们自己承担。"

虽然家电智能控制器的控制原理基本相似，但针对不同的家电品种，其使用的家电智能控制器在核心技术方面具有较大的不同，如冰箱强调的是在低温情况下的精确控温，而洗衣机则强调对电动机和平衡的控制技术。因此，不同控制器的核心技术各有不同，这种产品和技术多样化、个性化、专业化的特点使得拥有细分产品核心技术的智能控制器制造企业均有生存发展的机会。

为在激烈的竞争中抢占先机，取得先发优势，各企业往往都会选择个别产品作为突破口，将有限资源集中到个别产品的研究和开发上，经过一段时间的努力，逐渐在个别产品上形成自己的技术优势。

找准细分领域，精准投入，成为智能控制器制造企业生存发展的重中之重。

"第一款芯片成功推向市场，我们在小家电这个领域慢慢切入。"刘双春表示，"更重要的是，我们先抓住一个特殊的行业。2006年，随着自动控制技术的不断发展，家电安全的要求越来越高，特别是对高温高热的家电提出更高要求。"

"电熨斗体积小，但又是高温高湿，温度很高又有水蒸气，而电子板最害怕的就是高温和高湿。"选择最难但又是安全要求最高的作为突破，需要很大的勇气，"在欧美，电熨斗几乎是家家必备，使用频率也非常高。最初，电熨斗并没有智能控制器，安全保证几乎全靠手动。"

经过调研，芯阳科技果断切入，"我们成功推出第一款电熨斗的整体智能控制器！"刘双春的判断没有错，芯阳科技凭借此产品实现快速发展。

掌握"核心技术"与"核心客户"

早期的家电控制器主要是采用手动开关来实现的。在这个阶段，家电实际为手动控制，无法完成复杂的功能，更谈不上所谓智能化的概念。"而现在芯阳科技的家电智能控制器成为实现智能控制的技术平台，直接关系着家电产品的性能和品质，因此，智能控制器已经成为家用电器最核心的部件之一。"

众所周知，家电配件和家电企业之间有着千丝万缕的关系，家用电器离不开配件，配件的优劣，决定着成品质量的好坏。加上家电制造成本中有 70% 来自家电配件，所以处在家电产业链上游的配件供应商对行业健康发展有着重要意义。

随着行业竞争的不断加剧，以及家电产品越来越注重节能、环保和智能化，行业下游对上游的需求已较发展初期大幅提高。显然，对具有针对性强、专业性强特点的配件领域，智能化的华丽转变，无疑加大了难度，制作周期也加长了。

"随着电子技术的发展和集成电路成本的大幅下降，电子智能控制器逐步进入到家电领域并获得了越来越广泛的应用。"刘双春表示，"现在，智能控制器的专业性越来越高，家电企业特别是跨国企业越来越多地选择 ODM、JDM 模式，控制器交给第三方专业厂商制作。"

"跨国企业为什么认可我们？你的规模，你的品牌，他可能是看不上的，但是他看重了我们的专业。"刘双春说，"芯阳是从 0 到 1 这么做起来的，从 0 到 1 是最难的，正是我们从零开始，一直专注于从事小家电智能控制器的研发与生产，一步步做出来，跨国企业才看中我们在这个领域的技术和研发能力，看重了我们的方案。因为我们这个方案在全球就芯阳有，其他公司没有。"

所以，"为了保持产品竞争力，还要持续地进行研发投入！"刘双春如是强调。一直以来，芯阳科技都是怀抱开放的心态，"我们每年的研发投入额度远高于行业平均水平。未来将继续加大研发投入，保持占销售收入比重不低于10%。"芯阳科技围绕客户的需求持续创新，为解决客户痛点、提高产品价值密度和客户满意度，提高竞争壁垒，在细分领域取得行业的领先地位。

在与跨国公司的合作中，芯阳科技全面与国际接轨，建

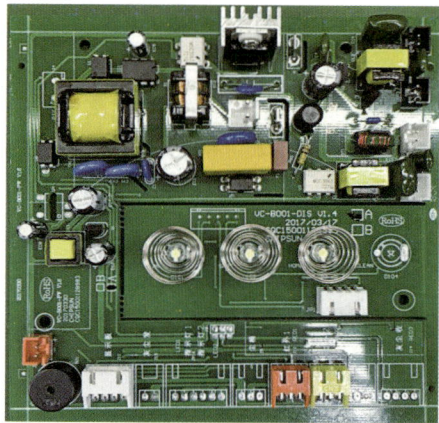

家用控制电路板

立了成熟完善的管理运作平台与管理体系。刘双春介绍，"规范了标识管理，从材料采购的源头到制成的产品再到出货的产品，我们建立一整套可控的产品标识，账、卡、系统结合的可追溯的方法。"

据介绍，芯阳科技成立总经理办公室直接管理"品质中心"，统一管理各分厂品质管理体系，制定研发阶段品质管控标准、量产品质管控标准、可靠性标准，覆盖从原材料至客户端品质，并启动TQM全员品质管理。正如刘双春所说："始终坚持以客户满意为基准，以行业最高标准严格要求自己，生产出性价比最高的产品，不断地提高客户的满意度。"

"公司近年来在安全管理、改善提案管理、6S等制度建设方面都取得了一定的成绩，但客户的需求是无止境的，特别是在新兴行业，需要我们有更加敏捷的反应来不断调整自己，甚至能够引导市场需求。"刘双春强调，"为此我们要坚持公司制度建设持续完善发展，坚持质量方针不动摇，始终以客户的满意度作为基准来要求和规范自己。"

领航控制产业

"智能"是当下制造业热词，家电领域也提出了"智能"的概念。热水器智能化的功能设计，使用起来更加方便、节能、舒适、安全；电磁炉增加了预约定时、保温、童锁等功能；茶具引入了防干烧、自动停水功能……总之，"智能"已经成了各类家电产品的研发方向。

家电领域的革新，总能先从理念上来创造市场需求。而作为家电配件，特别是在技术和成本的双考量下，智能控制板生产企业显然要面临更多成长博弈。而企业如何从众多竞争对手中突围，势必将成为众多经营者不得不思考的问题。"随着智能家电逐步普及，作为一款家电的核心部件，家电智能控制器将迎来新的发展机遇，前景大好。"刘双春对行业前景充满信心。

"智能控制器行业属于典型的技术密集型，而技术创新能力、设计能力则是企业之间竞争的关键。"刘双春表示，"如果仅靠技术和设计能力，对一些中小型智能控制器企业来说，并不会成为他们生存的'铁饭碗'，相反，压价、降成本、走量成为众多中小家电控制板生产企业不得不面临的生存选择。"

进步的动力在于竞争，用正面积极的态度参与正当竞争，"勇于面对竞争，这是我们进步的原动力！"刘双春表示，同时在整体的竞争环境中，我们更加善于向竞争对手学习，向优秀的企业学习，向世界一流的企业学习。

有业内人士称，"要想成为世界上最好的制造业公司，就要不断地服务消费者。同时技术也需要不断地发展，因为我们需要不断变化地为客户提供服务。"而芯阳科技就是坚持着这样的信仰，不断创新，不断升级，以优质高效的服务为客户创造增值！

"在竞争中，芯阳坚持以集成电路设计为核心，以智能控制方案开发为依托，以现代化生产制造为基础，为客户提供从芯片设计、方案开发到生产制造的一条龙增值服务，以此打造公司的核心竞争力。"刘双春指出，芯阳发挥自身在 IC 设计和工艺研究方面的优势，广泛开展与客户在专用集成电路产品（ASIC）的开发和应用方案的技术合作，设计开发具有自主知识产权的集成电路产品，从而提升客户产品性能、品质和综合竞争力，实现与客户的双赢。

展望未来，不断进取的芯阳人将永不停息，以"领航控制产业"为阶段目标，以"改善民众生活"为历史使命，发扬"敬天爱人、追求卓越"的企业精神，并以"一米宽百米深"的做事风格，用智慧把握未来，用科技铸造辉煌，用产品服务全球，实现行业共同进步、客户共同成功的双赢前景，永做令人尊敬的企业。

SETsafe™ | SET®fuse

第六篇

赛尔特：用电安全"守护神"

李 莉

"国家不仅需要发展，而且需要安全的发展"，习近平总书记这句话发人深省，将"安全"提到了前所未有的高度。21世纪以来，国家高度重视食品安全、交通安全、环境安全、能源安全等。

随着国家的发展，人民的生活水平不断提高。从以前的实现基础温饱，到后来的全面富裕小康生活。各种家用电器、电子产品以及工业消费品广泛应用，这些产品的安全问题不容小觑。许许多多的火灾，都是因为电器本身质量问题而引发的。

在厦门，就有一位优秀民营企业家——徐忠厚先生，创办了厦门赛尔特电子有限公司（以下简称"赛尔特"），这是一家致力于让全球人民用电更安全、经营多元化电路保护和电涌保护产品的生产企业。

"赛尔特"这三个字，取源于英文安全电子科技 Safety Eelectronics Technology 首字母 SET 的中文音译。成立近二十载，赛尔特已发展成为电子保护元器件生产商的翘楚。致力于温度保险丝

（TCO）、压敏电阻（MOV）、热保护型压敏电阻（TFMOV）、电涌保护器（SPD）、线绕熔断电阻器（RXF）、热保护型熔断电阻器（TRXF）、电流保险丝（FUSE）、主动熔断器（iTCO）以及适配器保护单元（PUA）的技术研究，帮助客户提高其产品的安全指数。其产品现已被重点应用于电子、防雷、通信、新能源汽车等战略新兴产业，其中部分产品的品质和技术水准，已成为全球一流业界标杆。

赛尔特拥有多项专利，突破性的创新设计、工艺，自动化生产，让他们的产品在业界处于领先地位。他们拥有美国 UL 授权的 UL 1449、UL 60691 标准目击测试实验室（WTDP），专业的测试设备和完备的质量（ISO9001）、环境（ISO14001）、职业健康安全（OHSAS18000）管理体系，产品满足 RoHS、REACH 要求，取得 CCC、UL、CUL、VDE、TUV、PSE、KTL 安规认证。严苛的品质管控方法，成就了赛尔特值得信赖的高品质产品。

产品在电动新能源行业应用

2008 年，美国著名汽车品牌首款电动车上市。如今，这家世界上第一个采用锂离子电池的纯电动汽车公司生产的几大电动车型，每款车型都价值不菲却又都风靡全球。

"赛尔特产品的最时尚应用之一，就在这些电动汽车上，现在每部车都有赛尔特电子的保护元器件！"赛尔特总经理徐忠厚颇为自豪地说。

"新能源汽车，关键是动力电池"，徐忠厚介绍，"目前，电力电池，主要有磷酸铁锂电池、酸盐锂电池、钴酸锂电池等，这些锂电池能量密度高，但安全性差，需要整个电池组保持在 20 多摄氏度的恒温状态：过热要散热，过冷自己的阻抗也大，电也发不出来。"

这意味着，为了在冬天也能运行，现在的新能源汽车，需要通过自身的小电流发热把水加热起来。这就是电动汽车液压系统里的加热器："电动汽车液冷系统里的加热器液体如果泄漏，将导致加热器过热，继而其周边的电池可能跟着过热，进而可能发生爆炸。"

在全球范围内，该电动汽车品牌一直在寻找能为其加热器提供保护的终极装置——温度保险丝。它们要求这个产品有直流 400 伏的安规认证，但这样的供应商，在全球寥寥无几，市面上的直流温度保险丝产品，也大都在 60 伏以下。

"赛尔特的产品可以做到直流 400 多伏，且有美国安规 UL 认证"——正因为此，早在 2013 年，赛尔特的产品，就开始在该汽车上试用；从 2015 年开始，赛尔特则正式成为该品牌汽车的直流高压温度保险丝产品唯一供应商；目前，在全世界新能源汽车中，已有4家车企采用了赛尔特的直流高压温度保险丝产品。

"一直以来，在商业上，双方建立了友好的供需合作关系"，言语间，徐忠厚透露着一股自豪，为自己产品品质、技术够硬感到骄傲——他自问自答："要不然，人家会理睬我们吗？根本不会。"

这些只是赛尔特的一个小"闪光点"。赛尔特18年来的创业奋斗史上，还有更多的荣誉和成就。

如今赛尔特的研发，还进入到动力电池组更尖端的过温保护领域。这项研发，针对的是当前新能源汽车"电池有问题即100％切断电源"的情况，旨在避免车辆半途失去动力及发生交通风险："这就是赛尔特的主动切断电路产品iTCO，我们希望它能实现分组切断，从而在新能源汽车动力电池有问题时，保证汽车不出危险，还能开到修理厂。"

在合金型温度保险丝领域，赛尔特公司的规格种类已是"全球第一"。企业规模发展至今日，企业全员达到1000多人，拥有多名行业博士和研究生研发团队；赛尔特公司已生产销售的产品涉及过温保护、过压保护、过流保护的多个领域；2017年年销售额逾2亿元，企业纳税达2000多万……"各种漂亮数字的背后，是人才济济的团队付出和艰苦奋斗的企业文化建设"。

艰辛创业历程

"我们有点像命中注定要进入这个领域，做这个产品"。如今，回忆起创业历程，寥寥一语间，徐忠厚感慨万千。

在涉足电路安全保护行业前，他从事过电工材料贸易，代理漆包线销售，很快便赚得人生第一桶金。2000 年，"从零开始"的他，和两位朋友一同创办企业，进军电器设备安全保护行业，试图在这个新兴领域掘金。

徐忠厚说："我们这个领域是很多学科的融合体，一个小小的电路保护元器件，其实已经集中了材料学中的金属学、陶瓷学、无机化学、高分子化学等细分学科的知识，以及自动化生产、电器控制的学问，如果智能制造、软件管理系统再加进来，我们就是一个很大的学堂。"

电路安全保护是冷门小领域。以前，人们的安全意识不够，电器产品也存在安全缺陷，"关于电子电器安全的研究不够多"，这给了他进入发展的空间和机会。尽管对行业和企业的未来预期良好，但创业 18 年来，赛尔特走过的，却是一条坎坷的研发路，因为研发、生产、销售电路保护元器件，并非易事。创业前十年，赛尔特一直举步维艰——产品研发进展缓慢，企业前景渺茫不定。雪上加霜的是，2005 年，在企业困难时期，两位股东心生退意，徐忠厚不得不接下他们的股份，咬牙勉强支撑着公司的运营。2009 年，公司几乎到了山穷水尽的地步。

在一路艰辛坎坷后，赛尔特的产品规格不断升级，从基础规格电路保护开始着手，后来延伸至压敏电阻的失效保护，温度保险丝越做越高级，研发技术越来越尖端。此外，赛尔特坚持研发形成专利，专利转化产品，继而在产品的组织结构方面，从单模、多模到小体积防雷器不断延伸，从而拓宽产品运用领域，形成了在电路保护领域中的多元化整合体。

2010 年，有客户大量采购了赛尔特 2004 年创新研发的一种新规格产品——温度保护丝 T 系列产品（15 安培的温度保护丝）。这大大缓解了赛尔特资金紧张的压力，公司运营渐趋正常，账户有了稍充裕的资金，研发得以继续，赛尔特的发展渐入佳境、走向正轨。

如今，赛尔特呈现于人们眼前的发展成果是：基于用电安全保护，逐步实现了从元件、器件到安全保护小方案、中方案、大方案的产品升级。

制造业情怀深入骨髓

电子电器的基础过温保护，是赛尔特研发、生产的第一个针对点。这类保护产品，按照工作方式可以分为两种类型：一是合金熔断型的，二是有机物熔化型的。其中有机物熔化型保险丝目前赛尔特还涉足不深，而合金熔断型保险丝，却做得最早也声誉卓著。截至目前，赛尔特的合金型保险丝，规格型号多达数千种，"从规格角度看，在全球生产企业同行中，已经做到了第一"，且在国内电路保护元器件制造商中，能设计出如此之多规格的别无他家。

合金熔断型保险丝内含两种材料：一是合金材料，二是高分子材料。后者是一种助熔断剂，它帮助合金熔化后能迅速断开。这个熔断的特性的研究当时也是从零开始，合金金属表面黏力较大，为了使合金收缩，必须有助熔断剂。对此，一开始他认为，这种高分子材料的研发，应该不是难事，然而深入其中才发现，里面很多东西，他摸不着头脑。为了解决这个问题，徐忠厚先是寻找"外脑"助力，至少找了 10 个教授，结果没有人研究这个课题，没有谁能解决这个问题。他只好自力更生，从材料学开始，全部靠自学、自己做试验。最终，花费了 3 年多时间，做了几千种配方实验，才在

2003 年找出一个最好的方法，解决了助熔断剂的问题。类似这样呕心沥血的研发过程，在赛尔特的产品研发中屡见不鲜。

2009 年，随着电子电器的小型化、IT 化，赛尔特又开始了压敏电阻的失效保护产品的研发和生产，该类产品应用在笔记本电脑等小型家电电源上。徐忠厚介绍："所谓压敏电阻的失效保护，是针对压敏电阻的"，压敏电阻是一个高阻，稳压性好、体积小、成本便宜，保护着电器过电压的吸收电涌，但它也会衰减，"衰减到最后，自己过电压时会发热，发热又容易着火"，因此，要用温度保险丝来抑制其过热。

这一项目，经过数年研发后，赛尔特获得了成功。其将合金型温度保险丝与压敏电阻实现良好的结合，研发出拥有稳压性能好、体积小且成本低等多重优点的带热保护型压敏电阻产品。该产品

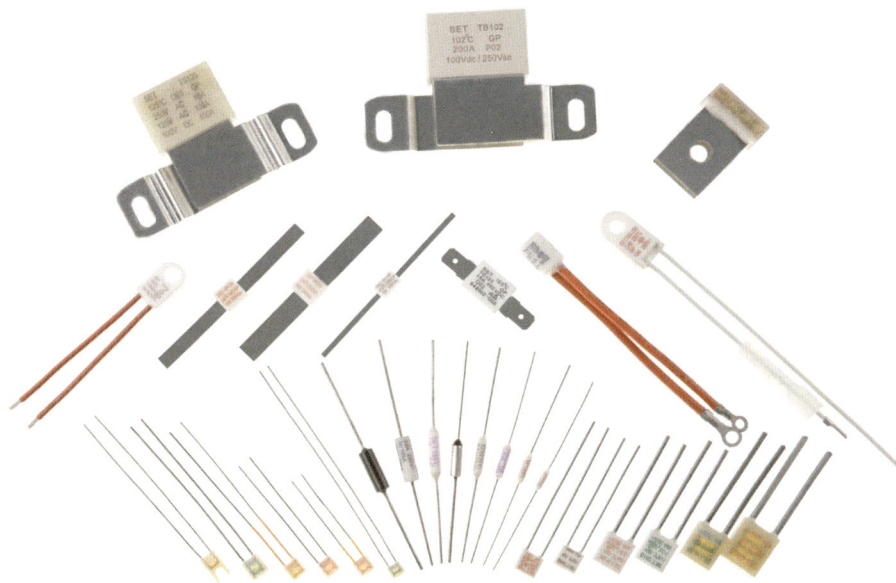

温度保险丝

的发明也获得中国、加拿大、美国发明专利及中国、中国台湾、日本、澳大利亚实用新型专利，此外，该产品还获"国家火炬计划项目""中国防雷新锐奖""科技进步三等奖""优秀新产品奖"等众多殊荣。

尤为可喜的是，基于热保护型压敏电阻产品技术，赛尔特又提出新的电涌保护器研发项目。最终，该项目突破传统模块化和方形箱体电涌保护器设计方式，生产出小体积、便于安装的电涌保护器。众所周知，防雷电涌元器件的相关行业标准非常高，此前只有少数公司能达到，而随着赛尔特电子在这一领域的技术突破，其借助自身技术实力，增加了国内企业在该行业上的话语权。

与此同时，赛尔特公司还研发出一种产品：热保护型保险电阻，它过热时可以断开，在手机充电器等产品过热的保护领域国际首创，其品质与特性也堪称全球第一，目前已被 LG、魅族、Philips 等国内外知名品牌所广泛引用，且仍在继续拓展新客户。

未来电力的发展，大势所趋一定是交流转直流供电。届时，直流的切断是一个问题，赛尔特的温度保险丝，也将因此更大放光彩，"寻找高压直流超过 200 伏至 800 伏的过温保护，非找我不可，因为其他厂家没有做这个标定的。"徐忠厚表示。

社会使命任重道远

随着研发成果不断呈现、转化，赛尔特成为首家将防雷器直接安装到电源模块 PCB 板上的模式创新者。与此同时，凭着在安全电子科技上的技术、产品研发，这些年来，在全球电路保护领域中，赛尔特日渐声名崛起。其强大的核心竞争力及行业影响力，开始引发一些追逐的目光和行动。四年前，一家美国同行就想收购赛尔特，但被拒绝了，因为赛尔特想继续长时间深耕精耕于这个领域。

年轻时，徐忠厚创业目的是"赚点钱"，然而，随着岁月增长、理念拓展，产品研发、生产、销售工作的开展，给他带来了更强的社会存在感，"只有通过研发生产特色产品，别人才会看中你、才会认识你"，而从客户的认可中，他也更深刻感受到用电安全保护事业的社会意义性，才"更感觉到了自我价值"。

如今，赛尔特还着眼于成为一个"'三高'企业集团"，朝着集高技术、高信息化、高自动化的方向迈进。时至今日，依靠自身力量，赛尔特也设计制造了一批全自动化生产线，实现 ERP、CRM、OA、HR 的办公软件集成，并完成了软件之间的接口连接，实现了办公无纸化，接下来将继续逐步推行 PLM、MES、QMS 等软件。"届时，赛尔特在生产过程中是高速的自动化设备，在物料的配送中形成整套的智能系统，并形成各种科学、技术的融合，将材料学、电器学、自动化、智能控制、数字软件等知识整合起来"，且适合于全球多国生产基地的融合统一运行。

"我坚持一个产业，在一个细分领域，一直一直……用我的一生证明，只要努力就可能成功。"徐忠厚深有感悟地说。创业 18 年来，自己从零起步，历经艰辛，"直到现在才知道，你只有做成事情，你才知道你有多少能力"。

"专业保护、领航创新、关爱环境、持续发展、预防为主、全员满意"是赛尔特的质量方针。赛尔特遵守国家法律法规、国际规范，建立无歧视、人道、健康及安全、环保、廉洁的经营环境；制造优秀的电路安全保护器件，让更多人意识到使用电路安全保护器件是解决电路安全的重要方案；提供电路综合保护解决方案，帮助客户提高其产品的安全指数，是赛尔特一以贯之的历史使命。

赛尔特已通过 OHSAS18001 职业健康安全管理体系实施系统化的管理，不断努力为员工提供安全、健康的工作环境，坚决执行国家的相关法律法规。开放、包容的工作氛围可以促使员工、客户等利益相关方取得更大的成功。赛尔特不做家族经营，尊重员工的差异性，鼓励员工通过各方面的持续培训不断成长进步。

同时，赛尔特已取得 ISO14001 环境管理体系的认证，将环保理念和行动计划融入公司经营中，从而实现环保可持续性。同时，不断努力寻求新的方式和途径，减少自身企业经营对环境造成的风险和影响。

赛尔持积极建立廉洁政策，对组织内所有员工培训，正确处理任何违反廉洁、涉嫌贿赂的事件；宣传廉洁政策至所有供应链中各方，包括供应商及其他相关方知悉并配合遵守。赛尔特以及赛尔特的供应商严格遵守电子行业行为准则，不支持、不采购相关的"冲突矿物"。

未来展望

只要是用电的产品，都要涉及电路保护。电路保护又可分为过流保护、过压保护、过温保护。这些保护，都是为了在电子电器产品寿终或其零部件坏了、出现异常时，避免形成灾难性的过热甚至着火，从而减少火灾事件，保证用电安全。

"我们所谈的用电安全，不能仅限于变压器、电房及变电站或配电站的保护，那些大产品的安全反而好保护，因为它是集中管理的。现在，最难做到的其实是人们日常生活中电子电器产品的安全保护"，徐忠厚表示："现代生活中，不管是个人的电源，还是家用电器、厨房电器、照明电器，以及所有的工业电源，每一个小地方，都隐藏着电路安全隐患，即便是废旧电池，温度过高，电源短路也会引起安全事故。"

出于品牌保护，这些年来，越来越多电器制造商日益重视过温保护、过流保护、过压保护，这让赛尔特这样的企业迎来了发展好时机。与此同时，随着社会发展，人们的安全意识提高，迫使电器制造商从品质安全和社会责任以及对使用者生命保障出发，更要做好电子电器产品的安全保护。

这也意味着，"安全电子科技"领域的前景和发展，将更加大放异彩："未来，电路保护市场总容量相当可观"，徐忠厚展望：目前，美国一家百年企业同行"年产值已达 10 亿美元规模"，他也期待到 2040 年，赛尔特能达到国际化公司的规模。

第二部分
材 料

◆ 第七篇　虹鹭钨钼：梦想照进现实

◆ 第八篇　路达：专注为王

◆ 第九篇　长塑实业：科技成就品质生活

◆ 第十篇　创业人：创新引领国际精细包装

◆ 第十一篇　建霖集团：创造引领　智造蜕变

◆ 第十二篇　百霖净水：净水行业的英特尔

◆ 第十三篇　姚明织带："双创"与"双反"的样本

◆ 第十四篇　威迪亚：用智慧改变生活

◆ 第十五篇　金德威："包装"王者之道

◆ 第十六篇　利德宝：专业、创新、求变

◆ 第十七篇　聚富塑胶："膜"界成雄

◆ 第十八篇　威尔邦：成功源自创新

◆ 第十九篇　中鲨动保：迈步走向国际品牌的路上

XTC

第七篇
虹鹭钨钼：梦想照进现实

秦　伟

1906 年，钨最早应用于制作白炽灯丝，照亮一个新时代。

一个多世纪过去了，钨丝拓宽了应用范围，在非照明领域也开辟出一片新天地。

将直径 17.4mm 的 3 公斤的钨坯条，通过锻打、焊接和反复的拉制，制成高度精密的细钨丝，最细的钨丝，8 根绞合在一起，才与一根头发丝一样粗，不借助光线，肉眼难以看到丝的存在。5 公斤的粗钨丝，拉成一根细钨丝，可以达到 1600 公里，相当于从福州到北京的距离。在我国节能灯发展最巅峰的 2012 年，中国节能灯产量占世界的 80%，其中 80% 的钨丝来自"虹鹭"。虹鹭当年生产的细钨丝足以绕地球 325 圈，可造出 150 亿个节能灯泡。"有灯的地方，就有虹鹭的光芒"——这就是钨丝行业的隐形冠军，厦门虹鹭钨钼工业有限公司（以下简称"虹鹭钨钼"）的力量。

厦门虹鹭钨钼工业有限公司是一家成立于 1992 年的中外合资国有控股企业，现注册资金 20900 万元人民币，是上市公司厦门钨业股份有限公司的核心成员、首批国家高新技术企业，拥有国内钨钼加工行业首家企业博士后工作站，与中科院金属研究所联合成立了稀有金属加工实验室，是国内首家实现钨丝出口的企业，也是世界三大钨丝制造商之一。

梦想，让全中国灯火通明

"'中国的照明跟先进国家相比，差距太大，我们出国从飞机舷窗看下去，在国外是灯火通明。可以预见照明这个行业是未来中国最有前景的，这就是我们的机会。'这是厦门钨品厂厂长刘同高先生在筹备虹鹭时对我说的一段话，让全中国灯火通明，这也就是我当时最大的梦想。"虹鹭钨钼董事长庄志刚回忆公司创立之初时说。

厦门虹鹭外景图

虹鹭钨钼是在 1992 年由厦门钨品厂（以下简称"厦钨"）投资控股的企业，1995 年增资扩股，引入战略投资者韩国大韩重石超硬株式会社（现公司名 TaeguTec），虹鹭钨钼的发展必然与厦钨的发展联系在一起。

"1985 年，我从东北工学院毕业分配到厦门，当年接到这个分配通知非常兴奋，因为福建有 30 多名同学考到东北的大学去，毕业时才回来 5 个，我是其中之一。到厦门就更兴奋，都知道这是一个很美丽的海岛城市。"庄志刚饶有兴致地回忆，但接下来的状况让他始料未及，"毕业分配后马不停蹄赶到厦门，但真正到了厦门岛，却找不到厦门钨品厂。报到证只写厦门钨品厂，并没有写明具体地址，怎么问当地人都找不到这个厂，到厦门日报社打听无果，到地名编辑委员会询问也是同样无果，最后没有办法只有凭组织介绍信到组织部咨询，最终得知厦门钨品厂不在厦门岛内，而在偏远的海沧，需要到轮渡码头坐船过去。"

厦门氧化铝厂，1984 年才更名为厦门钨品厂。当时信息不发达、不通畅，在 1985 年大多数当地人都还不知道厦门氧化铝厂已经改名，自然不知道厦门还有个钨品厂。

"当时交通非常不方便，每天只有一班菜船，所以没办法，就住下来。第二天早上坐菜船去海沧，茫茫大海，那个船开了近一个小时，快到了我又紧张了，一片荒野，哪看得到厂。我就在船上大声地问，有人去厦门钨品厂吗，钨品厂在哪里？其中有个女青年说自己就是钨品厂的，要带我到厂里去。我挑着书，从栈道步行两公里多到厂里，就是现在厦门钨业的发祥地——厦门钨品厂。"庄志刚继续回忆，"一进去傻眼了，除了几栋旧厂房，厂里一片荒芜，居然还有牛在里面吃草。当时心里很忐忑，这哪是工厂。"

"1982年开始转产钨制品，1984年更名为厦门钨品厂。转产更名后，当年即小有盈余，挣了12.7万元，结束了四分之一世纪亏损历史。当时的厂长刘同高就构想发展钨的深加工产品，而我就是因为这个原因被分配到厦门钨品厂。"庄志刚介绍，"1985年，中国主要还是出口仲钨酸铵（APT），还部分出口钨精矿，钨粉出口都很难，所以深加工出口就更不可能了，无论是出口硬合金，还是出口钨丝，都是难上加难。这一年，厂里招了12名大中专毕业生入厂，就是希望能够建立自己的深加工生产线。1986年，厂里派我和其他两位大学毕业生到宝鸡有色金属加工厂去学了半年的钨丝加工技术，储备技术力量准备上钨丝生产线。"

但由于种种原因，当时的厦钨并没有能上马钨丝深加工项目。"1989年12月我不得已辞职，因为满腔热情，很想干事业，就是想做中国人自己的好钨丝。"庄志刚壮志未酬。

时间轴来到1992年，在离开厦钨三年半后，厦钨刘同高厂长再次找到已在中外合资企业就职的庄志刚，"'小庄，你是不是还回来，这是你的事业。'我很敬佩刘厂长，他当年的那段话一直激励着我，那个梦想也一直埋在我心里。"

"所以老领导一召唤，我又回来了，来筹建虹鹭钨钼。'你有外资经验，你按外资模式来经营，钨品厂一个人都不派，给你一块国企创新试验田。有事情你来找我，就是有困难你来找我。没有，全部放给你去管。'"庄志刚对老领导的信任非常感激，也成为工作的动力。

现实，一无所有白手起家

"当时可真是一无所有，要白手起家。创办初期，什么都没有，

公司户头还没开，筹备组没有钱，没有交通工具。"回忆虹鹭钨钼
的成立，庄志刚感慨万千，"没有交通工具，我就把家里面的摩托
车拿到公司来当交通工具；没有钱买办公用品、发基本工资就把我
家里积蓄拿出来，先垫付当筹备费。开销能省则省，出门能坐公交
不坐小巴士，一分钱掰成两半用。"

1992年9月，厦门虹鹭钨钼工业有限公司成立，公司注册资
本560万元人民币，其中168万元为技术作价，实收现金资本392
万元，投资总额800万元，注册地址位于湖里东方工业中心（现湖
里东方商贸大厦）11楼。

"但最困难的不是公司的成立，最难的在原材料供应上，因为

钨丝

当时钨丝是一个紧缺资源，并没有现在的整条生产线，虹鹭成立时也仅仅是个小钨丝改拉厂，只是做钨丝的最后一段，从上游采购直径 0.77mm 粗钨丝来改拉细丝。当年粗钨丝非常紧俏，资源非常稀缺，但如果要投整条产业链，从 APT，到钨粉、钨坯、钨棒、粗钨丝、细钨丝，这种投资是厦门钨业支撑不了的。"企业发展的艰辛，创始人最为清楚。

虹鹭钨钼成立之初，投资大，负债重，没有原材料，公司要生存下去非常困难，连年亏损。"最困难的时候工资都发不出来，我每个月要去找兄弟公司'化缘'，借钱发基本工资。总经理很难当。当时我就思考，照明产业未来前景蛮好，我们也有理想把钨丝产业做大，但是如果按这样做下去，公司就会消亡。"对于未来，对于梦想，庄志刚也有过迷茫。

"必须要变，改变才有出路。"在经过考察后，庄志刚有了想法与规划，"在这种艰难的情况下，我认为必须自己把粗丝做起来，保证原材料供应才不会受到外界的限制。"

但想法不等于事实，规划也需要落地，虹鹭钨钼的创业才刚刚起步。

"我们四处去寻找国外高端钨丝的合作伙伴，无论公司、个人，甚至托人找国外退休的钨丝专家，但没有合适机会，困难重重。"庄志刚回忆，"一次偶然的机会，打听到韩国有一家公司想转让部分设备和技术。我回来就跟刘厂长说起这个情况。刘厂长一听到该公司名字，兴奋地说，'这家公司是我们的客户！'这多好，这就是虹鹭钨钼现在的股东之一，大韩重石超硬株式会社。"

1995 年 5 月，大韩重石超硬株式会社正式投资入股厦门虹鹭钨钼，注册资本增加到 700 万美元，总投资 1000 万美元。虽然最初生产规模很小，只有 100 吨规模粗钨丝但却跨过了一个大坎，从没有初级材料到自己建立相对完整的生产线，这对于虹鹭钨钼的发展而言是个里程碑。

"但当时的合作方并没有完全地把整条生产线给虹鹭钨钼，因为合作方也是钨丝的制造商，并不是设备的制造商，他们留一些设备用于生产微波炉磁控线圈。我当时就想，如何来构建这么一条能够超越别人的生产线，当时几乎都是 1.5 公斤坯条生产技术，引进日本东芝、东邦、日本钨的技术装备，如果沿用过去的老方法去建生产线，如果我们走人家重复的道路，那就永远只能是跟随。"一个更大胆的想法在庄志刚脑海里形成，"我当时也是灵光一动，我们有了韩国大韩重石 3 公斤垂熔技术，那能不能再借鉴其他国家其他企业生产线，引进他们不同工序的先进设备，虹鹭钨钼做一个'点菜拼盘'。"

有了想法还需要去实现，"我们就开始做'拼盘'，日本的、加拿大的、韩国的、英国的再加上我们中国自己的，我们做了一个'联合国'生产线'拼盘'，自己做一条完整的产业链，而且不花一分钱买软件，因为这是'拼盘'，显然没有人给你软件。"庄志刚对自己设计的"拼盘"非常自信。

虹鹭钨钼采用"点菜拼盘"的方式，分别引进日本、韩国、加拿大、英国、美国的设备。拼接后的生产线博采众长，更具优势，但比成套引进风险大，难度大。"虹鹭钨钼的引进策略独树一帜——引进、消化、吸收、改建、提高。"庄志刚进一步解释说，"同样是引进国外先进设备，人家都是从国外某企业完整地引进生产线，我们靠自己消化吸收，开发跟这条生产线配套的整个工艺流程。"

"虽然当年建了这么一条 100 吨坯条生产线，但因为产能太低，投资太大，所以还是不挣钱。"谈起企业发展，庄志刚感慨万千，"走在海边，感觉办企业就和这海浪一样，真是一波未平一波又起。"

"企业运行还是很困难，感觉又走入死胡同了，怎么去实现最初的梦想。"怎么做到"有灯的地方就有虹鹭钨钼的光芒"。又一个问题被抛出来：如何把产业做大，如何把公司做强。

发展，创新为基质量为王

"当时最大的困境就是'小'，不能形成规模，没有话语权，没有核心竞争能力，企业如何才能走出这个困境？"虹鹭钨钼生存下来了，但庄志刚心中那个梦想并没有实现，"唯一的办法就是不仅要消化吸收国外设备，还必须自己研发设备，到国外购买设备，非常昂贵，企业负担太重。想要做'大'、扩大产能，唯一的办法就是自己突破，自己做设备，把设备投资的价钱给降下来。"

"点菜拼盘"，改变了虹鹭钨钼的产业链；通过消化吸收再创新，实现了虹鹭钨钼的扩张壮大。

"也正是我们不断消化吸收创新才有今天虹鹭钨钼的规模，这种快速扩张。不然的话，你挣不到钱，因为辛辛苦苦挣的那点钱又花大价钱买进口设备了，钱又变成了铁。"庄志刚掌舵的虹鹭钨钼再一次把握自己的命运，"原材料有保证，产能能提高，我们劲有地方使，我们能够自己主导命运，不被别人掐脖子，这是最关键的。"

虹鹭钨钼做设备不是简单地复制，而是把自己研究开发的工艺技术融合进去，做升级版设备，开发市面上买不到的专有设备，领先于行业。庄志刚又兴致勃勃地为记者讲述另一个创新的故事，

"拉钨丝，模具最重要，金刚石模具的拉孔最小只有 10 微米左右，一根头发丝的八分之一，拉出来的钨丝肉眼看不见。超细孔径金刚石模具技术，当时几乎都是国外控制，模具要价非常高，都加价 2—3 倍卖给中国企业。虹鹭钨钼要扩产，且我们目标又那么远大，而金刚石模具是消耗品、易耗品，这个问题严重阻碍我们的发展。"

"我们把国内所有的优秀模具厂召集到厦门，目的不是谈价格、压价。我和他们说，你们把质量做好，做到能够跟国外的相媲美，虹鹭加价购买。"做自己的拉丝模具，其实也并不全是虹鹭的本意，但国内厂商的"不给力"，逼迫虹鹭钨钼自己"自主创新"，庄志刚说，"没有一家供应商能做好虹鹭钨钼需要的模具，这就促使了虹鹭下决心要自己做。只有把自己的模具做起来，虹鹭钨钼才能继续扩张发展，因为国内又买不到，进口的话成本太高，而且在供货时间和数量上都受制约。"

"问题又转回来了，虹鹭钨钼没有做模具的基础，也没有做模具的技术，要找国外来帮虹鹭建一个模具生产线，全世界没人跟你玩儿。因为我教给你了，你又成为我的竞争对手，你把我的饭碗砸了。"自己做肯定困难重重，庄志刚也早有准备，"虹鹭钨钼采用什么办法呢？我们找了世界四大模具企业。先给他们下订单，忍受高几倍的天价。然后谈条件：一是人，我买你的模具，你必须让我的人到你的工厂去培训学习；二是物，你必须卖给我制修模的设备，而且是关键设备。"

通过派人学习培训，购买设备消化吸收，回到家里磨炼。"技术成熟后，我们开始试做模具，悄悄地把这个模具生产线给建完整了，慢慢地把国外采购降低，到最后就是不单自己供还可以外卖。"庄志刚的"洋务运动""师夷长技以制夷"模式成功实现。

　　"钨丝产业，模具是核心。今天，虹鹭钨钼金刚石拉丝模的实力在国内也是最强的！"庄志刚自豪地说，"正是有了高质量精密模具的供应，细钨丝产业才能做大，虹鹭钨钼细钨丝最高时年产132亿米，当年生产的细钨丝可以绕地球325圈。"

　　"因为钨丝相对于其他金属丝材而言，是一个很小的细分市场，国外的模具不是给钨丝量身定做的，我们进口了模具后都需要先修磨改造才能用。"虹鹭钨钼总经理李明琪也表示，"虹鹭钨钼做自己的模具，不仅成本降低，而且更适合拉细钨丝，用虹鹭钨钼的模具做出来的细钨丝品质也更好，更具有竞争力。"

　　有了原材料供应，装上"拼盘"生产线，解决了扩产瓶颈3公斤垂熔机问题和关键拉丝模的供给难题，虹鹭钨钼"拼劲有地方使了"。

　　庄志刚带领团队，系统性地对比研究中国钨丝制造技术与世界先进水平之间存在的差距，提出了以钨掺杂、制粉、垂熔、焊接、压力加工等一系列工艺技术创新为突破口，结合装备技术改造和工装模具的技术进步，精心组织、科学攻关，解决了几十项技术难题，成功地生产出高性能单根重3—5公斤细钨丝和单根重8—12公斤粗钨丝。该两项新产品质量达到国际先进水平，不仅荣获了福建省优秀新产品一等奖，还替代了进口产品，填补了国内产品市场空白，结束了中国不能出口细钨丝的历史。

　　在20世纪90年代，随着人民群众生活水平的日益提高，电力系统快速发展，虹鹭钨钼在行业内独领风骚，成为国内行业龙头。2000年起，公司的产品销量、质量和经济效益连续四年位居同行第一，跻身全球钨钼丝材企业三强之列。其产品的40%左右出口到国际高端照明市场，是世界三大照明公司美国GE照明、荷兰飞利浦照明、德国欧斯朗照明的中国钨丝唯一供应商，特别是全球节能灯用钨丝的 60% 以上均使用虹鹭钨钼的"中国芯（钨丝）"，其一跃成为全球最大的钨丝供应商，创造了显著的经济效益和社会效益。

但随着中国加入世贸组织，以及节能、环保观念的兴起，节能灯逐步取代白炽灯。"白炽灯变成节能灯，成了虹鹭钨钼跨入新世纪的第一个挑战。"庄志刚说，"很多普通老百姓认为节能灯里没有钨丝，这是个误解。节能灯的灯丝仍由钨丝构成，上面涂有电子粉，但主要作用不是发光，而是发射电子。钨丝加热电子粉发射的电子轰击汞原子，放出紫外线激发荧光粉发光。"

"节能灯钨丝要求更高，直径均匀性高，实际上是对钨丝稳定性和品质的更高要求。"李明琪解释。

"节能灯将来是市场热点，我们要大力开发节能灯用钨丝。"庄志刚对当时市场的判断很清晰，市场预测与后来的情况完全吻合。从 2000 年虹鹭跻身全球钨钼丝材企业三强之列到 2012 年中国节能灯发展的巅峰时期，虹鹭钨钼借助中国节能灯的发展创造了一段"有灯的地方就有虹鹭的光芒"的辉煌历史。

壮大，管理为先品牌制胜

2000 年，作为受邀的全球唯一一家钨丝供应商。虹鹭参加了美国通用电气集团公司的供应商大会。"通用电气是爱迪生创办的，而爱迪生发明了灯泡，作为其唯一的钨丝供应商，我们非常自豪骄傲，这是对虹鹭的认可。"庄志刚对这次经历非常难忘，也非常骄傲。

"当年去克利夫兰通用照明的总部参加供应商大会。总部门口的路叫做 Tungsten Road，以钨命名的道路，通用电气有自己的钨丝产业，但是还是选择我们作为唯一外部供应商，我们倍感自豪，虹鹭的品牌终于走向世界。"李明琪补充，2001 年，虹鹭牌钨丝首次打入美国通用电气匈牙利公司，标志着中国钨丝产品正式走出国门。

"从创立之初，我们一直坚持做'虹鹭牌'，倒过头来再来思考这个问题，当时非常不容易，成立时虹鹭的合资方是当时中国产能最大的、名气最大的、粉丝最多的企业。合资时，合资方曾经建议过，你就作为我们的一个附属加工工厂，贴我们的品牌。"

"从某种意义上面来讲，这是很好的，因为合资方名气大，它可以带虹鹭走一程，虹鹭刚起步，而且仅仅是个改拉厂，但是在心里面我非常不愿意，我一定要做'虹鹭牌'。"庄志刚说，"只有通过你的品牌，通过你的质量，才能够创自己的品牌价值。"

虹鹭钨钼如何树立自己的品牌价值？面对记者的问题，庄志刚也有自己的见解，"在市场上让人尊重，必须把质量做好，把服务做好，产品才有竞争优势，而并不是说产品是低价的。"

"虹鹭钨钼自始至终有两大武器，一是技术创新，人家教给我们的，我们不仅要学会，还要去超越别人；二就是品牌塑造，必须要创虹鹭自己的品牌，通过质量来打造虹鹭的品牌！我们提出的口号是：'不求产量最大，但求质量最好！'"庄志刚的话掷地有声。

"技术创新，要突破技术难题，比如最开始大多数中国公司用的基本是苏联的单模拉丝技术。但国际上流行的已经是英国、日本的多模技术，放线收线中间是过了四道、六道甚至更多模具，很明显多模技术效率高、能耗低。"庄志刚感慨，"但是这个技术当时在国内不能被普遍应用，很多企业买的设备在睡觉，用不起来。为什么会出现这种情况呢？因为企业对设备要求很高，通过每一道模具的金属流量如果没算准钨丝就很容易拉断，这对模具精度要求非常高。我们认为这个是先进的技术，应该想办法去突破这些难题。"

突破的不仅仅是技术上的困难，更多还有管理上的困难，比如人的因素。"很多工人不想用这个设备，因为师傅教的是单模，而且那个拉得很顺，但是那个效率太低了，又占地又耗能。"庄志刚解释道，"所以虹鹭钨钼极力在机制上面打破过去固有的平均分配制度，建立绩效管理体系，让工人关注质量、关注效率。"

"所以说质量的提升与把控，核心是人。"庄志刚接着说，"首先是要有工匠精神，无论何时无论何地，都要有精益求精、追求极致的工匠精神；其次是要一切为客户着想，为客户创造更高的价值。这个更高，除了提供产品的价值之外还要帮助客户，能够为他做更多的服务；最后是制度建设，特别是分配制度、薪酬制度的改革。"

"在虹鹭钨钼有句格言——一'丝'不苟，这里的'丝'有两层含义，一是工匠精神里的一丝不苟，另外一个是虹鹭的钨'丝'，对每一根丝的态度都是一丝不苟，每一根丝的质量都要做到精益求精。这是虹鹭的质量方针，也是打造虹鹭品牌的核心。"李明琪补充。

"在'为客户创造更高价值'的经营理念指导下，我们一直坚持'提升经销商知名度，为经销商创造更高价值'、'提升终端客户黏合度，为终端客户创造更高价值'的宗旨。"李明琪表示，"在产品上，虹鹭根据客户的使用特点，结合虹鹭钨钼在钨丝生产上的技术积累和领先优势，对线切割电火花放电原理深入研究，积极了解客户需求，对不同切割材料进行研究分类，开发出满足不同切割材料所需的线切割钼丝；在营销上，通过线上服务终端客户、线下终端客户与经销商成交的 O2O 模式，让终端客户与虹鹭在互联网上有良好的互动，建立信任关系，使经销商与终端客户更加顺利地成交。以让终端客户不断受益，让经销商更加轻松地经销'虹鹭'品牌是我们的最终目的。"

"2012 年，虹鹭钨钼管理体系继续完善，深入开展薪酬体系改革。"李明琪表示，我们尽力让广大员工了解、认识到自己与公司的鱼水关系，明白只要公司不断发展，效益不断提高，自己的生活水平和工资收入也会随之改善。同时广大员工也充分认识到新的薪酬制度将与自身工作业绩和任职资格有着更加密切的关系，这充分激发了广大员工努力工作、不断学习、提升技能、丰富自我的积极性。

未来，钨钼材料的革新者

从传统的白炽灯，到荧光灯、节能灯、卤素灯、HID，到近几年飞速发展的 LED，虹鹭钨钼一路走来，一直紧跟产业步伐，不断自我革新，引领行业发展。

一个小公司从小到发展壮大，需不需要学习别人？当然要。但是更要总结自己，天上不会掉馅饼，很多时候看似运气，更多的是机遇来临前的准备。

面对未来，面对挑战，庄志刚和虹鹭如何面对？

"我们要做好我们的主业——细钨丝，抓住'金色的尾巴'。全世界的同行都停止生产钨丝了，虹鹭钨钼仍要做到最后，这是我们坚持的方针。高端汽车灯用钨丝市场是虹鹭钨钼在照明领域最后一块阵地了。"李明琪解释道，"汽车灯用钨丝（灯丝），它必须在2000多摄氏度的高温下长期稳定工作，同时钨丝还必须承受巨大的无规则振动。"2015年为了持续稳定地保障高端照明钨丝的生产，虹鹭钨钼开始推行零缺陷的质量管理。

LED的发展终究是照明发展的大趋势，照明用钨丝的市场需求量呈现不可逆的下滑。面对挑战，庄志刚思路很清晰，"我们要利用我们的团队优势、技术优势，整合新的资源，拓展新的产业，开拓新蓝海。"虹鹭钨钼的工程技术人员经过深入研究，将生产钨杆的工艺成功引入蓝宝石长晶炉发热体用钨杆的生产之中，开发出长寿命、低变形量的钨发热体。目前这种材料的钨发热体已经成为蓝宝石生产企业的首选材料，综合性价比提高了很多。

热交换法长晶用旋压钼坩埚和热交换器一直不是国内厂家的强项，之前蓝宝石生产企业所使用的基本全是国外蓝宝石长晶炉厂家配套的产品，价格非常昂贵。蓝宝石价格经历了30美元到8美元左右的大滑坡之后，降低耗材成本成为蓝宝石厂家降低衬底片价格的必由之路。但国内能做出高质量旋压钼坩埚的企业却屈指可数，能做热交换器的厂家只有虹鹭钨钼一家。"热交换器是热交换法生长蓝宝石的核心部件，用于控制热场的温度梯度。制作难度大的原因主要在于它有一米多长，而且外管还是盲孔，对于设备精度、工艺装备以及生产人员的要求都非常高。"李明琪介绍。

"蓝宝石等晶体具有抗腐、高硬、耐磨、熔点高、耐高温等特点，除应用于LED产业以外，还被广泛用于可穿戴设备、手机显示屏、军事、医疗等多个领域。蓝宝石的应用范围将随着成本的降低逐步扩大。"庄志刚说，厦门LED产业已形成较齐全的产业链，独缺蓝宝石的设备制造及生产这一环节。虹鹭钨钼的钨钼制品为

21世纪新材料——各类晶体如蓝宝石、单晶硅、激光晶体等提供核心的热场。同时高纯钨和钨钛等钨合金靶材助推厦门LED、半导体产业的发展和全产业链的形成，摆脱对国外先进材料的依赖。

在产品展示间，笔者看到一套非同一般的"防护服"，"这是钨聚合物新型射线防护材料做成的，新材料从根本上解决了传统射线防护材料使用铅的污染问题，经国家权威机构检验达到防护要求，材料本身无毒无害，是一种可广泛应用于核医疗、核工业、核军事等射线防护领域的新型环境友好材料。"李明琪为记者介绍。

将钨这种"刚硬"的金属，驯化成"柔软"的材料，替代有严重环境危害的铅，作为辐射屏蔽材料，做成防辐射的衣服、手套，用于核工业、医疗等领域。在相同的防护性能基础上，比铅制的防护制品更为轻便。这是虹鹭钨钼在钨钼材料领域的一项革新。

据了解，作为业内最先进的射线防护材料，虹鹭钨钼推出的钨聚合物新型射线防护材料充分利用以钨为主的新型功能复合粉体材料对射线的屏蔽功能，以高性能聚合物为基体，采用特殊加工工艺打造，既保证了产品优良的射线防护效果，又确保了轻量化及柔软舒适性。以其为原料制作的医用射线防护服，无论从防护效果，还是材料的舒适度以及减重等方面均优于传统铅橡胶产品，样品各方面指标得到客户的广泛认可，填补了国内该领域的技术空白。

"近年来，虹鹭钨钼持续不断投入研发力量，致力于与公司主业相契合的新材料、新产品的创新及研发，希望在光源、半导体、高温炉等钨钼传统应用领域以外开拓出更广阔的市场。"李明琪表示。

在国家"十三五"规划期间，虹鹭钨钼参与国家科技部的基础材料研究，负责一个重要课题，参与两个课题，为国家基础研究贡献光和热；同时虹鹭钨钼还参与中科院 STS 项目 1 项、省科技厅产业引导项目 3 项、省发改委产业化项目 1 项等。虹鹭钨钼始终致力于成为钨钼材料领域的技术创新型企业，坚持把掌握核心技术当作企业未来发展之本。

从 1992 年年产细钨丝 3 亿米的改拉小厂，到如今钨丝产销量世界第一，虹鹭钨钼历经风雨，不忘初心，跻身世界三大钨丝制造商之一，实现了"有灯的地方就有虹鹭的光芒"。"我希望虹鹭钨钼有一个新的飞跃，再规划一些新的产品，产业结构做一些调整。"作为创业者的庄志刚老骥伏枥，志在千里，"虽然说我年纪见长，但是我这人的性格就是这样，充满激情。我希望助推虹鹭的华丽转身，实现高质量增长。"

第八篇
路达：专注为王

刘志昊

　　"专注于做你认为对的事。"在这样的理念下，"路达"诞生于美丽的鹭岛。1990 年，台商吴材攀先生在海峡西岸的厦门投资成立了路达（厦门）工业有限公司（以下简称"路达"）。

　　今天的路达，在厦门拥有六个生产基地，员工 8000 余人，并在福州、珠海、越南胡志明市设立生产基地，是亚洲最大的卫浴五金专业制造商，产品远销全球五大洲七十几个国家和地区，是国际卫浴一流品牌在中国最大的合作伙伴，全球超过 2 亿家庭在使用路达的产品。

　　务实与专注，成就了今天的路达，没有盲目扩张产品线，没有跟风投资其他领域。28 年来路达一直潜心于卫浴五金行业的发展，从研发、技术、生产管理、品质管理、成本管理都在业界做得相当拔尖。"自身实力够，能够做得好，世界客户、行业客户都知道"，路达总经理许传凯如是说。

扎根大陆

面对记者关于为何选择厦门的问题，许传凯表示："作为最早的一批经济特区、开放城市，同时也是海峡西岸发展的重点城市，厦门拥有得天独厚的发展优势，选择厦门，也正是缘于这座城市的包容与开放，同时和我们所追求的彰显国际风范、体现中国特色的核心价值相契合。"

"创业初期，路达是一家从外地采购卫浴五金产品出口到美国的贸易公司。随着公司业务量的增加，客户要求的提高，路达发现单纯依靠外购已无法取得长足的发展。"许传凯回忆，"1995 年，路达毅然斥资建立了自己的水龙头组装厂，生产高端产品。"

有了组装厂，质量得到控制，但高精度产品的零件却分散在全国各地，开发一套新产品要跑遍各地厂商。许传凯在路达的第一个职位便是"厂商开发"，负责为公司寻找合适的供货商，必须到一线跑工厂。

20 世纪 90 年代，在国内卫浴产业刚刚起步的时候，很多企业受资本、技术实力和管理水平的限制，偷工减料甚至使用有害原料的现象普遍存在。"那个年代，卫浴行业的情况确实不太理想。市场无序竞争，各企业处于求生存的阶段，竞争更多停留在价格层

面，参差不齐的原料，低水平的生产设备，简陋的加工技术，粗放的生产管理，导致生产出来的水龙头易腐蚀，漏水是家常便饭，更不要提产品寿命、精度。"许传凯回忆，"在营销方面，厂家更多地考虑怎么将产品卖出去，降低成本，赚更多的钱。"

"要提升产品品质，必须从上游的原材料着手。"许传凯意识到，事实上，他不仅参与产品设计、工艺技术、交期管控等，还参与质量改进、生产管理等，大大超出了采购范畴。要知道，传统的采购人员只负责价格谈判和货品的入库而已。

早期，浙江玉环地区的民营企业对原材料中的数据和标准没有概念，每当许传凯谈及尺寸公差、定位基准，对方总是一脸茫然，谈到检测材料的光谱仪，更是闻所未闻，敬而远之道："这玩意，我们用不上。"

确实，光谱仪是一个"新鲜事物"，过去整个玉环甚至台州地区，都没有使用过光谱仪，他们通过化学分析法来检测铜的成分，只是这种方式时间长、单次检测成本高、难以及时掌握材料成分，以至于使用频率很低。然而，70万—80万人民币一台的光谱仪对企业来说，简直是一个天文数字。

"那时，每天早上起来第一件事是拿着榔头，'哐当哐当'地敲击产品，依据断裂面来判断铜含量，并把样品寄回厦门，通过数据对比，确定自己的判断是否准确。"许传凯微笑着说，每当这个时候，他脑海中就会冒出"光谱仪"三个字。鉴于检测设备的落后直接影响到品质的稳定性，许传凯开始逐个游说这些老板们，劝他们使用光谱仪。

工欲善其事，必先利其器。除了材料检测遇到难题以外，加工技术也是一大困扰，早期玉环地区的加工设备是不足2000元的仪表车床，靠手工拉制，产品稳定性极弱。

考虑到长远发展，许传凯要求合作伙伴必须使用数控车床，供应商们顿时炸开了锅，怨声载道，要知道，不同设备的价格差距甚远，一台仪表车床才 1000—2000 元，一台台湾的双轴机约 5 万—6 万元，一台数控车床则需 10 多万人民币，价格是仪表车床的 50 倍。精于计算的供应商做了一道算术题：如果全部采用仪表车床，投资几十万元就可以兴办一家工厂，为什么要舍弃眼前的既得利益？况且，数控车床的加工效率甚至还不如仪表车床来得快，站在商人的角度，他们无论如何不愿意"屈服"。

一向温和的许传凯，这次态度却非常强硬，他从供应商的角度进行分析："想要长期发展，高品质的产品必不可少，但粗糙的仪表车床做出来的产品无法达到尺寸公差，如果不从品质着手提升，

组装场景

你的产品将沦陷为低端产品，最终将在竞争中处于下风。"供应商从一脸委屈，到默然点头，面对言之有理的许传凯，他们的内心虽然依旧在挣扎，但谁都不愿意将优质客户拱手让人。

在全面衡量后，玉环地区的供应商开始了痛苦的改造，在这个过程中，路达和供应商们携手进行工艺的改进和提升，并积累了大量经验，将质量、技术、成本有机结合，探讨既能达到质量要求，又具备竞争力的成本。

多年后，谈及路达对玉环地区的材料要求的带动、促进和提升，供应商们回过头来，反而庆幸当年"大胆"的决定。

立足厦门，延伸域外是路达战略部署中的关键一笔。

路达高品质之谜

1998 年，发展中的路达拿到一个"大"单——一个美国客户的 500 万美元的订单，但要求立即交货，而且其中一半是新产品，而当时路达只是一个 250 人规模的工厂，研发人员 2 人，一年订单额也就 1000 万美元。

"这么好的机会，绝对不能放弃。"回忆当时的情景，许传凯显得很兴奋，我们 3 个月时间内，增加了大量设备，并组建了一支从研发到生产的队伍，没日没夜加班，最后奇迹般地提前交付。

这一订单改变了路达，路达取得国际客户的高度信任。"这离不开我们'零缺陷'策略。"许传凯描述，在外国，阀门漏水是非常严重的事，一旦出现漏水事件，房子、家具可能因浸泡而受损，所以在美国，一个阀门漏水动辄索赔上万美元。"要像造飞机一样造水龙头，若只是 99% 的标准，就说明每小时飞机都有可能产生事故，甚至 99.99% 也不行，这样事故概率还是很高，必须是'零缺陷'。"

有了这样的经历，路达决心要走出国门，直接面对国际顶尖客户。路达深知"标杆客户标杆市场"的道理，率先切入美国市场，起点便与世界同步。

"美国市场分为大众市场和高端市场，路达率先进入了美国的大众市场。"许传凯回忆，"中国制造"总能以性价比和品质赢得青睐，路达也不例外，美国本土企业很快便发现了这匹来势汹汹的中国"黑马"，出于压力，美国本土企业提出了知识产权层面的挑战。路达顿时意识到，必须进入美国高端市场，才有发展潜力。

然而，要切入美国中高端市场，对技术、装备都提出全新要求。2000 年，路达公司作出了一个重大抉择——引进全球最先进的低压铸造机。

创新需要付出代价，采购这个设备需要 400 万元人民币，要知道，当时国产重力铸造机价格为 10 万—20 万元，进口意大利铸造机也不过 30 万—40 万，这台低压重力铸造机的价格无异于"天文数字"。然而，许传凯认为，一鼓作气跨过挑战，才可创造无限可能，下决心买下这台低压铸造机。同年，路达引进了瑞士的全自动化生产设备，率先实现生产的自动化，成为国内五金自动化制造的先驱者之一。

要突破国外技术封锁，必先增强自身硬实力。

随着卫浴行业在大陆的发展壮大，一些国家开始利用技术壁垒限制中国卫浴事业的发展，路达和许多同业者一样遇到了前所未有的挑战——产品想要出口，都必须将样品送到销售地的认证机构去检测，达到一定标准方可上市，排队检测本来就耽误产品的上市时间，且当时的认证机构总有保护本国产品的意识，所以常常是新产品通过检测时，一些当地品牌的产品已经上市了。

为了摆脱这种受制于人的困境，2000 年，路达投入巨资成立了研发中心和技术中心，建立了国际认证实验室，成立之初只有30—40 人，到今天，研发和技术中心已发展到 600 多人的规模，支撑着企业的技术发展和创新。

路达明白，每个企业都有自己的发展基因，但同质化的竞争没有赢家。

为了不陷入价格战的泥潭中，路达在产品研发方面不遗余力。过去，金色镀膜龙头由于工艺技术复杂，售价远高于普通龙头，路达则对五金龙头的表面处理技术做进一步的研究，将最初应用于航空领域的真空等离子技术转移到卫浴行业，使昂贵的产品价格平民化，实现了技术层面产品的战略突围。

"一个企业，不要太害怕竞争。"许传凯对此深有体会。

突破了技术瓶颈后，订单纷至沓来，而路达跟卫浴顶尖品牌合作，也是一个巨大的挑战，倒逼着路达技术创新。例如，一卫浴品牌对外观要求非常高，这对压铸、抛光、电镀、工艺管理提出了严苛要求。路达投入了大量的人力物力进行该品牌产品的拓展。然而，理想很丰满，现实很骨感，成果却不大乐观——初期良品率只有 20%。

怎么办？放弃还是迎难而上？

在成功企业的故事中，显然很少有放弃的案例。为了达到高端客户的严格要求，路达投入了造价为 1000 万元 / 条的高端生产线，同时在人员及技术提升方面下足功课。经过几年的努力，路达的产品良品率提升到 95%。通过了国际考场的"大考"，欧美的高端企业也都先后与路达建立了稳定的合作关系。

"高品质需要三个方面合力才能成功。"许传凯总结，"首先，企业必须具备先进的技术能力。比如路达一直在推动的产品技术能力提升和自动化升级，通过产品设计验证和低压铸造、自动抛光、电镀等一系列先进设备实现品质的稳定管控与精益生产。其次，企业要有坚定而长远的品质战略决心。因为品质是企业无数细节组成的，企业需投入大量的财力与人力长期努力才能有所成就，在偷工减料赚快钱和低门槛的低端市场的诱惑下，很容易迷失方向。最后，也是很核心的一点，企业还需具备工匠精神，精工细作不断改善。有了设备、有了战略，还需要人长期坚守去实施。"

"'人'是品质能否提升的关键。路达拥有大批 20 余年工作经验的专业技术人员，他们在各自的岗位，一二十年只做一种事，很多成为行业专家，是路达实施品质战略的根本基础。"许传凯表示。

今天的路达，是"北美以外唯一获得 CSA/IAMPO 双认证的企业"，"3A 级测量实验室""全流程 6SIGMA 过程管制系统"均体现了路达对品质的高标准。这也是路达能连续多年成为卫浴行业出口冠军的关键之一。

饮水安全永无止境

水龙头不起眼，却关乎日常用水安全。长期以来，如何控制重金属特别是含铅物质的析出，一直是水龙头业界关注的焦点。就像人们呼唤好空气，期盼蓝天一样。我们同样渴求"好水"，期望有健康安全的饮用水。

路达何以在这个行业傲立群雄？

答案就是路达将研发目光聚焦在"饮水安全"这个制高点上。"路达将关乎水质的水龙头材料研发作为源头，精耕细作，在这一基础领域做实、做深、做透。"研发副总经理祝传宝说。

"打造一件健康的产品，是一件系统的工作，而不只是一句口号。从产品的原材料甄选，材质必须是环保和无害的；生产加工过程必须符合一定的标准。"许传凯强调，"在整个产品的使用过程中，对消费者身体的健康关怀是最重要的考量。"

黄铜由于抑菌性好，被认为是制造水龙头的最佳材料，被广泛使用。但如果水龙头制作中完全不加入铅，制作过程中不仅会出现削切困难、锻造性能差等问题，成品也会因抗应力腐蚀性能差而开裂。

"水龙头铅超标"就像一个重磅炸弹，时刻紧绷公众的敏感神经，"少铅""低铅"成为水龙头行业关注的焦点。

美国 2011 年 1 月 4 日正式签署无铅法案，要求美国各州的管道以及与饮用水接触的产品设备中的铅含量从原有的 8% 减少至 0.25%。该法案 2014 年 1 月 4 日就开始在全美范围内执行。欧盟、日本、英国也相继推出了类似的法律法规。

2014 年 12 月 1 日，被称为史上最严标准的《陶瓷片密封水嘴》（GB18145–2014）正式实施。该标准增加了铅以及砷、钡、硼、镉、铬、汞、铜等 16 种金属污染物的析出量限值。许传凯表示，新标准对重金属的析出量进行了限制，有利于保护消费者的人身健康，提高消费者的自我防范意识。"新标准出台前，很少有人知道，水嘴还会析出这些有害物质。通过新标准的修订，全社会都对水嘴产品有了新的认识，已经形成了人人了解标准，人人关注重金属析出的局面，那些不符合新标准的产品，将无处生存。"

　　"路达企业的低铅生产始于 1998 年，当时中国的卫浴行业，还没人关注到低铅铜生产的价值。"许传凯表示，经过 4 年的潜心研究，路达自主研发、生产出了由低铅环保铋黄铜、硅黄铜和锰黄铜组成的三大原材料体系，一系列低铅铜产品在保证了产品优良切削、铸造性能的前提下，大大降低了产品的铅含量，比世界最严苛的美国低铅标准更低 40%。

　　以黄铜为基础，路达相继投入 2000 多万元，研发了铅析出量不超过 0.5ug/L 的低铅铜。优异的原材料优势，推动路达先于国内企业，进入"低铅时代"，也拉高了路达的独特竞争优势。路达低铅铜获美国 8 项、中国 10 项发明专利，通过美国环保署认证，被美国环保署 EPA 认定为抑菌铜，并在美国注册了低铅铜材牌号。

　　面对日趋激烈的市场竞争，光靠比拼价格、产量、质量，已远远不够。"拥有自主知识产权，并荣获美国权威认证的环保合金材料研发、生产"，是路达目前最核心的竞争力。

　　2010 年 3 月，路达旗下百路达（厦门）工业有限公司又与中铝洛阳铜业有限公司强强联合，进一步研发生产高性价比的低铅铜材。祝传宝告诉记者，目前，路达已经成功开发了卫浴环保黄铜、无铅易切削黄铜、抗应力腐蚀环保黄铜等多种环保材料。

　　达到中国卫浴企业"安全标准"是企业必须具备的基本"技能"。作为世界卫浴出口大国，我们需要做得更多。中国企业产品要销往国外，就必须符合欧美市场产品准入标准。针对此，大部分卫浴企业，均会将产品寄往国外权威机构，取得相关认证后，再将产品批量销往国外。

　　然而，路达却不一样。

　　路达实验室是具有独立检测资质的世界级实验室。实验室先后获得北美水暖领域权威的 CSA 实验室认证、IAPMO 实验室认证和 NSF 无毒无铅认证，成为当前国内罕有的双认证实验室。路达实验室能给自己的产品颁发证书，出具报告可获得 50 多个国家互认，产品无须寄往国外即可直接认证。这不仅保证了产品品质，也大大缩减了生产周期，提高了企业生产效益。

拥有了国际市场通行证的路达实现了生产销售自主与自控。

主动"升级"迈向"智造"

"转型升级"是近几年中国制造业被频繁提起的关键词。但是对于很多企业来说"转型"很危险，而"升级"却是可行的，中国拥有世界人数最多而且最勤奋的工程技术人才，为产业升级从劳力密集型走向技术创新型提供了最关键的资源。

作为中国卫浴五金行业的领先者，路达一直致力于推动自动锌合金压铸、自动低压铸造、自动抛光、自动电镀，并在 2015 年与上海 ABB、厦门思尔特，共同建立机器人及数控技术应用研发平台，研究架构未来工业 4.0 的路线图。

"路达实施智能制造战略的根本原因在于企业目标市场升级的需求，首先源于对品质的追求。"许传凯说，实行智能化生产，前提是成熟的设计、高精度的模具和成型加工的一致性，因此成功实施可确保高品质和质量稳定。"曾经路达的研磨及压铸工序所需工人超过 3000 人，招工成本高，且质量不稳定。"

路达推进了自动化替代人工，精控物流，提升人均产值和产品品质，改善工作环境，成功助力企业可持续发展。"智能化更是满足中高端客户的个性化需求。ODM/OEM 企业时时面对机种多、批量少、订单交期短等复杂问题，智能化生产可以有效地解决这一问题。"

一间七八平方米的封闭式小工作间里，一台机械手臂灵活地弯曲、伸直。机械手臂对面，4个支架上安置着8个不同规格的沙盘，每个沙盘都由传送带进行驱动。机械手臂夹起龙头铜芯配件，通过曲伸完成递送，一旦贴近沙盘，沙盘便会自行启动进行磨抛。

现场工作人员介绍，长期以来，磨研工艺需要熟练工人操作，劳动强度大，还存在着粉尘污染，进而出现"人难招、人难留"的困扰，这也是很多卫浴五金企业的"行业之痛"。为此，磨研工艺改进成为平台建设以来首个重点攻克的难关。经过几个月的试验，平台先后完成锌合金产品机器人打砂系统、多类型砂带机等机器人应用系统的开发，目前产品打砂、抛光已实现批量生产要求，达到以微米为单位计的精准抛光难度。

许传凯表示，路达在机器人开发应用方面已经进行了7年的实践，目前拥有380多台机器人用于磨削、压铸等工序，生产效率大幅提高，具有丰富的机器人应用研发经验，这些都为路达的"智能制造"战略实施提供了坚实有力的保障。

"近年来，路达集团在不断探索智能制造转型升级，于2016年和2017年，分两批共购近50台沈阳机床集团的i5智能机床及多条柔性自动加工线，用来加工水龙头本体。"许传凯介绍。

"在自动线投产后，我们真正体会到了什么叫柔性生产。每条自动线可以同时生产4种不同型号的水龙头本体，而且可以快速换装。"许传凯说。柔性自动生产线的"魅力"还体现在人工成本的缩减上，原来照看8台设备需要4个人两班倒，现在只需要1个人，而且这名工人还能用余下时间做产品试水、检验等工作。"i5智能设备的加工效率、稳定性完全不输台湾生产的机床，且在网络互联上更胜一筹。"

能经历几十年风雨变幻并保持稳步发展的企业并不多，路达便是其中之一。这几十年的发展正是得以其"专注于做你认为对的事"这样的理念。路达很庆幸，拥有一批这样的人，他们专注卫浴行业20余年，秉持着"如何把产品做得更好"的工匠精神，为路达取得了"品质""创新""服务"上的持续突破，这也是路达为何能屹立国际卫浴市场不倒的主要原因。

对于路达，全国工商联家具装饰业商会卫浴专委会秘书长谢鑫曾经这样评价："在中国制造业中，我觉得很荣幸能够有这样一面旗帜，中国制造业的未来、中国制造业的前途在哪里，我觉得可以在路达寻找一些答案。"

第九篇

长塑实业：科技成就品质生活

秦 伟

　　厦门长塑实业有限公司（以下简称"长塑实业""长塑"）成立于 2009 年，位于产业链上游，远离繁华专心搞研发生产，掌握行业核心技术，多年如一日专注于自己的领域，虽不为大众所熟知，却在成立后的短短两年做到中国市场第一，六年壮大成为全球领先的 BOPA（双向拉伸尼龙薄膜）供应商，将日本从占据了长达半个世纪的行业头把交椅上赶下来。长塑实业为中国 BOPA 行业的繁荣和全球发展"拼"出了一条血路，在中国品牌故事中谱写了浓墨重彩的一笔。

从行业新兵，到 BOPA 冠军

　　BOPA 是个除专业人士外鲜为人知的行业，但每个人生活的方方面面都离不开它的产品。BOPA 应用于冷冻食品、蒸煮食品、抽真空食品的包装，以及日化、医药、机械、电子等众多行业产品的软包装领域，与生活息息相关。

20世纪90年代，国内BOPA行业几乎一片空白，产品多靠进口满足需求，国内品牌尚处于培育阶段，还未形成规模。直到21世纪初，我国才开始引入BOPA生产线，与一些发达国家相比，起步非常晚，实力相差悬殊。

"当时国内BOPA行业比较乱、杂。进到这个行业的厂家不少，但是能够把这个产品做成、做好的不多。一些BOPA薄膜厂家对设备技术理解不够，对工艺没有充分掌握，导致产品品质不过关和设备产能闲置，最终因经营不善而相继退出。"长塑实业的总经理在回忆当时国内BOPA行业状况时如此描述。"乱""杂""不多"正是当时国内行业的真实写照。

而被喻为BOPA薄膜行业鼻祖的日本企业尤尼吉可，1968年就进入此行业并占据行业龙头地位长达半个世纪之久，有着难以撼动的地位。但这一局面，随着长塑实业的出现开始发生扭转。谁都

长塑工业园鸟瞰图

没有料到，一个 2009 年才成立的企业，犹如一匹黑马，在短短六年内，迅速赶超这个日本老牌冠军企业，成为全球新冠王。

对于这些成就，长塑总经理表示："我们能够活下来并快速发展的原因很简单，就是坚持以市场为导向，在行业里深耕细作，始终不断创新。"面对强有力的竞争对手，长塑制订了相应的战略规划，起步就要做出同等质量的产品，在保证质量的基础上再降低成本。总经理介绍说，"建厂之初，我们就直接从德国进口了当时最先进的整套生产线，同时开始自主研发，在产品和技术上加大投入，向更高端的市场迈进。"

2015 年，长塑实业成为全球最大的 BOPA 供应商，占有将近 20% 的全球市场。

同样也是在 2015 年，日本企业尤尼吉可宣布解散中国工厂。

至此，BOPA 行业开始了新一轮的洗牌。

掌握技术，就是掌握生产命脉

快速弯道超车的背后，并没有什么奇迹可言，工欲善其事，必先利其器，想要成长、扩张，装备须先行。

BOPA 是公认的生产难度最高的一种塑料软包装材料，行业门槛较高，对生产设备的操控能力要求很强，而企业成熟掌控双向拉伸工艺技术具有相当大的难度。对于制备技术的掌握程度，可以说对如今国内 BOPA 行业竞争格局的形成起到了关键作用。

国内 BOPA 生产线基本靠进口，由于同步拉伸设备设计理念比较超前、制造工艺复杂、制造精度要求严苛、自动化控制集成度高，使得 BOPA 发展早期本土企业对进口设备理解不够，对技术没有充分把握，这就导致产品优质率未达预期，BOPA 制品远远满足不了需求。

做不好，怎么办？

"我们只能靠自己，靠自主创新。"长塑总经理的话透出些许无奈，但更多的是一种坚毅的决心。2013 年，机械同步生产线的成功自主改造，使长塑掌握了同步拉伸核心技术。2015 年，在技术团队的努力钻研下，长塑引进、改造的两条世界最先进的磁悬浮线性同步双向拉伸（LISIM）生产线成功投产，长塑成为国内唯一一家全面掌握这项最前沿制备技术的企业。2016 年，长塑再次引进 4 条 LISIM 生产线，并在原线基础上作出更多改造和创新。由此，长塑进入以"全自动化、智能化"深度渗透为特征的 BOPA 4.0 时代，并将为其新增 5 万吨高端产能，实现产值翻番。对此，中国塑料加工工业协会副秘书长孙冬泉表示："随着本次启动生产线产能的逐渐释放，高端 BOPA 产品的有效供应将会逐步扩大，实现行业量变到质变的提升，成为我国塑料加工工业供给侧结构性改革的典型样本，助力中国塑料薄膜和软包装产业的转型升级。"

除了引进最先进生产线之外，长塑全面消化新技术并坚持再创新再升级，在设备使用过程中与德国技术专家不断切磋摸索并提出自己的新思路、新想法。在 LISIM 线投产初期并不顺利，为攻克技术难关，长塑实业的技术团队坚持"干中学"，经过无数个日夜的研究，无数次的模拟试验，收集了大量数据参数，解决了一系列德国专家都无法攻克的难题，最终保证 LISIM 线顺利运转。

此前，德方都不太相信长塑能够通过自身的力量去改造他们的生产设备。在一次设备调试过程中，长塑的一名技术人员想调整一处细节，被布鲁克纳集团的人员极力阻拦："你不要碰这个，这是不能动的!"可长塑这名技术人员很有把握,于是熬夜改进这个细节。第二天布鲁克纳的德国技术员看到成果后表示震惊并佩服:"你们是如何做到的?"长塑实业就这样在一年内实现了数十项技术创新。

融入了创新基因和创新精神的长塑实业,通过解决本质问题,不断进行融合性创新,自始至终坚持真正意义上的研发,站在技术、创新的制高点,寻求更多维度的突破,从而衍生出更多革命性的产品,长塑实业可以说是工匠精神的典型代表。一些行业耳熟能详的知名品牌背后(如伊利、立白、双汇、旺旺等),都有一个重要的合作伙伴——长塑实业,这都是因为对长塑技术和产品的信赖。

创变思维下诞生的革命性产品

在长塑实业,创新往往涵盖着深度思维,要像挖井一样足够深刻。深度的思维让它比其他同行站得更高,思考得更加深入。早在2013年,长塑的研发团队就与国内外知名高校、高分子材料研究机构及业内一流企业达成战略合作,进行产品配方与工艺研究,近几年陆续推出功能性新产品。该系列产品的出现填补了国内高端尼龙膜市场的空白,一举奠定了长塑的市场地位。

长塑实业的很多产品创新成为国内首创,在行业内引发了一场又一场包装革命。

2015年,长塑实业推出的 EHA 膜,拥有超强的阻氧性能和气味保香性,能将食品保质期延长半年,对于食品制造企业来说,是一个革命性的福音。

时隔一年，长塑又开发出一款高抗冲薄膜产品 PHA，可应用在新能源汽车锂电池包装上，以此助力锂电铝塑膜实现国产化，并且，国内唯有长塑实业生产的这款尼龙薄膜，才能有效满足锂电池最外层结构对材质的性能要求，可以说对我国新能源汽车产业的发展作出了一份重要贡献。

此外，虽然 BOPA 没有直接面向终端消费者，但作为各种终端消费品的源头，长塑在迈出研发的第一步时，就要考虑未来的一千步，一万步。长塑实业从终端用户的角度出发，满足更多市场需求。长塑通过观察发现，很多消费者在使用一些普通 BOPA 包装的产品时，如果没有外部工具，使用者极为费力才能将其撕扯开，因为 BOPA 具有极佳的高阻隔性、柔韧性和耐穿刺性能。为了满足人们轻松撕开包装的需求，长塑实业在普通 BOPA 的基础上，通过特定工艺制成具有优异直线撕裂效果的尼龙薄膜 TSA，不仅省力，而且不易撕歪。

在这么多国内首创的革命性产品背后，长塑实业的创新依然没有停步。虽然目前掌握了代表着所属行业的最先进技术，但他们也要考虑如何才能一直保持领先，"别人身后的牌匾是'厚德载物'，而长塑挂的是'居安思危'"。在这样一个由传统产业过渡到先进制造业的时代，长塑积极响应国家制造强国建设的号召，秉持以科技创造未来的理念，持续创新，实现制造技术和产品的高端化、品牌化升级。

承担更多责任，去解决了不起的问题

"我们离伟大的企业还有多远，关键在于我们能够解决哪些了不起的问题。"在提到全球问题以及企业责任的时候，长塑总经理如是说。

根据 2017 年联合国粮食及农业组织的数据，全球每年损失和浪费的粮食估计近 13 亿吨，占全球粮食生产总量的 1/3，而腐败的食物还会释放出温室气体。在这样惊人的浪费背后，是全球 8.15 亿人正处于慢性营养不良（饥饿）状态，如果这些粮食中的 25% 得以保留，就足以养活 8.7 亿人。

维护粮食安全、节约粮食、保护环境是长塑实业永恒的使命。我们知道，大部分的粮食浪费发生在食品加工、储存、运输等环节。那么包装材料的阻隔性、柔韧性、抗穿刺性是否够好，将影响食品包装时添加剂使用多少；运输过程中损坏率高低、储存时间长短；货架期长短；食品是否保鲜保香等。作为一种安全、无毒、环

锂电池封装

保、综合性能优越的包装新材料，BOPA 具有极其优异的抗拉、抗穿刺性能；对常见气体（O_2、N_2、CO_2）和气味具有较好的阻隔效果；拥有良好的柔韧性、耐冲击、耐磨性，透明度、光泽度高，耐酸、碱、油脂及各种常见有机溶剂；可使用温度范围宽广（$-60℃$—$150℃$）；印刷性能优良等显著功能，可以大大减少添加剂使用，延长食品保质期，从而减少粮食浪费，保证食品安全。

2015 年底，长塑实业成为 SAVE FOOD 的首位中国成员，SAVE FOOD 是由联合国粮农组织（FAO）、联合国环境规划署（UNEP）等机构联合发起的全球性公益倡议。

2017 年底，为对抗中国粮食损失和浪费，联合国 SAVE FOOD 亮相于 2017 swop 包装世界（上海）博览会，这是 SAVE FOOD 首次在中国举办活动，长塑作为首位中国成员和全球推广大使，在高峰论坛上发表"SAVE FOOD 践行者"的主题演讲。总经理在会上表示："未来，长塑将坚持技术和产品创新，从食品包装材料入手，用科技手段减少粮食损失和浪费，以实现隐形增收。长塑期待与更多兼具社会责任感和创新技术的企业一起，开启食品创新包装的新篇章，为世界可持续发展提供解决方案。"

第十篇

创业人：创新引领国际精细包装

陈　曦

奢侈品，有自己独特的腔调。

一双奢侈品牌的皮鞋，包装从内到外一共有四层：一层包鞋子的无纺布袋，一层包住两只鞋子的布袋，一个鞋盒，一个纸质手提袋。

一套奢侈品牌的化妆品，从内到外的包装至少有三层：单件产品的小纸盒，一个套系硬纸盒，一个纸质手提袋。

从内到外，奢侈品牌都在显示着自己的卓尔不群。所以，对于包装，也要卓尔不群。

优质的包装与普通的包装有什么区别？用肉眼可能很难分辨，但在质感和使用体验上有明显不同。

厦门创业人环保科技股份有限公司（以下简称"创业人"）就是为奢侈品牌提供高端包装产品的企业。这家成立于1997年的厦门包装企业，经过21年的稳健发展，目前已为BALLY、LAN-COME、BOSS、LACOSTE、迪士尼、保时捷、奔驰、奥迪等数十个国际高端品牌提供环保纸袋、无纺布袋、棉布袋、精美礼盒、瓦楞盒等包装产品，成为精细包装行业的实力品牌。

找准市场空缺　开辟国际市场

进入精细包装行业，对于创业人董事长桂银太而言，既是偶然也是必然。说起偶然，这个行业与桂银太最初所学的金融专业根本不沾边。说起必然，是因为他创业之初做的就是包装产品，后来在一位台湾长者的建议下，他毅然放弃原先的塑料包装，改做纸质包装产品。桂银太回忆，"我的台湾朋友经常在世界各地跑，那个时候厦门高端纸制包装产品这块几乎没有，可以说是空白的。他跟我

余江创业人工业园规划图

说这是一个非常大的市场，建议我去做。"

在 20 世纪 90 年代末，中国经济经历了十几年的飞速发展，人民生活水平大幅提升，一些提升生活质量的非必需品应运而生，婚纱摄影就是其中之一。厦门是最早一批发展旅游业的城市，当地秀美的风景自然而然地成为拍摄婚纱摄影的首选之地。

婚纱照中多见大尺寸照片，当时这些照片相框都是"裸着"搬来搬去，有失端庄。看到了这个市场缺口，桂银太决定由此突破，做影楼大相框的纸质包装袋。由于当时市场上缺少同类产品，创业人的大相框纸袋很快就打开了销路。

"客户一看到我们的大纸袋，感觉很方便，很快就跟我订货了，我就从那个时候开始了第一单"，桂银太说道。

创业人纸袋在影楼大受欢迎的同时，也吸引了银行、酒店、房地产行业的客户。这些企业更注重形象，因此很乐意选用更高档的包装产品，创业人自然成了他们的选择。桂银太表示，一直以来，创业人在市场开拓上的理念就是先客户一步，想到客户将来可能会需要的产品，及时找准市场空缺，挖掘潜在的市场机会。

如果说第一次进入纸质包装行业是因为高人指点，那么选择国际化，进军国际市场就是桂银太自己深思熟虑的结果。

随着纸袋行业的不断发展，进入该行业的企业越来越多，原本的蓝海事业变成了百舸争流的红海竞争。面对如此情境，创业人必须开辟新的市场。

全球化就是解决市场狭小这一问题的良方。虽然纸质包装产品在国际上并不少见，但在桂银太对行业进行深入研究后发现，国际上纸袋市场并没有饱和，而且公司经过多年积累，也有能力到国际市场上拼一拼。

果然，创业人高品质的产品在国际市场极具竞争力。创业人首次"出海"就找到了迪士尼这个大客户，高品质的纸质包装产品迅速打开了日本市场。21世纪之初，创业人90%的产品销往日本。

与迪士尼合作不仅扩展了创业人的国际视野，众多迪士尼产品供应商也主动找创业人合作。"全世界的公司都可能找过来，不一定是迪士尼公司的人，那些做迪士尼玩具的人也可能找我们，因为他必须找到有迪士尼认证的、认可的供应商。久而久之，很多要求高的客户自然而然就找到我们。"桂银太介绍，目前创业人仍在做迪士尼手提袋等包装产品，且参与开发设计了很多产品。

进军日本市场让创业人涉足国际市场开了一个好头，之后，创业人继续开拓更为严苛的欧美市场也得心应手，接连斩获了几个欧美品牌的订单，比如BOSS、LACOSTE、LANCOME等等。目前，欧洲市场销售额已经超过公司总销售额的一半。

专注绿色环保　定制包装精品

产品是企业生存的基础。早在公司创立之初，桂银太就已经深刻理解到环保是大势所趋，因此在产品研发创新方面均围绕环保来做。桂银太谈道："很多人都觉得很奇怪，做包装的企业应该叫什么印刷厂，或者什么包装公司，而我们当时定位就很明确，我们主打的就是环保，我们的公司名字叫厦门创业人环保科技股份有限公司。"

在环保理念的指导下，2004年创业人启动无纺布环保袋项目。无纺布可降解，而且原材料成本不到棉花的十分之一，在可承受的范围之内。2008年，"限塑令"颁布，创业人的无纺布项目经过多年的沉淀，终于迎来了曙光。

如何让产品既环保又提升纸张的质感和档次，在契合国际高端品牌的理念的同时形成创业人的特有优势？在很长一段时间内，桂银太一直在思考这个问题。

为了保护印刷品的外观效果，提高产品的使用寿命，包装企业一般会在纸质包装产品上覆膜。可是，覆膜产品难以降解，突出的环保问题让创业人不得不从源头的材料出发，寻找可替代的环保材料。

用不覆膜的艺术纸代替覆膜产品是创业人多年来主攻的重点领域。桂银太介绍，此前艺术纸主要应用在收藏字画上，很少应用于大批量的包装产品，因此市场上少有大批量的艺术纸供应，创业人只能选择自己生产。然而，大型艺术纸生产设备成了挡在创业人面前的"拦路虎"。经过长时间多方寻找，终于在2015年创业人找到了一台生产艺术纸的设备。"当时的机器很不成熟，我们前前后后改造测试花了一年多时间，除骨架外，其他几乎换了个遍"，桂银太指出，为了设备能生产出符合创业人要求的艺术纸，创业人在多年技术积累的基础上，投入大量人力、物力，最后终于取得成功。

对材料进行深加工，生产无须覆膜的艺术纸，不仅取得覆膜产品防水、防潮等保护效果，且更加耐折、耐破，质感更好。仿皮、珠光等精美高端的工艺效果，让创业人的艺术纸一经推出，就受到诸多国际奢侈品牌的青睐。"每个客户看到了都眼睛发亮"，桂银太说，为了满足越来越大的订单需求，2016年创业人又购置了第二台艺术纸机，还根据客户的不同需求进行个性化定制，在纸张、工艺等方面不断创新升级，并先后获得5项艺术纸专利。

创业人的质量变革、效率变革给客户带来超出预期的效果。目前，艺术纸包装产品销售量已经超过了公司销售总量的 20%，未来预计将达到 60% 以上，成为创业人的重点产品。

以绿色环保为目标，以创意特色为基点，以超高品质为技术出发点，创业人不断探索新技术，开发新工艺，研制新产品，将环保和文化融入产品创新设计中。领先国际水平的艺术纸、仿皮纸以及 100% 回收的环保材料等，独特的设计理念、环保的材质、先进的印刷技术让创业人的产品在国内同行业独树一帜，多款产品在印刷行业产品质量评比中获得奖项。"模特纸袋"产品在第十二届中国包装印刷质量评比中获得银奖。"概念酒品""美丽杀手""皮革时代"纸袋产品获得福建省包装印刷产品铜奖。"建筑纸袋"获得福建省包装印刷产品质量优质产品称号。创业人公司也先后被评为"2016年全国商业质量品牌示范单位""2017 年中国'一带一路'、国际合作典范企业"。

提升软硬实力　打造高端品牌

企业是一个整体系统，其能力包括硬实力和软实力。

设备是企业生产的基础保证。创业人的硬实力在于其敢于投资技改，拥有世界领先的生产设备和研发设备，这也是创业人在技术、产品和人员之外，始终保持强大的竞争优势、创造出瞩目成就的原因之一。

为满足不断提升的产品需求，创业人持续对生产设备进行改进升级，并适时进行工艺布局改造，进一步提升企业生产力。目前，创业人拥有国内领先的全自动高速裱瓦机，多台全自动模切机、烫金机、制袋机，全自动高速精准定位压纹机、艺术纸机等先进设备，并斥巨资率先购入国内宽幅最大的机台全新高宝164cm宽幅5+1印刷机以及国内首台波拉切纸系统。强大的技术实力和先进生产设备的完美结合，助力创业人成为精细包装行业的顶尖品牌。

创业人的软实力体现在其将研发创新能力与世界接轨的管理理念上。

创业人专注精细包装行业20余年，对研发创新十分倚重，规定每年必须投入不少于当年销售额的4%作为研发专项资金，同时设立研发工程部，制定了研发经费管理制度，确保专款专用。据统计，创业人共拥有发明专利4项，实用新型专利4项，外观设计专利6项。2016年12月，创业人获评国家高新技术企业。

创业人的客户涵盖众多世界顶尖品牌，这些品牌对供应商的要求已经超越了产品本身，上升到对供应商自身企业管理，甚至是履

展厅

行社会责任的高度。这样严格的要求倒逼创业人不断地提升自己的管理能力，进一步进行系统升级。桂银太举例，"有的客户差不多每一个季度都会不定期地到工厂抽查，比政府还严格。客户调查企业履行社会责任情况的时候不找我们高层，而是找员工访谈。他们甚至还会去外面小店了解情况，问他们'这个公司的情况怎么样，周末有没有加班'等"。他表示，创业人一直以来都十分重视履行社会责任，这也是众多高端品牌选择创业人的重要原因之一。

除了社会责任外，在欧美客户的眼中，环保更是重中之重，是考核供应商的重要指标。创业人积极践行绿色发展道路，使得诸多欧美客户长期与其深入合作。在生产原料上，创业人积极寻求环保、可循环、降低降解年限的包装材料，采用水性油墨、UV 油墨、水性胶等环保型辅料，通过研发绿色印刷工艺、设备自动化改造、零污染新型包装产品技术等，进一步推动企业的绿色化生产。在废弃物排放方面，创业人也严把"环保关"。"废气、废水的处理，固体废料，甚至包括我们用过的抹布是怎样处理的，客户都会去查文件。我们的废气、废水处理全部给第三方进行检测，检测完以后形成报告。固体废料我们找专业的公司来回收，双方要记录每一次拉走多少，记录文件必须签字，而且发票上要注明。"桂银太说。

截至目前，创业人已经先后引进 ISO9001、ISO14001、SA8000、FSC、安全管理、绿色印刷认证等完善的现代化管理体系，严格按照国际认证体系进行精益生产，通过国际公认的两家公司 SGS 和 BV 出具检测报告，以近乎苛刻的匠心精神，向世人奉献产品的极致与精美。

在信息化建设上，为解决与众多国外客户沟通的时差问题，创业人在 2007 年就开始进行信息化探索。桂银太介绍，"以前从接到客户新的需求到回馈确认报价，经常需要 3—5 天，时间成本非常高。"进行了信息化改造之后，创业人与客户的沟通效率大大提升，接下来即将应用的自动报价系统模块，客户只要提交需求，系统就能快速计算出报价并给予回复。桂银太说道，包装产品包含设计元素，几乎全需要个性化定制，因此设计要随着客户需求经常改动，而需求变动之后，报价也要随之变化。

坚持创新引领　布局全球目标

20 多年来，时代巨变淘尽黄沙，沉淀卓越不凡。国家推进供给侧结构性改革，对创业人发展提出了更高的要求。面对新时代的要求，创业人主动适应，积极创新，不断推进品质革命，有效转型升级，实现高质量发展。

包装行业的入门门槛并不高，凡是印刷厂都可以做出纸质包装品来，所以这个行业竞争激烈，想立足并不容易。而能生产出奢侈品的包装袋，全球厂商却不多。创业人之所以能成为其中一员，原因也是其对创新的执着，对品质的追求，对服务的坚守。

创新的价值体现在很多方面，可以给客户提供更高的价值，也可以降低自身的成本。在奢侈品包装行业，客户需要更有档次的产品来映衬自己的品牌形象，这其中包括了两个方面，一是质量，二是设计。

为保证产品的高质量，创业人设立专门的检测实验室，对包装产品进行承重测试、高低温测试、耐压测试、耐破测试、耐磨测试等多项性能的检测。每一批新品生产前，都必须通过创业人近乎苛刻的检测。创业人从源头上为客户减少售后纠纷的同时，更好地维护了客户的品牌形象。如针对礼盒、包装盒产品的抗压测试，算出来每平方厘米承压多少，在这种情况下，纸盒会不会坏掉等。这些测试在检测产品性能的同时，也为产品设计的创新升级提供了可靠的参考和依据。

设计是奢侈品包装的灵魂。为了让包装产品时刻处于潮流的前沿，创业人密切关注一线品牌的动向以及流行趋势，通过对材质、图案、结构的研究设计制造出超前的产品。"我们做包装的应该提前预判流行趋势，我们公司每年基本上都会推一些流行色出来，还有流行元素、流行材料，在设计方面进行创新。"桂银太指出，创业人与国际高端品牌合作，基本上是提前两年做好要推出的包装产品，使设计始终走在市场前列。

一直以来，创业人都遵循"想在客户前面"的市场理念，在客户产生需求之前就开发出产品，引导需求、创造需求。"我的思维可能比国内超前十年、二十年。我要做小池塘里面的大鱼。我选择这个领域，就是不想做普通东西，不做大家都做的东西，因为大池塘里面的小鱼是没人关注的。做小池塘里面的大鱼，却很有影响力，所以我们公司在国外精细包装行业也是有知名度的。"桂银太说道。

按照创业人的第三个十年规划，产值将扩大十倍。"第一个十年是原始积累，第二个十年是布局和沟通，第三个十年就进入了一个快速发展的阶段。十年之内，我们除了厦门和江西两个生产基地外，还计划在四川、贵州、江苏、河南等地建设生产基地。"

"做高端包装领域的专家"是创业人的发展战略，"做行业冠军"是创业人的第四个十年规划的目标：到2037年第四个十年结束时，创业人力争成为全球精细包装的龙头企业，为全球客户提供精细包装解决方案。

建霖集团
RUNNER GROUP

第十一篇

建霖集团：创造引领　智造蜕变

陈良财

　　实干成就梦想，实业铸就辉煌。时间指针跳回到 1989 年的厦门，当时这里的卫浴产业还是一片空白，而来自海峡对岸的台商吕理镇和文国良看到了发展机会，在厦门何厝成立了厦门建霖卫浴有限公司，成为厦门第一批卫浴企业，几十年筚路蓝缕，建霖卫浴逐渐发展成为集卫浴、净水、空气净化、照护系统等一系列健康家居产品为一体的建霖集团，着力引领产业围绕高质量发展迈进。

　　从 2009 年开始，厦门的卫浴配件销售产值已居全国第一位。而在"冠军"锻造之路上，像建霖集团这样的台资企业扮演了极其重要的角色，30 多年间他们在厦门落地生根、繁荣发展，成就了如今厦门卫浴产业年产值超百亿元的生产奇迹。

　　从 1989 年离开台湾寻求突破开始，建霖集团深耕大陆，先后在厦门、宁波、漳州设厂。"基本上我把自己当厦门人"，建霖集团董事长吕理镇特别强调了自己对这块土地深沉的爱。他说，作为一名创业者，首先要明白我是谁，我要去哪里，我要成为什么样的人。"创业首先要做到的是'能够存在'，先是'活着'，再来是'活下去'，然后追求'活得更好'，但当你能活得更好的时候，你就一定要学会分享。"

"建霖的价值来源于对产品的不断创新以及对品质孜孜不倦的追求。一个产品和一家企业要有价值和尊严，品质优先是重要的坚实基础。"建霖集团总裁陈岱桦认为，我们要以创新驱动为中国制造插上腾飞的翅膀，不能再仅仅依靠成本制胜，而是要求企业符合国家产业政策，具有他人不可复制、不能用钱买走的竞争力，实现高质量发展。

"来自台湾的大陆企业"

1978年，"仕霖企业股份有限公司"在台湾新北市三重建厂。创立初期，公司面积仅80平方米左右，只有两台射出机及一台粉碎机，员工10余人，以生产塑胶及电子零件为主。

1981年，仕霖企业放弃电子及无序零件订单的代工，转向以卫浴为主轴的制造业。

1987年，台湾用工成本急剧增加，当时的工资水平已经找不到合适的工人，企业举步维艰。

为了寻求更广阔的市场，1989 年，仕霖创始人吕理镇和文国良将目光瞄准当时已改革开放 10 年的大陆，在厦门何厝成立厦门建霖卫浴有限公司。

"卫浴产品是民生必需品，国外需要，国内同样也需要，更重要的是在国内我们可以打造更低成本的卫浴产品。"陈岱桦谈起为何选择大陆时说道，"因为 1989—2000 年的时候，中国制造正在慢慢地萌芽，全世界的客商都喜欢来中国采买，很大一个原因是因为便宜。"

当时，大陆的工厂很少用塑料生产卫浴产品。在那个时候，建霖带来一台注塑机，从此，卫浴产品开始采用塑料代替其他材质。

"那是中国经济蓬勃发展的一个年代，我们是传统制造业，也得到了快速发展。"陈岱桦回忆道，"1997 年爆发了席卷亚洲的金融风暴，让我们决定锁定一个核心产业，发展核心制造能力，以应对危机和风险。"

1998 年，建霖投资建设表面处理生产线，初步具备表面处理能力，使公司产业链更为完整。次年，正式开始出货，自此众多国际知名品牌商相继成为公司重要客户。

拥有核心制造能力的建霖安然渡过亚洲金融风暴，但成长中的烦恼接踵而来，"2003 年，是建霖非常重要的一个转折点。"这一年，建霖开始集团化运作，"我们成立了越来越多的子公司，但是系统化的管理能力仍显薄弱，极大限制了发展。2003 年，建霖在庐山召开'庐山会议'，开启了集团化管理的征程。"

"2002 年，我们更名为建霖工业，为什么改这个名字，其实就是今天所谓的供给侧改革。"陈岱桦表示，"那时候我们就开始思考，要走以工业为核心的体系，强调的是研发能力、技术能力、制造能力、品质能力、设备能力的构建和发展，企业更名代表着建霖要从过去做低附加值的产品转型为依靠核心技术做高附加值产品的企业。"回顾这些年的发展，陈岱桦强调："2002 年之前，我们赚的是'机会财'，公司快速发展，环境变化不大，人工、房租等各项成本低，效益明显。2002 年后，外部环境发生了变化，我们也在变化，这时我们赚的是'管理财'，通过产品出口到各地，提升管理来做好生意。2010 年后，我们开始赚'创新财'，通过技术创新、产品创新、营运创新、文化创新，持续不断地调整和提升企业生产效率，使产品品质更好，企业市场反应更快，不断地寻找新的生意机会。"

"台湾是我们的发源地，但是如果没有大陆这个市场，没有大陆的人才，我们做不到今天的规模。"对于公司的发展壮大，陈岱桦由衷地感叹道。

对于"人才"，建霖也有自己独特的见解。

吕理镇曾说，员工是让企业成长的原动力，身为企业主一定要对员工好。"企业有今天，是员工帮忙打拼下来的。"

"在建霖，有三种'人'——合伙人、创业人、工匠。"陈岱桦如是说。

"许多台企有所谓的'台干''陆干'，而建霖没有。"陈岱桦表示，"建霖欢迎来自不同地方的人才，引进各地人才，面对公司发展寻找不同的'合伙人'，合伙人必然是有共同的价值观、有共同的理想、有共同的愿景。"

"我们的职业经理人，也就是'创业人'。"陈岱桦接着说，"我们认为经理人要有创业精神，在他的权责范围内，能够充分地做决策，快速地解决问题。"

"更重要的是我们必须要有包括一线员工、事务员、工艺员、设备员、工程师等在不同流程创造价值的一群人，他们其实就是某一个领域专业的'匠人'，是我们的'工匠'"。陈岱桦对于"工匠"与"工匠精神"有着自己的理解与认识，"日本、德国有很多受人尊重的产业工人，美国很多空姐超过 50 岁，他们做了一辈子，做得很专业也很快乐。我们要让更多的大学生知道，其实做工程师做一辈子就是一个荣耀，是值得尊重的。"

正如陈岱桦所说，"建霖是来自台湾的大陆企业"，"长期以来，我们仰赖大陆市场，依靠当地政府、本地人才而发展。我们是厦门培养起来的企业，虽然来自台湾，但文化早已跟大陆深深融合，我们就是来自台湾的大陆企业。"

"不是在每个地方，企业都能用 18 个月建成 4 万平方米的厂房……所以理应回馈社会，因为是这块土地滋养了我们。"吕理镇强调了企业要担负起社会责任，他说："对于这块土地的回馈，包括在生产过程中必须考虑绿色制造、保护环境，与客户、与供应商共同发展，合规经营，感恩社会，这样才能坦坦荡荡，这就是我们的初心。"

在自主创新中厚积薄发

在改革开放中崛起、壮大起来的建霖，一次又一次的创新，一次次的破茧成蝶，秉持在自主创新中厚积薄发的质朴理念。在2007 年之前，建霖像大多数制造企业一样，借助成本优势，顺风顺水，在国际环境中站稳。但 2008 年的全球金融危机，国内不少企业出现订单下滑甚至倒闭的现象。

金融危机之后，制造业的低成本优势退去，"建霖该如何走？"建霖提前布局。当时的建霖最大的市场在美国，公司 95% 的销售收入来自北美，经历了这一次金融风暴之后，建霖决定转型及市场多元化发展。"转入面向十三亿人口的大陆市场！"建霖的目标很明确，由传统的制造加工企业逐步发展成拥有自主产品设计、研发及制造的高新技术企业，建霖的创新、转型之路徐徐展开。

"事实上，2008 年全球金融危机时，建霖销售收入依然增长 12%。但是在危机意识下，必须调整销售战略，最坏的时刻也是最好的时刻。"陈岱桦笑言。

"我们过去很被动，很狭隘地为客户服务，仅仅满足客户的要求。"陈岱桦表示，"现在我们聚力高质量发展的现实途径，不断地发现问题，不断地解决问题，通过自主创新研发设计产品，助力客户成功。"

在合作共赢中合奏华章，这是基于企业核心优势所决定的，有了厚实的研发设计创新能力、先进的绿色制造能力、精益求精的品质能力，建霖努力达到超出客户需求的服务，因此成为客户成功路上重要的合作伙伴。"而与品牌商合作共赢的基础取决于双方各自核心的价值优势。"陈岱桦说，"建霖的价值来源于对产品的不断创新以及对品质孜孜不倦的追求。一个产品和一家企业要有价值和尊严，品质是重要的基础。首先，建霖通过了众多国际大客户的实验室认证；其二，建霖采用汽车行业的表面处理功能测试标准要求自己；其三，建霖拥有核心的自主研发专利技术；最后，建霖人具备对品质精神的认同以及优秀的作业习惯。"如此种种，充分体现了建霖"产品品质尊严"的理念。

这是另一种更加明确共赢的品牌价值概念，建霖通过优良的产品和品质为品牌商创造价值，反过来在某种程度上品牌客户让建霖产品更加优秀。

而对于创新，建霖更是投入了巨大的精力和心力。

2006 年，建霖成立中央研究院，在节能环保材料技术、绿色表面处理技术、净水系统过滤技术、空气净化抗菌技术等方面获得了突破性的创新和长足的发展。

"2011 年，建霖开始在市场力、产品力、营运力、服务力等方面进行布局、构建和全面升级。"吕理镇表示，"经过两年时间的升级，建霖从传统制造逐渐进入到智能制造领域，可以说，在行业内建霖逐步走在前面。"

喜欢挑战的建霖管理层，并不满足于现状。"智能制造毕竟还是制造业，建霖要有序发展壮大，就一定要超越'制造'，另外'创造'一个新的领域。"吕理镇说，这个新的领域，需要新的经营方式，需要更多具有新思维和新想法的年轻人加入进来，并把新思维和新

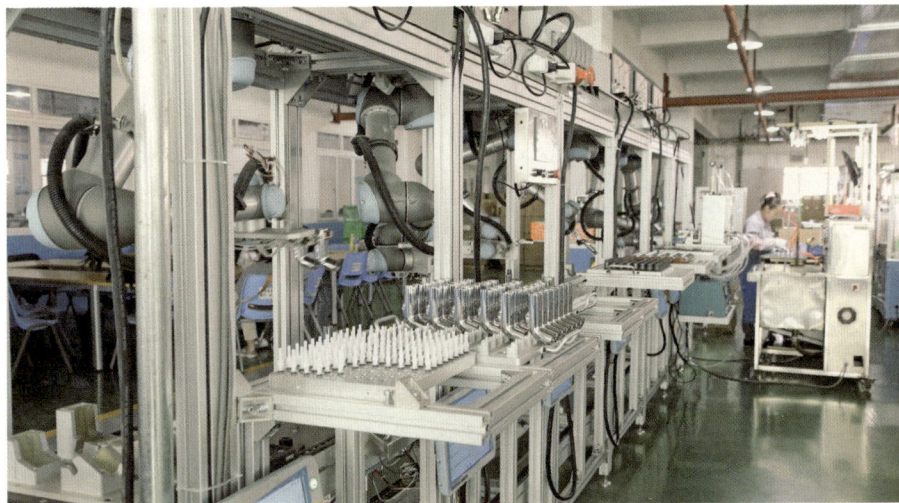

建霖集团车间图

想法转化成商机，实现全面提升。

2017 年 4 月，建霖集团成立"匠仕创客空间"，这是建霖集团设计创新服务于实体经济的一次全新挑战与实践，旨在打造健康家居协同创新联盟，通过资源的有效整合，吸引、扶持、培育初创期和成长期的企业和个人创业者。陈岱桦说："我们期望达到创意集中、产品创新、产业聚集、项目孵化的目的，激发企业活力，吸引更多的创新项目落地运营。同时我们期待通过这个空间，给海峡两岸青年学子和设计师们提供一个展示的平台，为行业发掘人才，对接企业，让创意产业化，实现共赢，为健康家居产业的整体发展和转型升级提供帮助。"

开拓高端智能制造之路

伴随企业规模的不断壮大，于 20 世纪 90 年代中期实施的管理系统已经无法满足建霖实际的业务需求。2003 年年底，公司的营业额达到 2500 万美元，信息化管理系统的升级已刻不容缓。陈岱桦成功说服集团董事会投资 250 万元人民币建立一套新的信息化管理系统（ERP）。在当时 ERP 项目失败率高达一半的情况下，建霖此举尤其需要魄力，建霖自此开始全新的信息化管理之路。

通过信息化为企业增效，这是陈岱桦坚持的初衷。在理顺各流程及 ERP 上线且稳定运行后，公司陆续开发了各种辅助管理系统，如海关保税系统、电子签核系统、E-HR 系统、预算管理系统、客户管理系统、PDM 系统等等。体验到了信息化管理所带来的显著成效后，各部门对信息化从一开始的抗拒转为接受，并积极参与到其中。陈岱桦说："ERP 系统实施的最大成功，就是让各职能部门认同并接受信息化管理观念，为后续的信息化系统实施奠定了基础。"

信息化符合陈岱桦的管理思想。他认为中国制造业前期的发展是拼资本，有了雄厚的资本作支撑，厂房、人力、设备和技术都可以买来，加以抢占市场先机，企业成功的概率很高。但市场变化之后，企业的核心竞争力要改变，企业的"精神"是买不来的。这种"精神"可以用信息化体现，固化在系统里，而信息化又满足了企业的需求，培育出一批人才，这是建霖的软实力所在。"这一点也是资本运作所不能复制的。"陈岱桦对企业信息化规划道路看得很远。2015 年，建霖再出大手笔，斥资购买了近百亩土地，计划新建一个大型厨卫产业园，集研发中心、制造中心、物流中心于一体的绿色、智能、数字化工厂，并请全球智能制造知名企业西门子为建霖对数字化工厂进行规划设计。经过多轮共同研讨，最终确定以建霖精益生产体系为框架，信息化、自动化为基础，以期实现从原材料到成品的制造互联、从研发到成品的产品互联、从客户到客户的市场互联。

建霖大力发展先进制造业。在工厂信息化系统中，升级当前的ERP 系统，以解决对生产物流计划支持较弱的问题；升级现有的PDM（产品数据管理）系统为 PLM（产品全生命周期管理）系统，以提升产品设计、研发能力；在工厂层，建立 MES（制造执行系统），实现生产执行、物流和质量控制的信息化；在自动化层，完善工业以太网，通过集成技术实现系统、装备、零部件以及人员之间的信息互联互通，包括 SCADA（数据采集与监视）系统与 MES系统集成、MES 与 ERP 的集成等，同时采用大量先进的自动化工艺，减少人工，提高工艺质量。2017 年，建霖在生产线上共装配了 60 多台机器人，目前已拥有超过 400 台机器人，凭借其显著的灵活性和可靠性，机器人助力建霖在生产线上更加灵活方便，配以人力资源的合理优化，有效降低了运营成本，提升了企业的盈利能力。

"引入机器人是为了打造高效、灵活、可靠的生产线，在面对瞬息万变的市场需求时，能够快速实现产线升级改造、稳定品质、生产新订单，帮助客户抢占先机。"陈岱桦介绍："在引用机器人前，建霖大量的工作是人工作业，高度重复作业模式，容易使人产生疲劳感，当这些工作由机器人替代后，不仅促进了人与机器间的良性协作，更大大提升了工作效率，确保了产品品质。随着机器人的不断发展，自动化生产将不再是长期不变、大批量、单一产品标准化制造的代名词，而是拥有了定制化、小批量、多品种制造的可能。"

一幅集智能生产、设计创新、创客孵化于一体的"十年发展蓝图"已经展开。在国家制造强国建设战略指导下，建霖提出了"建霖制造"发展战略规划，分步实施效率倍增计划、绿色制造技术、智能装备技术、研发能力提升行动、数字化工厂建设等。未来期待通过提高工业设计能力进一步发展自主产品创新设计，通过提高技术研发能力将"绿色、智能、品质"融入产业中，通过提高智能制造能力带动企业流程再造向全智能生产转型，推动产业链走向绿色生产和全面智能制造，实现高质量发展目标。

引领健康家居新文明

中国经济正在步入新常态，它不仅意味着经济增长转向中高速，而且伴随着深刻的结构变化、发展方式变化和体制变化。而结构、方式和体制变化的不断推进正是新常态下中国经济新动力和机遇所在。陈岱桦说，"在这种动力和机遇下，建霖已经不能简单地用过去的办法做现在的事情，而应当有提炼总结和创新再造的新突破。"

从早期几百万元的营业规模到现在年销售额超过 30 亿元；从最初传统制造加工到强有力的制造品牌，到处处为客户着想，从客户体验出发，与客户共同设计创新、共同成长；从最初 95% 的销售收入来自北美市场，到如今的全球市场；从单一产品到多元化的市场布局和品牌发展……每一次的转变都带动建霖生产与管理的革新，建霖集团也因此发展成为能够提供创意、设计、研发、制造、服务，能与客户形成一体的专业化制造服务商。

"然而，这仅仅只是今天的成就。"陈岱桦说，"长期追求'引领人类奔向健康家居的新文明'的使命要求我们要成为经营卫浴、净水、空气净化、照护系统等一系列健康家居产品的百年企业。"陈岱桦指出，"展望未来，我们信心满怀，会将高科技融入全球创新和产业分工体系中，让更多的科技服务百姓生活，在奔向健康家居的道路上行稳致远。"

建霖有着得天独厚的存量市场先发优势，也值得新兴增量市场的期待。这次，建霖将战略目光盯在了更具创新价值和市场潜力的健康家居领域。建霖打造自身核心能力，在产业转型中不懈坚守与不断创新，保持创新活力，成为行业的排头兵，可谓健康家居领域的"隐形冠军"。建霖的发展之路，正是中国制造不断迭代、创新能力不断增强、高质量发展的典型样本。

FilterTech

第十二篇

百霖净水：净水行业的英特尔

陈　曦

随着人们生活水平的提升，对生活品质的追求越来越高，净水产业也因为人们的饮用水安全意识的提升，而得到快速发展，蕴含了巨大的市场潜力。

在家用净水器十大品牌的榜单中，你或许看不到百霖净水的名字，然而对于净水行业业内人士而言，百霖却是一个耳熟能详的工业品牌，虽然没有直接走到消费者眼前，但这家企业却是一个怀揣匠心、潜心做研发的净水行业隐形冠军。

隐形冠军成长之路

百霖进入净水行业绝非偶然。不只是因为净水市场的广阔前景，更是源于百霖背后母公司（建霖集团）几十年的技术积累支持，为其踏入净水行业提供了坚实的基础。集团负责人表示，虽然百霖净水 2010 年才注册，但母公司却从 2002 年开始涉足净水业的基础技术与应用技术的研发。当时（2002 年）中国净水器还没有得到普及，大客户普遍来自美国。由于集团坚实的研发技术、产品创新技术及精实的制造能力，国外许多公司纷纷找上门来寻求合作。因此，早期百霖的净水业务更多的是为国外企业服务，提供滤芯、主要部件等产品的研发、设计与制造。2010 年中国净水市场呈现井喷之势，催生了建霖集团净水事业部的升级，"厦门百霖净水科技有限公司"（简称"百霖净水"）应运而生。

　　经过专注净水 16 年的行业沉积与经验积累，百霖净水已发展为一家深受国内外客户信赖的净水企业。从最初的滤芯及主要部件制造商到净水功能模组化产品自由组合，从模组化产品自由组合到全屋净水的系统工程技术，从家用净水器技术到商用净水机技术及智能净饮机技术，从单一的净水技术到为客户提供整体净水解决方案……百霖净水技术与时俱进、迭代更新，成为国内外诸多知名净水品牌的重要合作伙伴。

净水实力派的探索

　　从净水行业在国内前十几年的发展看，未规范化的行业标准使净水行业呈无序的爆发式发展，市场竞争呈现价格比拼的态势。相关数据显示，2012 年整个家用净水的市场规模只有 54 亿元，到 2017 年年底已经超过 300 亿元，市场容量增加了 5 倍。另外，也有数据显示，净水产业或相关企业已然超过 3000 家，越来越多的新生企业正在进入这个行业。

　　"想要在如此复杂的竞争环境中脱颖而出，企业需要多种实力齐头并进。"百霖净水总经理吕学燕表示，"从事业部独立出来，其中一个极为重要的原因，就是要更快速更精准地发展滤芯研发与制造核心技术，打造企业核心竞争力。"

水通过滤芯的净化而成为安全健康的水，因此每一台净水器最核心的技术就是滤芯技术。除此之外，内部结构如何设计得能够让水进出更有效率，也是净水器的技术要点。企业精实的滤芯技术研发能力与结构创新设计能力完美的结合，使得其具有领先于其他企业3—5年的技术核心竞争力。

百霖净水在水处理领域获得如此的声誉及地位，受益于其技术实力与严苛的管理体系。凭借16年的净水技术沉淀和研发实力，百霖净水具备为客户提供全流程解决方案的能力，从市场调研到产品需求确认，从设计、研发、产品验证到试产、量产、推向市场，完善的物流管理和优秀的技术售后服务支持等，百霖团队不仅可以为客户提供专业的产品策划，更能为客户提供满意的产品。百霖净水技术中心拥有上百位博士、硕士、本科等不同学历结构的研发团队，涵盖产品策划、工业设计、结构工程、电子工程、材料工程等业务领域，这正是百霖净水的软实力所在。

百霖净水不断更新升级滤芯的核心技术、精进改善制程工艺，

通过建立技术创新专利数据库、技术标准、区域水质数据库等知识管理平台，将行业趋势、市场需求、客户需求、创新技术完美地融合于产品中，依据不同国家或地区的水质情况，量身定制净水方案。

百霖净水另一种强大的能力是产品整合开发能力，通过技术革新进行产品功能整合，利用研发平台化和生产模块化实现成本优化的产品线整合，以及技术优化带来的供应链整合，帮助客户实现产品价值最大化。以反渗透净水机为例，完美结合了一体式水道和高性能滤膜，集智能控制及数据云等潮流功能于一体，符合现代人的需求。

完整的全屋净水系列产品，可以满足客户的一站式需求。从前置预过滤器入户，到中央净水机、中央软水机，到使用终端的反渗透 RO 器、超滤净水器、水家电系列等产品，可以满足一个家庭从市政水入户的初过滤到水质改善到终端使用的厨房、浴室、茶室等安全用水需求。

高品质源于精实的技术、完善的管理体系和严格的规范监督，百霖净水对品质与水质标准的严苛追求贯穿原料到终端生产过程。产品通过多道严苛的标准检测，拥有累计上百项核心专利技术，以及 NSF、WQA 和 MOH 等国际认证。

专家型企业的坚守

"百霖净水未来的方向是成为滤材专家"，集团总裁陈岱桦说，"我们希望百霖净水这个名字会成为滤材品牌。就像我们买联想电脑的时候想到的是它用的是英特尔内核。原因就是，英特尔这个品牌的内核对电脑而言是一个非常重要的甚至可以影响消费者购买决定的核心因素。将来，百霖净水希望在滤材领域也成为家喻户晓的净水行业的英特尔。"

"对于百霖净水而言，销售额提升带来的喜悦远不如技术提升带来的强烈。"陈岱桦说，"也许降价可以带来近阶段营业额的快速增长，但是这样就要把滤材做一些减缩版，我们不愿意这样做，冠军不在于营业额，而在于企业对这个产业技术的坚持与信念。在不降低标准的条件下，未来我们会不断地进行研究，通过技研创新把成本降低。"

从最初的事业部，到如今年营业额数亿元的公司，百霖净水的角色更像是一名技术控，坚持以净水核心技术为突破口的初心始终未曾改变，每年投入营业额的 5% 左右用于持续不断的技研创新。

多年来，百霖净水总经理吕学燕带领团队从净水基本原理开始研究，发挥自身的技术优势，整合净水设备全生产过程，从产品外形的工艺设计，到过滤技术核心能力的研发，到结构部件的研发与创新，至精至专地为客户提供净水全流程解决方案。公司也相继推出了反渗透、抑菌除菌、重金属过滤、大通量高水效、缓释美容等过滤技术以及具备该技术功能的净水产品的迭代更新。

为夯实自身的技术实力，百霖净水依照北美权威机构（NSF/国家卫生基金会，WQA/美国水质协会），以及国内 MA/饮用水卫生安全产品卫生许可批件的标准，斥资建立百霖净水科技实验中心，具备符合全球公认涉水产品前沿标准的管理水平和检测能力。客户的产品要做哪些认证，送样之前都可以在实验中心做预检测，既节省了时间和金钱成本，又确保了认证通过率；同时产品在开发阶段亦可在实验中心进行开发验证，从而加快开发周期和缩短产品上市时间，使新品开发大幅提效增速，也为可靠品质保驾护航。高品质源于完善的管理体系和严格的规范监督，对品质的严苛追求让百霖净水赢得众多大品牌客户的信赖，对于产品品质的要求与净水效能的改善也同时带动国内净水制造行业往更先进更智能更安全的领域迈进。

除了在软硬件投入外，公司还极其重视产学研合作，先后与哈尔滨工业大学、华侨大学、台湾明志科技大学、台湾中原大学等海峡两岸知名学府建立了产学研深度合作，通过技术共享有效提升企业的科技创新水平与能力，并取得丰硕的成果。

百霖净水以过滤技术发展为核心，发展核心的模组技术、结构技术等，逐步完善精进核心能力的建设，使产品标准化、模组化、平台化，期望透过高品质、高标准的产品成为客户整体净水系统集成解决方案者。

台下式 G3 RO 机产品

未来的净水领航者

所谓净水专家，势必要对水有充分的了解。虽然水分子各地皆然，然而不同地区的水质硬度不同，因此采用的净水设备也有所不同，比如我国北方高硬度水质，水中钙、镁离子含量较高，容易结垢，消费者应选购过滤更精细的反渗透纯水机。南方水质中的钙、镁离子含量较低，适合选购外松内紧技术渐进式高分子滤芯。百霖净水秉持着对净水技术的执着，坚持设计与生产最适合终端消费者的产品，让大众能够享用到优良水质的同时也能对净水产品甚至整体净水产业构筑信任与放心。

陈岱桦表示，百霖净水将一方面继续加紧技术研发，另一方面将增加企业自身在不同水质知识的积累。只有不断提升核心技术和改进制程制造工艺，通过建立技术创新数据库、知识库的管理平台，将市场趋势、客户需求、创新技术融入产品，根据不同国家和地区的水质差异，量身定制净水方案，才能真正为客户服务。

之所以要对水质进行研究，原因在于百霖净水不满足于仅仅把水过滤到"能喝"，更要把水过滤到"好喝"。纵观国外净水行业的现状，大家纷纷追求让水"好喝"。陈岱桦对于未来净水行业的理解超前一步，"假设国内水质改善了，没有关系，净水器也是有市场的，因为还有口感的问题。像美国、欧洲、日本，几乎家家户户都安装了净水器，目的是改善口感。中国人喜欢泡茶，对水的要求就更高了，茶圣陆羽在《茶经》里把烹茶之水分为'山水上、井水次、江水下'，就是因为水的口感原因，喜茶之人必关注水质，水的甘甜加上茶叶的清香泡出来才好。所以这方面我认为净水这个产业，现在目的是改善健康，未来则是改善口感。"

　　未来，百霖净水将继续专注净水行业发展，除了对自身核心能力的持续要求之外，也将致力于提升整体净水产品制造的水平，透过技术创新、产品创新、制造升级、严控品质，助力中国净水行业度过大浪淘沙的转型期，推动高质量发展的净水企业成为行业中坚力量，为消费者打造放心、舒心与安心的净水产品。

第十三篇
姚明织带："双创"与"双反"的样本

陈良财

他有一个家喻户晓的名字，但也许人们更为熟知的人却不是他，他叫姚明。但他有自己的领域，有自己的事业，有理有据，不畏缩，不畏难，敢于叫板美国不合理的歧视政策维护自身合法权益。他的厦门姚明织带饰品有限公司是 2006 年来国内唯一同时赢得"反补贴"和"反倾销"调查的企业，为中国企业树立了良好的示范榜样。

2004 年，姚明在厦门创办了姚明织带饰品有限公司（以下简称"姚明织带"），到 2014 年——仅仅 10 年，姚明织带成长为全球最大的涤纶丝带、丝带印刷、丝带花饰制造企业。到 2018 年——不过短短 14 年，姚明织带已发展壮大为拥有 8 家国内子公司和 2 家海外子公司的姚明集团。

一个既无显赫背景，更无雄厚资金的"草根"学子，白手起家，用十几年时间缔造了一个足以傲视全球的"织带王国"，成就全国唯一完胜美国"反补贴""反倾销"调查的企业。毫无疑问，姚明和他的姚明织带都取得了巨大成功！

"坦白讲，我并没想到能在这么短的时间内获得这么大的成就。我想的，就是专注地把一件事情做好。"说起成功，姚明的心态很平和。他说自己一直专注于织带业，专注于生产织带产品，专注于把每种产品都做大做强。

专注和坚持是姚明个性的特质，也是其快步迈向成功的基石。在"双创"洪流浩浩荡荡、势不可挡的当下，创业者不再需要"励志鸡汤"，他们需要的资讯应该是"能够揭示'姚明奇迹'背后的内在逻辑，即带有规律性的必然"。尤其在国际贸易摩擦愈演愈烈的时代背景下，姚明织带的传奇经历和姚明的成功之道，早已超出了企业与企业家奋斗的范畴，具有典范和样板的意义。

十年磨剑，成就世界第一

1985年9月，姚明以优异的成绩考进厦门大学企业管理专业。大学里，他认真钻研学问，在积累了相当的理论知识后，更渴望将理论运用于实践。学生姚明，第一时间想到的就是在校园做租书生意。

厦大有个叫"三家村"的地方，有幢米黄色的小楼，门前是个小广场。这里就是姚明选择的摆摊最佳位置，他的书摊叫"白鹭书社"。姚明向叔叔借了500元钱作为启动资金，购买了当时学校图书馆借不到而同学们又十分喜欢的新书，有琼瑶、金庸、梁羽生、古龙等被热捧的新作，也有不少外国最新涌进中国的经典作品。学生经商，当时还是新鲜事。姚明此举，立即轰动校园。大家都赞叹他的独特创意，他的书很快就征服了慕名而来的"上帝"们，无论是学弟学妹还是学长学姐，都在他的书摊前流连。租一本书，一天只需三毛钱，"生意"最好的时候，每月的纯收入有 1000 多元。要知道，当时普通老师的月工资也只有 100 多元。而经历此番的小试牛刀，姚明心中播下一颗种子——博击商界，这成为他的人生坚定不移的抉择。

1989 年，大学毕业的姚明，"选择从基层做起！毕业后，我进了一家台企，在厦门何厝村的金属加工厂做管理工作。"姚明回忆，在两家台资企业历练了 9 年之后，"掌握了织带产品从采购到销售整个流程所有环节所需要的技能，更重要的是得到了社会历练，培养出敏锐的市场洞察能力和凝聚人心的能力。"姚明坦言，"这才是最宝贵的！"

不甘安逸的姚明辞去了台企的管理工作，回到莆田老家创立雅美织带饰品公司，这便是 姚明织带的前身。"取名为'雅美'，一

姚明织带工厂外景图

是因为织带是美丽事业；二则是与自己名字谐音。"姚明笑言。

由于企业定位精准，关注品质，产品性价比高，生产规模迅速扩张，公司发展突飞猛进。最初，他的工厂只做普通的丝带加工，把涤纶丝带加工成饰品再出口。他凭借多年积累的经验和人脉，以及一位美国客户的订单支持，把新厂办得有声有色。但很快，姚明就发现事情并没有预想的顺利。"从1998年到2002年的几年间，几次想放弃。当时主要问题是做饰品用的原料涤纶丝带要从中国台湾和美国进口，大陆没有什么厂家生产，原料受制于人，成本很高，赚到的钱基本都被原料吃掉了。"姚明说。

涤纶丝带原料问题长久地困扰着姚明，但这也是一个巨大的市场空白点。他敏锐发现了这块市场空白，更看到涤纶丝带取代尼龙丝带的时代正在到来。"我当时大胆地设想，如果公司能够自己制造丝带，解决染色等一系列的工艺问题，那么我带领的公司不仅能成为可以独立运行的企业，而且可以在丝带行业独领潮流。"

2002年底，雅美筹措300万元人民币的启动资金，进入涤纶丝带的生产。2003年，一个涵盖织带、染色、印刷、包装、花饰制作等的完整产品线的现代化企业建立了，实现了生产规模、管理方式、经营范围的巨大飞越。这一年，当第一条织带生产出来时，产品的品质已经不亚于国外厂家的品质，填补了国内市场空白，长期为原料煎熬的苦日子终于一去不复返了。

随着企业的壮大，"要想掌握最新的信息，驾驭变幻莫测的商界风云，把生意做大、做强，囿于莆田是远远不够的。"2004年，姚明决定将工厂搬到厦门。起初，他也用"雅美"向厦门工商部门注册，不料发现已被人捷足先登，于是决定用本名来命名新公司，所以有了姚明织带。

　　到了厦门，姚明很快意识到，还必须不断扩大生产规模。"那时市场行情很好，利润很高，每年有 30%—50% 的净利润，还有什么比这更好赚钱的，我看得到未来，所有的心思都放在规模不断持续扩大上面。"于是，他将买土地建厂房的钱，拿去购买设备，以至于他笑言"做到世界第一的企业，没有自己厂房的，估计也就只有姚明织带这么一家"。与此同时，姚明织带还将注册资金一举增加 10 倍，从原来的 2500 万港币增加至 2 亿港币，彰显企业的专注性。

　　"从第一条涤纶丝带诞生起，我们就专注做涤纶丝带。"姚明说。根据原材料、样式来分类，织带可谓种类繁多，但姚明织带"弱水三千只取一瓢饮"，正是专注，让其得以迅猛发展。

　　那几年，公司业务每年以 50%—100% 的速度增长，公司注册资本也翻番式发生变化。2004 年，姚明成立厦门姚明织带饰品有限公司，注册资本 2500 万港币。2006 年，公司注册资本上升为 6000 万港币。2007 年，公司注册资本跃上一个亿的新台阶。2008 年，公司注册资本两个亿，在香港注册成立公司。2014 年，成长为全球最大的涤纶丝带、丝带印刷、丝带花饰制造企业，成为国内外织带行业中的航母。

"零库存""大库存"，天使与魔鬼之辩

　　我们常常把库存比喻成"魔鬼"，因此要尽可能地消灭或减少库存。然而，物料短缺的时候，库存又成为救世的"天使"。在天使和魔鬼之间转变的其实并不是库存的多与少，而是我们对库存进行的配置的不同。即库存点的地理分布、库存量的多少、库存补充

的策略等等，不同的配置方案会产生截然不同的效果。在提倡"零库存"配置模式的年代，有一家企业却因为它的"大库存"配置模式而获得了巨大的成功，它便是姚明织带。"生产周期长、品类多、工艺复杂，这些都是织带行业长期存在的普遍性的问题。"姚明介绍，过去，织带行业各生产企业普遍采用MTO（make to order）订单式生产，基本上仅保留少量库存，其好处在于库存积压少，企业风险小，但交期漫长，边际成本高，很难实现规模效益。"这种模式，让生产部门非常'痛苦'，尽管每次生产出来的织带都不愁销路，但销售部门往往让生产部门今天生产A品类，明天生产B品类，生产的预估性差，突然而至的订单常让生产部门措手不及，而生产线的频繁切换也产生了巨大的成本。"姚明解释，"最关键的是，吃力还不讨好，客户订单的及时交货率上不去，客户的满意度也不高。"

究其原因，是"客户需求"和"生产供应"的矛盾没有很好地协调处理。一方面，客户对于交货的速度要求不断提高，另一方面，生产系统所固有的长周期、反应慢的特性一时难以改变。这两者之间的矛盾造成了一系列问题。为了解决这些矛盾，提高客户的满意度，姚明织带采用独特的"大库存"模式，这与当时普遍提倡安全库存或零库存不同。姚明织带常年备有8亿—10亿码的丝带库存，可以及时满足众多客户批量小、交货快的需求。当其他供应商还在迟疑要不要接小批量的

姚明织带产品

订单时，姚明已经把优质的丝带送到了客户手上，而客户则无须为自己获得的便捷服务支付更高的费用。

"我们的大库存模式特色可以总结为三点：一是常年对外承诺备有现货；二是遇到补充库存与客户订单间出现排产冲突时，以补充库存为优先原则；三是在库容允许的情况下，开足马力生产而不考虑库存水平超出安全库存的程度。"姚明自豪地说。

相比之下，国内大部分制造企业采取的是安全库存的模式。一般而言，实行安全库存的做法是预测未来一段时间内的订货需求，并设置订货点，当库存水平降低到这个订货点时，就启动生产进行补货。从这个角度看，实施安全库存战略的企业可以在库存成本与品质和交期之间取得一个平衡。但它的不足是，企业一般不会追求绝对满足客户的现货需求，也不会进行超出安全库存的生产。一旦遇到大规模的订单，企业仍可能出现缺货的现象。

"大库存并不简单地意味着库存越多越好，大库存也意味着高风险。"姚明也非常清醒，姚明织带同样预见到了可能遭遇的风险。为此，公司设计了具有"姚明特色"的库存策略。姚明织带的"大销售、大生产、大库存"模式的核心就是通过规模化生产和精益化管理降低生产成本，通过库存规避由各种因素导致的原材料价格上涨风险，并应对市场销售价格下降的挤压。

但不得不说，满足了客户的现货需求，并取得了稳定的产品品质后，由此带来的高库存成本，也可能削弱产品的价格竞争力。所以，姚明织带的库存一般会在6个月内全部消化掉。这种大库存模式有其历史的特殊性。一方面，素色带的需求在80%以上，姚明织带备的库存绝大部分都是素色带，不太可能滞销；另一方面，原材料价格在不断上涨，提前备货可以锁定成本。

除此以外，配合大库存的规模化量产，姚明织带对涤纶织带产品的生产工艺进行不断改进，提倡精益生产。相对尼龙材料，涤纶虽然价格便宜，但由于吸水性低、摩擦产生的静电大，用于织带生产时会有染色性能差等工艺困难。为了解决涤纶织带的染色难题，提高着色牢固度和减少批次之间的颜色差（简称"色差"），公司成立攻关团队，持续坚持技术革新，对外部采购的染色设备进行系统改造和独立调试，掌握了一套低成本稳定染色品质的技术诀窍，成功摆脱了对境外设备提供商的技术依赖，从而为赢得用户的满意奠定了良好的技术基础。

姚明将"大库存模式"与"精益生产"完美结合。"'零库存'或'大库存'并不分优劣。对企业而言，供应链管理是在多个选项之中做权衡取舍，没有好与坏之分，只有合适与不合适之分。"姚明辩证地分析道。

奋起应诉，"叫板"美商务部

"美国人知道中国的两个姚明，一个打篮球，一个做织带。"姚明诙谐地对笔者说，前者因 NBA 而闻名，后者因"叫板"美国商务部而出名。做织带的姚明因织带而成功，更因"双反"而出名。

"双反"，是"反倾销""反补贴"的简称。2009 年 7 月 9 日，美国最大的织带生产厂家比威客·奥弗瑞公司，连同其全资子公司狮子绸带公司向美国商务部和国际贸易委员会提出申诉，指控中国企业向美国出口的织带低于正常价格，要求对原产自中国的输美窄幅织带发起反倾销和反补贴调查。本次调查涉及的产品是各种长度和形状、全部或部分人造纤维制成、宽度小于 12 厘米的织带，多用于服装辅料和礼品包装。7月23日，美国对此作出立案决定，这是美国对中国纺织品发起的首次"双反"调查，也是后配额时代针对中国纺织品采取的第一起贸易救济措施。由于织带企业面向小众市场，所以在纺织业里是一个不被关注的小类别，但这一次它却成为备受业界关注的焦点。美国在调查时的具体做法是，选取行业中输美出口量排名第一、第二的中方企业作为代表强制应诉。

"枪打出头鸟"，姚明织带当时是全球最大的涤纶丝带、丝带印刷、丝带花饰制造商，由于起步和定位较高，因此在业界中有"全球织带行业第一品牌"之称。根据美方定下的选择行业输美出口量排名第一、第二的中方企业作为应诉代表的规矩，姚明织带理所当然被列为美国"双反"调查的头号选手。

刚接到立案通知时，姚明愣了。在织带出口业，关税一旦超过30%，美国客户就几乎不可能接受，这也意味着姚明织带要丧失整个美国市场。应诉成功的概率不可预测，应诉与否，成为一个必须尽快决定的关键问题。"当时的情形是不得不战，不过这也可能是一个千载难逢的机会。"姚明坚毅地说，"如果没有企业应诉，抑或是应诉失败，那么我们中国的织带进入美国将不得不面对高达236%的反倾销税。"这就意味着美国市场的大门对中国织带关闭了，"倘若胜利了，那么我们织带业将能拿到较低的关税，甚至是'零关税'。"由于整个应诉过程费用高昂，达两三百万元，其他企业主动放弃应诉。这意味着，在此次中国织带行业的美国"双反"调查中，姚明织带孤军作战。姚明认为，只要还有一线希望，小丝带也要漂洋过海迎接挑战！

公司在第一时间组织成立"双反"应诉领导小组，踏上了应对"双反"的漫长道路。提到初期的艰难，姚明回忆，"在商务部以及纺织品进出口商会的指导下，我们才弄清楚'双反'的概念以及相关程序。在厦门贸发局的帮助下，我们走访了福建一些曾经参与过反倾销的家具、运动器材、食品、鞋帽等企业，访谈取经。"

　　真正的战争还在于姚明织带与美国商务部之间的"交战"。在接受调查过程中，必须要为美国方面提供详尽的相关资料。为此，姚明织带全公司投入了大量的人力、物力，整个案件花费了 300 多万元，填写了 14 份补充问卷。每份补充问卷都有几十个问题，有时一个问题就需要提供几百页的资料，姚明这样描述："应诉的材料可装满一间 10 平方米的房子。"更为惊心动魄的是美国商务部调查组实地核查，"最困难的还是实地核查。"回忆这段经历，姚明脸上写满无奈，"简直和打仗一样紧张激烈，一会一个数据出来，要提供各种证明材料，更何况美国的财务管理制度和中国财务管理制

姚明织带车间

度是不一样的。""我们所有的账目都清清楚楚，前后可以对照，绝对经得起核查。"姚明对完胜这一役非常有底气，这与企业多年的严格管理、自我完善分不开。

"（姚明织带）敢于应战的资本，就是有科学规范的管理制度，其他企业不敢应战，往往就是缺乏有效的管理制度。"中央党校调研组一位成员说，"我想这就是姚明织带给其他企业作出的最好表率。"

2010 年 1 月 18—19 日，美国商务部官员来现场实地进行反补贴核查，核查情况良好。其后 3 月 8—12 日凌晨，美国商务部官员又到现场进行了实地倾销幅度核查，并以 99.9 的高分通过现场核查。2010 年 7 月 13 日，终审消息发布，姚明织带几近完美胜诉。

经过长达 5 个月的较量，美国商务部于 2010 年底公布了反补贴初裁结果，姚明织带成为中国国内唯一一家获得零关税的企业，与姚明织带一并被列为美国反补贴调查但没有应诉的另一家代表性企业，则被征收 118% 的惩罚性关税，其余的被征收 59.48% 的关税。这意味着，姚明织带成为目前国内唯一一家能做美国市场的织带企业。

"整个过程是痛苦的，我们投入了大量的人力、物力，就是为了打赢这一场美国的反倾销、反补贴官司，幸运的是我们最终赢了！"回想起历时半年的应诉经历，姚明感慨良多。"赢下官司，得益于我们的执着。否则'双反'之战坚持不下来。"他用"悲壮"二字来形容当时应战的心情。既然决定了，就必须抱着一定要成功的心态坚持和努力下去。"当时只知道，这战一定得打，怎么打，不知道。"他说。朋友们评价他是不怕死，只有他自己才知道，当时是箭在弦上，不得不发。而且越到最后，越觉得不能放弃。

"如果将当年那场没有硝烟的战争放在当今国际贸易摩擦愈演愈烈的时代背景下，您还会奋起应诉吗？"面对笔者的提问，姚明搓了搓合拢的双掌，又清了清嗓子，声音略显得有些低沉："时至今日，我依然认为，打这场官司，值！如果将那场官司移到现在，我依旧会应诉。因为，我崇尚并追求公平和正义！至于胜面……"姚明轻咳一声，终止了这个话题。

众所周知，"中国制造"正在朝"中国创造"挺进，今后中国的企业在外贸出口之路上可能会遇到更多的麻烦，仅仅有姚明织带的这次胜利还不够，姚明织带"完胜"是榜样也是启示，中国制造的集体发力更值得期待！如何应对"贸易摩擦"有必要成为中国制造业实现华丽转身前必修的一门功课。

走出去，勇闯"金砖市场"

近年来，姚明织带与国内众多劳动密集型企业一样，面临招工难、人力成本高等制约企业发展的难题。尤其是织带生产加工繁复，由机器取代人工现阶段难以实现。

"出境加工"成为一种新的选择。所谓"出境加工"业务，是指由国内企业承接国内订单后，借助境外劳动力开展出境加工再返内销的业务。这种模式很容易让人联想到我国改革开放初期"两头在外"的"来料加工"模式，工厂在国内，从国外把原材料输入中国，再把成品返回国外销售。而"出境加工"操作路径正好相反，把工厂设在国外，原材料运到工厂，成品再运回国内。

2013 年起，姚明织带将目光投向"一带一路"沿线国家，姚明先后考察了印度、印尼、越南、柬埔寨、孟加拉国等多个国家，最终选择了印度。姚明认为，"印度普通工人平均工资仅为不到国内一半，而且劳动力资源丰富。眼下，印度市场潜力巨大，当地人没有排华情绪也在一定程度上降低了政治风险。"

2014年8月，占地4000多平方米、员工近500人的印度瑞蓓丝织带饰品有限公司正式投产运营，从签合同到开业仅用了8个月时间，创造了布兰迪克工业园的多项"第一"。"姚明速度"也引起了当地媒体的争先报道，姚明织带完美地迈出了进军印度的第一步。印度工厂开始运作后，问题也接踵而来。国内原材料出口到印度加工，尽管可以享受退税政策，但成品返回国内销售时，仍要以进口商品计税——不仅要征收17%的增值税，还要再计征20%的关税，两者相加税费将近40%，海外生产成本优势瞬间抵消殆尽。综合对比各种要素后，姚明织带向海关总署、税务总局递出申请：建议只计征增值部分关税。这一建议得到海关总署、税务总局的认可，并在厦门海关先行先试。2014年9月，国家出台"出境加工"试点政策，姚明织带成为国内首批"出境加工贸易纸质手册试点企业"，综合减免税收达40%，也开了闽企出境加工的先河。经过4年的市场运作，姚明织带已经在印度站稳脚跟，生产规模正不断扩大。对此，姚明说，印度和其他金砖国家一样，都正在大力发展经济，市场潜力大。"仅我们公司而言，过去每年在印度的销售额都会提升30%到50%。"姚明织带已经把手工比较烦琐的生产部分转移到了印度，对海外设厂这一方式也越来越有信心。

2015年11月，姚明织带孟买办事处正式承担了厦门市商务局驻印度投资贸易联络服务点的工作，为厦门市及福建政府部门以及企业与印度的经贸往来、信息人员互通、项目推介等做了大量工作，为多家厦门企业的印度投资计划或意向提供了咨询建议。

　　"在如今国家'一带一路'倡议的引导下，相信会有更多利好消息传来，也希望有更多企业与姚明织带一起并肩走出去，开拓海外市场。"姚明告诉记者，不少企业听说了姚明织带在印度设厂一事，都对"出境加工"产生浓厚的兴趣，纷纷前来"取经"，有些已经准备组织人员前往印度考察。姚明也同时提醒，在实际操作中，企业一定要熟悉当地的市场环境、法律法规和风土人情，了解对方的商业习惯，找到最合适的投资方式，把握贸易主动，切忌盲目跟风。

　　"专注到极致，坚持到第一"，姚明用十多年时间践行着这一人生座右铭，获得了极为丰厚的回报。他享受着工作的乐趣，属马的他也像骏马一样，具有"站着睡觉"的危机意识、警醒意识。他表示，即使已经是行业第一，但要始终保持独一无二、无可比拟的竞争力，需要做得更大、更好、更强！

WDI
SMART WATER

第十四篇
威迪亚：用智慧改变生活

刘志昊

    1992 年，邓小平同志发表南方谈话之后，国务院修改和废止了 400 多份约束经商的文件，大批官员和知识分子投身商界，可谓"八仙过海，各显神通"。"下海"成了街头巷尾的热门词。

    许多思维活跃敏捷、有闯劲有能力又敢于冒险的人，纷纷"下海"经商，李飞宇就是这其中一人，随着"下海"大潮，投身实业——1993 年，厦门市大椿实业有限公司成立，这是厦门威迪亚科技有限公司（以下简称"威迪亚"）的前身。25 年来，威迪亚始终坚持产品自主研发，已先后获得 300 多项国内外专利，产品品质与创新能力均达到国际领先水平，客户遍及全球。

    今天，在厦门总部，逾 9 万平方米的威迪亚工业园内，配有一流的智能化研发、生产设备及专业的模具设计制造公司；同时在漳州长泰拥有超过 10 万平方米的生产基地及业界一流的智能化制造工厂，"威迪亚是那个时代中国民营企业发展的一个缩影。"李飞宇说，"既有国内经济高速发展的因素，也有威迪亚从国际贸易起步后，步入制造业凝聚的综合优势，更离不开我们一步一步的创新，不断地进行技术迭代，引领行业的技术创新。"

"与其说我们是一家卫浴公司，不如说我们是一家科技公司。"李飞宇这样描述威迪亚。

把握核心能力

成立之初，大椿实业以外贸为主，主要代理外国知名品牌的卫浴产品。随着改革开放的深入，老百姓生活水平的日益提高，坐便器开始进入中国，特别是在沿海发达地区，"公司早期业务的发展得益于特区开放自由的交易环境，这样的环境为我们的成长提供了发展的平台和契机。借此春风，大椿实业赚到第一桶金。"李飞宇回忆，"第一桶金只是一个激励人心的开始，如何让企业持久良性地运营下去是我们关注的焦点。我看到能够跻身于全球前 500 强的多半是制造业企业，我们决定不再只做外贸，我们要有自己的制造，要有自己的核心能力。"

1995 年 12 月 7 日，公司更名为厦门威迪亚建材工业有限公司，威迪亚建材主营生产卫生洁具、五金配套件、水暖器材、塑胶制品等。"这标志着我们正式进入制造业，威迪亚初期最大的成就，就是通过生产组装，改变了水箱配件的销售模式。"李飞宇告诉笔者，"我们把进排水阀、盖板与陶瓷组装好了再出货，通过代工生产的模式让消费者买到真正的品牌坐便器。"

在 20 世纪 90 年代，世界范围内的第三次产业转移正式拉开帷幕，大量的自动化、半自动化生产线涌入中国大陆，中国沿海无疑成为承接国际产业转移的主要区域。在这样的背景下，凭借劳动力优势和原材料优势，在被称为"黄金 10 年"的 90 年代，威迪亚得以快速发展。

那个阶段的中国民营企业，大部分都是以市场为导向，以低成本、赚快钱为第一目的，缺乏核心战略与发展规划。"和当时很多的民营企业一样，起步都是做一些低端的加工业。随着质量低、成本高等弊端渐渐出现，我开始意识到，我的企业必须转型了。"

"有了制造能力仅仅是持久良性运营的第一步，要想基业长青，必须有核心制造能力。"李飞宇和大多数民营企业家不一样，他有着清晰的核心战略与发展规划，"必须要有核心技术！"

"把核心技术掌握在自己手中"并不是件简单的事，对加工外贸型的威迪亚更是如此。"只有自主研发，砸钱！"李飞宇痛下决心。

功夫不负有心人，2000 年，威迪亚自主研发的 B38 系列进水阀实现批量生产，成为全国销量最大的进水阀型号。2002 年，自主研发的慢落式盖板投入市场，成为全国高端盖板的领跑者，同时推出双排水阀 B4900，"当时这个就是一个世界桶式排水阀的标杆"，李飞宇自豪地说。

"在 2000 年初，我们家用马桶盖板多为 PP 盖板，PP 盖板采用的是塑料材质，热熔后成型，变形曲度大，不易折断，但是不耐

磨，且时间久了可能会发黄。"李飞宇回忆，"而国外已经流行 UF 盖板。"UF 盖板即脲醛盖板，表面具有陶瓷质感，硬度高，抗摩擦性强，坚固耐用，不易划伤；光泽度高，色泽稳定，相对 PP 盖板不易老化、褪色；无异味，性能稳定，对部分化学物具有良好的抗性；废弃后在自然界可自然降解，不会造成污染。"脲醛盖板采用一种新型塑料材质，是将原料打成粉之后高温压制成型，生产工艺相对复杂。"李飞宇表示，"当时国内没有 UF 盖板生产线。"2003 年，威迪亚成功引入欧洲流行的 UF 盖板生产技术，成为国内最早生产脲醛盖板的厂家。

"第一支高精度背压进水阀、第一支双排水阀、第一款 PVC 盖板、第一款脲醛盖板、第一款不用电的水力冲洗盖板；全球首创纯平无水箱坐便器技术、全球首创云智能浴缸，都是从这里出来的。"谈起威迪亚的多个"中国第一"和"全球首创"，李飞宇如数家珍。

在威迪亚进排水阀体验区，工作人员介绍并演示了威迪亚自主研发的第四代高度集成的"I"字阀和轻触式排水阀。"'I'字阀不仅是技术领先，在工业设计上跟前面产品有很大差异，以前的水箱我们看到进水阀都会有个浮筒，而'I'字阀是一个整体，看上去更像一个工艺品。"

"I"字阀是全球首支通过德国 LGA 认证的底进式进水阀、达到欧洲静音标准，"（'I'字阀）使用全球首创的双回路自清洁技术，这是威迪亚掌握的全球独创技术，牢牢占据了整个行业的高点。"李飞宇介绍，"轻触式排水阀按压力轻至 6N，省时省力，这两项产品均获得多项国内外发明专利。威迪亚也是目前中国同行在该领域唯一同时具有中国、美国、欧洲、日本发明专利的公司。"

2011 年 7 月 1 日，卫浴行业的新国家标准开始实施，新标准对于节水型马桶平均用水量有了明确规定，不符合标准的产品不允许出售。然而市面上众多节水马桶其实存在费水的可能，往往一次冲不干净，需要反复冲洗两三遍；另外，冲水量不够会影响管道畅通，节水型马桶用水量宜在 3 至 6 升之间，控制在这个用水范围内既可以保证污物冲出马桶，又能冲出排污管道 12 米远，这才是真正的节水型的马桶。而威迪亚自主研发的水件产品在节水和排水效率方面都是行业领先，其巧妙而专业的技术，令产品在具有优质使用效果的同时，还能有效节水。

"我们坚持将年销售收入的 10% 投入研发，持续不断地巩固和提升我们的知识储备和技术实力。"李飞宇表示，"同时，我们要树立科学的研发理念，研发不能脱离客户需求，要从客户角度、基本原理角度去思考和解决问题。"

超越客户期待

按照国际市场消费者的购物心理，一件好的卫生洁具产品，必须能够符合现代化生活方式，能够具备比较完整的各项功能。如在满足使用功能之外，还需要具备节水、节能、环保、舒适、保健、防老化、感应智能等多项功能，具有明显的可循环性与强烈的绿色消费概念。这样就要求新一代的产品，必须能够尽量利用生物技术、电子技术、感应技术等综合高科技成果，将各种新功能进行组合配套，以提高卫生陶瓷产品的综合功能与实物质量。

"作为马桶节水的核心，水箱水件的节水性能，成为很多厂家在进行产品配套时的重要关注点。"李飞宇表示，"选择什么样的配套水件，达到什么的综合性节水效果，都成为马桶生产厂家的关键选择。"

"节水"是每个家庭践行"绿色可持续发展"行之有效的方法之一。据统计，目前卫浴用水量占家庭用水量的40%，对于一个缺水的国家来说，家庭卫浴的节水空间很大，使用节水水箱水件效果十分可观。那么，什么样的冲水水箱才算真正节水呢？我们先来算一笔账：一家三口，每人每天入厕5次。

使用老式抽水马桶，冲水量为13升/次。一年的用水量是：13升/次 ×3人 ×5次 ×365天 =71175升，约71吨。

使用符合国家标准的抽水马桶，冲水量为6升/次。一年的用水量：6升/次 ×3人 ×5次 ×365天 =32850升，约32.9吨。

使用威迪亚节水马桶，因高于国家标准，其冲水量为4升/次，一年的用水量：4升/次 ×3人 ×5次 ×365天 =21900升，即21.9吨。

如此一计算，可以看出威迪亚的节水马桶比老式马桶节水三分之二还多。在提倡绿色生活的今天，"绿色""低碳"已经成为人们的生活方式，"威迪亚也不例外，我们将'节约水资源，改善人类生活'列入企业目标，也在实际的设计生产中切实将节水落实到实处。"李飞宇表示，"我们生产的水箱配件已经被国家发展改革委、财政部列入《节能产品政府采购清单》。"

"我们不仅仅满足客户的需求，我们要超越客户期待，比客户更懂客户内心所需，创造出让客户惊艳的作品，只有如此，方能成为市场饱和时代行业的领导者。"李飞宇如是说，即运用科技、人文、创新的智慧，创造出更简单、更方便、更便宜的产品，目的是改变人们的生活方式，让人们生活得更美好、更舒适、更便捷。

过去20年，威迪亚凭借着一流的品质、良好的性价比、持续的技术研发，生产出满足客户的好产品，稳居全球卫浴水箱配件领导者地位。现在，行业面临智能化升级大趋势，威迪亚在业界长期积累的良好口碑和声誉，与客户建立的长期合作关系，都成为威迪亚转型智能卫浴核心配件供应商的优势。但是，要借力这些优势，建立威迪亚在智能卫浴配件领域的领导者地位，威迪亚必须开拓创新，深挖客户需求，想客户所想，想客户之未想，一如既往地做出超越客户期待的作品，方可巩固和强化卫浴配件领导者地位。

当前，消费升级趋势强劲，人们不断提升对品质、品位的追求，也迫使着企业不断推陈出新。"威迪亚推出的智能冲洗盖板就是一款创新型、科技含量高的主打产品，它采用国际领先技术，追求智能科技与美学理念的极致融合，迎合了未来人性化的卫浴发展趋势。"李飞宇介绍，在当今时代，杀灭细菌尤为重要，坐便器是细菌繁殖的温床和传播源头。而威迪亚的这款产品在喷头及坐圈部分加入银离子及抗菌材料，在源头上杜绝细菌的滋生。这款与国际品牌比肩的产品在两届上海厨卫展都备受赞誉和褒奖，它也从一个

威迪亚实验室

侧面展示了威迪亚由贴牌生产向自主品牌的转变，展现了威迪亚在提升产品技术水准、改善客户生活品质方面的信心。

"同时，我们严把质量关，以'一流品质，满足客户，不断创新，造福人类'为质量方针，从来料到检测，从生产到销售，都有一套属于自己的严谨的质量控制体系，每一款产品都经过精心设计，采用优良的材料、精细的做工，通过完美的制造和严格的检验，并始终坚持零缺陷的质量目标。"李飞宇表示。

2016 年底，从遥远的大洋彼岸传来了美国 IAPMO R&T 对威迪亚实验室的认证，威迪亚成为中国首家具有水箱配件测试授权资质的企业实验室。"美国 IAPMO R&T 是在美国专门从事产品认证的权威机构。其服务范围主要是工程建筑的给排水管件，户内通风设备，厨用器材，以及卫生间的卫浴洁具等产品。这类产品的认证，除采用美国 cUPC 统一管道规范，ASME，ASSE，ASTM 等美国标准外，也可针对加拿大市场需求，根据 CSA 标准进行认证。"在 2017 年，威迪亚实验室获得了中国合格评定国家认可委员会颁发的 CNAS 认证。

李飞宇自豪地说，"正是源于强大的质量管理体系保障及严苛的质量标准要求，才铸就了威迪亚的品质和品牌。"

构造智造未来

即使夜晚关着灯，机器照样能生产——这样的无人生产车间被称为"黑灯车间"。在威迪亚集团，不开灯的注塑车间内，笔者看到一台台自动化机器人正有条不紊地生产着智能马桶阻尼器，灵巧的"手臂"有节奏地来回移动，仿佛长了眼睛一般精准高效。"这种无人化、自动化、信息化的车间正是我们公司智能制造的秘密武器。"李飞宇介绍。现场负责人黄文生介绍，该注塑车间实行 24 小时不停工作业，每个机器人还具有实时参数监测、机台预警、自动分选不良品、实时报工功能等，一个机器人等于 20 个人工的效率。

威迪亚抢抓国家制造强国战略机遇，加大智能制造投入，注塑车间实现机器换人后，就使生产线的操作人员从原来的 12 人减少到 1—2 人，良品率从 97% 提升至 99.98%。

"同质化的产品市场，消费者越来越希望获得个性化和定制化的产品，这也是未来创新的方向之一，在这样的消费趋势下，多品种、小批量、定制化生产将成为主流生产模式。李飞宇分析到，"实现这一模式的前提是企业制造体系需要高度自动化、信息化和智能化。在未来的 3—5 年时间里，我们将继续投入资源，全面提升我们的智能制造水平。"李飞宇预测，未来卫浴行业的发展趋势一定是智能化、整体化。

新常态下，众多行业面临"大洗牌"，实体经济转型升级势在必行。得益于提前布局，威迪亚集团已经在品牌建设、技术创新、智能制造等诸多领域成为行业转型升级的先锋。"未来，我们将紧扣整体、智能的主题进行技术研发和产品制造，预计到 2021 年建立一个以工业 4.0 为目标的智能卫浴工厂和智能卫浴工业园，充分发挥全国卫浴领头羊的作用。"李飞宇信心满满。

KDW 金德威包装
KINDERWAY PACKAGING

第十五篇

金德威："包装"王者之道

金 松 李 莉

　　"成为超一流的绿色塑料软包装供应商领导者"，这是厦门金德威包装有限公司（以下简称"金德威包装""金德威"）的企业愿景。这句话，赫然呈现在金德威包装的官网上、企业宣传册上，也醒目地标示在其总部大楼展示厅文化墙上，甚至还蕴含在这家企业的名字里。

　　金德威包装的产品宣传册说："金德威"之名，取自"王者之道"的英文 Kinder Way（简称 KDW）的中文谐音。2013 年 7 月，这家公司的创立者郭建新董事长，将总部和生产基地从泉州石狮市，搬迁、落户到厦门市翔安区时，他们如此重新立名，昭示着崭新起航的企业，并不满足于只是在绿色塑料软包装行业扬名立万，其"努力打造全国乃至全球绿色塑料包装供应商领导者"的愿景和心声，已有目共睹。

　　在该公司董事、外贸总监黎昌虎看来，金德威包装在行业内的"成王之道"，也恰在"金、德、威"这三个字的内涵上："金，指的是精诚所至、金石为开；德，上善若水、厚德载物；威，仁者之师、奋武扬威"，他说，这三个字集中内蕴了企业的创立初心，集中体现了金德威包装将秉承诚信原则、力求完美的标准、追求卓越的品质和勇创第一的精神。

"这个 7 月，恰是金德威包装创立 5 周年"，黎昌虎介绍，这 5 年来，金德威包装堪称全方面迅猛发展：不仅市场拓展迈出闽南地区，辐射全国甚至走向全球，而且产品在全球和国内的市场占有率，也逐年提升，截至 2017 年已双双攀升到细分行业第二名，其中，旗下两大产品系列，市占率更是勇夺鳌头；此外，作为福建省包装行业龙头企业，其还拥有众多项技术专利，而企业不仅依此专利开发出品质超群的产品，还成为我国《食品包装用氧化物阻隔透明塑料复合膜、袋》国家标准编制的重要力量……

"千里之行，始于足下"。无论是金德威的远大愿景，还是其当下的累累硕果，其实都是厚积薄发的结果。事实上，在创立"金德威包装"前，其设在泉州石狮市的前身，已经在塑料包装行业、闽

南市场上深耕细作了 16 年之久，是业内专业生产塑料包装装潢产品的知名企业，而与此相伴，其在绿色塑料软包装行业里仿佛潜龙在渊，沉潜日久或终将喷薄而出。

沉潜 20 年

泉州下属县级市晋江、石狮，富甲一方的福建经济区域，这里尤以鞋服产业名闻遐迩。

事实上，晋江、石狮一带经济强劲发展的背后，其中一大因素是：这里是改革开放的前沿热土，这方水土孕育出层出不穷的民营企业家。这里的人们，骨子里普遍沸腾着创业的热血。石狮人郭建新也是其中一个。草根出身的他白手起家，如今是金德威包装创立者及董事长。而他创业的起点，是在 20 世纪 90 年代中后期，在此之前，他曾远至上海学习汽修，对机械、电气颇为熟悉，两年后回到石狮，进入当地一家塑料包装企业打工。正当其所在的塑料包装企业蒸蒸日上、产品供不应求时，一场大火突如其来，烧坏了厂房和机器设备。心灰意冷的企业主决定离场，并贱卖机器设备。这给了郭建新难得的机会，他接手了这些烧坏的机器设备。因为他觉得，凭自己对机械、电气等的掌握，"或许能把这些机器设备修好"。

经过一番"折腾捣鼓"，郭建新修好了机器设备。而凭着这些重新运转起来的机器设备，他最终于 1997 年 8 月成立了金德威包装的前身企业——宝湖新光塑料包装厂，正式踏上了塑料包装行业的漫漫征途。

在创业 21 年后，郭建新所创立的企业，成为福建省塑料软包装龙头企业、全国专业生产塑料包装装潢产品的领军企业之一，并且，近些年来，企业还荣获了一系列重量级荣誉，比如被评为国家级高新技术企业、厦门市科技小巨人领军企业、2016—2018年福建省小巨人领军企业、福建省专精特新中小企业……

如今的金德威包装，主要从事塑料包装品、包装材料的开发与生产，现有6条塑料彩印软包装生产线，有500名员工、6个海内外办事处，年产值可达4亿元，产品直销至国内30多个省区市及世界5大洲20多个国家和地区。

"2017年，我们的年营业额达到了3.5亿元人民币，年生产能力达到了3亿米"，金德威包装营运总监何志强介绍，这个产能目前在福建业内首屈一指、可夺第一，在全国行业内也名列前茅，而随着2018年2月金德威科技园二期厂房的竣工，无疑又表明金德威包装再次吹响了产能扩张的号角："未来三年，金德威包装还将继续加大投资力度"，改善生产环境、扩充产能，坚持以技术创新为支撑，以优秀品质保证为根本，以绿色环保为己任，"争取年销售额增长20%—30%，3年内产值达到6亿，同时在条件具备时登陆资本市场"。

这显示出金德威包装如今"坐二望一"的发展雄心：从产品市占率来看，2013年以来，金德威包装迈入了加速发展的新时期，尤其是最近三年，更是突飞猛进。金德威包装提供的数据显示，2017年，其旗下拳头产品全球占有率35%，排名第二。

转折 2013

如今回首，金德威包装之所以能取得这一系列发展成就，2013

年是转折点。

"一直到 2013 年，我们都主要在石狮经营、发展"，黎昌虎表示，这 16 年间，大致可分为三个阶段：创业的第一个五年里，主要是夯实生存发展的根基，其间于 1999 年初，将企业更名为"石狮市新光塑料包装有限公司"，之后随着业务进展，又在石狮建设新厂并于 2002 年实现竣工投产；而第二个五年里，在谋划业务拓展的同时，更着重于在新产品研发、产品品质提升上发力，为此，继 2005 年成立北京、上海办事处后的三年里，每年都以资质认可见证品质提升，企业先后通过了美国 AIB 食品包装材料生产统一标准认证、取得了食品用塑料包装生产许可以及药品包装用材料生产许可；第三个阶段，则谋求企业发展进入新纪元，扩大产能，并将市场拓展跨出福建区域。

"在石狮发展的日子里，我们主要的业务，局限在福建区域，特别是泉州地区"，黎昌虎介绍，那些年，仅仅在石狮周边，就有许多食品企业，这些客户在相当长一段时间里，支撑了企业的成长与发展。

值得一提的是，在郭建新创业十周年后，国际金融危机爆发。这场危机，对他和他的企业而言，某种意义上却是一次"历史机会"——为了对抗这次全球金融危机，包括中国在内的全球众多国家，都采取了宽松的货币政策，信贷放松和相对低廉的贷款利率，惠及了众多民营企业。在信贷支持下，像郭建新这样的民营企业家们，迎来了产能扩张的机遇期。

"发展了 10 多年后，我们也看到中国软包装的未来，也想走出去"，黎昌虎至今记得，这个契机，最初来自号称"中国第一奶茶"品牌——浙江香飘飘："在绿色塑料软包装这块，我们目前是它的主力供应商"，他介绍，许多年前，浙江香飘飘的掌门人与郭建新董事长就建立了良好的关系，还在石狮时，双方就谋求合作，但当时他们觉得，要跟香飘飘这种企业配合，"就要把我们企业的规模再上一个层次"。

"最后，我们决定为香飘飘进行定向开发"：在此之下，加上信贷宽松利好、土地价格回落，以及厦门对企业支持力度的加大、厦门的总部经济效应利于吸引人才和拓展市场，在众多泉州企业将总部落户到厦门的潮流里，郭建新更进一步：将总部和生产基地都搬迁到厦门，"决定立足厦门，辐射全国、走向全球"。

就这样，2010年8月，金德威科技园落户在厦门火炬高新区（翔安）产业区。两年多后，金德威科技园一期厂房竣工。又一年后，厦门金德威包装有限公司成立，随后一个月，"石狮新光包装"搬迁至新厂房，"从此，开启了金德威的新纪元"。

奋进的 5 年

金德威科技园位于厦门火炬高新区（翔安）产业区垵边路一号。整个园区占地面积约 7 万平方米。步入其中，一个现代化的企业生产基地跃入眼帘，触目所见都是全空调生产车间；办公大楼里偌大的产品展示区里，则展示着各种各样的产品：塑料软包装、包装膜、包装袋、高温水煮袋、蒸煮袋、日化、真空包装等不一而足。

"我们主要进行塑料包装品、包装材料的开发与生产"，何志强介绍，金德威包装的主要产品是塑料软包装，包括自立袋、铝箔袋、板栗袋、加嘴袋、BIB 袋、盖膜等细分产品，这些产品主要应用于食品、日化、医药等行业，主要客户群体是国内外知名的食品、日化生产商，比如国内的香飘飘、旺旺、立白、纳爱斯、蒙牛等，国外的亨氏、PZC等。

金德威包装成为众多国内外品牌企业的塑料软包装供应商，"基本上就是这五年来的事"。在黎昌虎的记忆中，公司发展客户从晋江、石狮周边做起，从泉州地区慢慢扩张，搬到厦门后开始从福建走向全中国，并且从2014年"从零开始"推出口，目前，出口已占到15%—20%："特别是2014年以来，得益于2014年3月通过英国零售商协会（BRC）认证"，其产品竞争力更与日俱增，吸引着国内外众多行业的品牌客户纷至沓来。

"BRC对食品安全的要求控制得特别严，它在食品认证领域，几乎是全球公认的最高标准"，黎昌虎介绍，"某家企业的食品通过BRC，说明它的食品可以放心食用，我们做包装，也按照做食品的理念进行研发生产，特别是在HACCP（即危害分析）上着力，尽可能减除产品给消费者带来的物理危害、添加剂等化学危害以及病毒、细菌等微生物危害。"

"我们成立了一个HACCP小组，把我们整个生产环节中有可能产生的危害全部写出来，然后找出一个关键的危害点把它控制住，这就是BRC的精髓。"黎昌虎说，金德威包装注重研发创新，注重生产环境和生产设备提升，也注重食品安全理念，"我们要求用于食品包装的产品，不仅要符合中国国标，还要提供符合食品安全的申明，还要符合美国的FDA标准，还要符合欧盟的食品安全要求"，为此，金德威包装采购、引进了许多先进设备来进行检测。

从泉州区域客户到国内品牌客户再到国外客户，从食品行业客户到日化、医药、农药等行业客户，从起初寥寥数种产品到如今产品琳琅满目、各式各样，从品质标准提升到生产效能提升再到市场占有率跃升……"这些，都发生在从石狮搬到厦门后"，何志强也表示，从 2013 年 7 月至今，金德威包装书写了一个"奋进的五年"，而在这背后，则是金德威包装的一系列投入：其中，除了自动化生产配套设备、先进的印刷设备及检测设备等的大手笔投入外，金德威包装在研发方面和环保方面也投入巨大：

比如，在研发上，金德威包装与高校合作投入 500 万元，建立了行业领先的研发中心和研究实验室，添设了许多先进的红外光谱分析仪等仪器设备，主要负责新技术、新产品、新工艺的研发："研发中心现有专职从事技术开发的技术人员 57 名，占公司总员工人数的 12%"，这就聚集了一批稳定且经验丰富的技术骨干、项目管理专家，形成了一支技术力量雄厚、敢于创新的复合型科研队伍。也正因为此，通过不断的工艺研发创新，在休闲食品加嘴袋、板栗袋、奶茶用多功能盖膜以及洗衣液用高阻隔包装袋等产品的工艺水平和质量稳定性上，金德威包装得以处于行业前列。

又比如，金德威包装还不惜投入 2000 万元，安装利于环保且可供循环利用的先进环保装置，对印刷的有机溶剂进行充分回收并循环利用："这就是工业 VOCs（Volatile Organic Compounds，可挥发性有机物）处理"，而金德威包装在这个方面的投资，在厦门乃至整个福建，"应该都是规模最大的"，这使得企业在环保风暴劲吹的当下，得以可持续发展，也体现了企业强烈的环保责任意识、社会责任意识。

此外，生产机器设备要得心应手，"就要投入企业的技术力量再调试、改造"，何志强还介绍，一般而言，设备制造商供应的生产设备，可满足 90%—95% 的要求，"剩下 5%—10%，其实是精华最关键……看似一点点改动，都可能使企业操作更便利、生产效能大幅增长",这在金德威包装多有成功案例。

三种产品最"领秀"

"这五年,我们的产品也漂洋过海,跨出了国门",黎昌虎说。这位外贸业务的企业负责人,对众多国外品牌客户的拓展过程记忆犹新:"有时,需要专门定向研发,才能成功获得客户",比如,金德威包装新拓展的一家客户,澳大利亚最大的米商,"拿下他,凭的正是我们近期独家研发出的一种新产品——五层聚乙烯薄膜"。

"我们的样品已经全部通过了客户的认可,现在已经形成了商业订单,不久后就要大量生产了",黎昌虎介绍,澳大利亚这家米商磨出米后,还有大量的米糠,他又将这些米糠做成饲料、宠物食品。他需要单一聚乙烯材料做成的包装膜(因为聚乙烯可以循环利用)。而为了满足其特殊需求,金德威包装研发团队进行了配方的定向研发,而历经数月的研发、实验和攻坚克难后,别出心裁地研发出新品。

"这个新品看起来只有一层薄膜,其实它由五层黏在一起,并且这五层间还设计了温度梯度",他解释,"聚乙烯需要热封的,只有温度梯度,才能在热封时,每一层都可以封得很好","整个原理现在看比较简单,但工艺、配方的形成过程却不容易……我们许多产品的研发,都有类似这样的历程。"

除了五层聚乙烯薄膜,更让金德威包装人引以为豪的,还有两种塑料软包转的细分产品,让金德威包装在业内享有盛誉。其一是行业里俗称的"加嘴袋"。这个产品,金德威包装"曾经一天出150万包,现在年产约4亿包",其产能和市场占有率都堪称中国第一，"很快也会变成全球第一"。

"加嘴袋最早来自日本"，黎昌虎介绍，大约20世纪90年代初引入中国，一直以来在中国很流行。2004年春节期间，郭建新董事长决意进行研发生产。十多年后，在这个领域，金德威包装已经一枝独秀。

"目前，市场上也有别家在做，只是他们做的，一是产能没我们多，二是品质没我们稳定"，黎昌虎还介绍，在金德威包装开始涉足其中之前，在加嘴袋这个细分产品领域，国内的知名企业只有广东两家，其中之一还是有日资背景、技术的企业，但后起之秀的金德威包装，最终用效率跟质量赢得了市场的大份额，甚至在许多市场都取而代之。

"中国的加嘴袋市场还很大"，而目前，金德威包装也把这个袋子做到国外：除了澳大利亚市场，还有位于英国的全球第一大婴儿食品品牌企业加信氏（PZC），"他们用的这种加嘴袋，我们是独家供应商，另外，我们也是亨氏的供应商"。

"加嘴袋这种产品，目前为止，很多厂还是想做但做不了"，黎昌虎说，其中的原因在于技术难点不少，比如，吸管是HDPE材料，而膜热封层是LDPE材料，"相当于软的跟硬的结合，结合的地方很不容易封好，很容易漏"，很是考验企业的生产工艺水平。

另一个让金德威包装声名远扬的产品是板栗袋，一种高温蒸煮袋。目前，该产品每年的市价容量总值约1亿元，而金德威包装即占了4000万元左右，"业内占比应是第一"。

"这种板栗袋，最先是适应于日本市场需求开发而出"。黎昌虎介绍，燕山板栗在国际市场上享有盛誉，并大量出口日本。而在这种板栗袋尚未研发出来前，燕山的板栗只能煮熟后用真空包装密封，再出口"开袋即食"，然而10多年前出于对板栗甜度的追求，日本人率先研发出板栗袋，这样板栗仁可以直接封装出口，之后，可以直接高温蒸煮后食用，"2004年时，我们也开始研发生产板栗袋这种高温蒸煮袋"。

金德威产品图

"这种板栗袋技术含量极高"，黎昌虎还介绍，其不仅要求密封性极好，还要能经受住高温高压的巨大考验，因而对生产的技术、工艺要求极高，对各种材料的要求也很高："除了材料耐温，用在袋子上的油墨、胶水等也得要耐温，一系列都要配套。"

技术含量高的原因在于这种板栗袋的特殊性：从冻库里拿来板栗仁放在包装袋里，为了防止氧化和保鲜，要抽出袋中氧气充进氮气，再密封后高温蒸煮。而在锅炉里高温蒸煮时，气压随温度升高而升高，此时，如果袋子的耐压能力不强、密封性不好，就很容易爆掉；此外，高温蒸煮杀菌后还要一个冷却过程，这时，袋子外层迅速冷却气压骤降，而袋子内层依然高压，如果袋子的耐压能力不强、密封性不好，也很容易爆掉。

"最后，我们成功研发出四层的板栗袋"，黎昌虎介绍，其材料结构是聚酯、铝箔、聚酰胺及聚丙烯等，其中，内层聚丙烯材料，是从日本进口的"全球最好的材料"，而复合膜则是企业在进口的不同的膜材料基础上，"自行再加工后形成的一种独特的复合膜"。

值得一提的是，也正是通过类似上述这些"领秀"性产品的研发、生产，如今金德威在塑料软包装领域拥有了领先的技术实力和工艺水平。鉴于此，其也得以协同福建省产品质量检验院，主持编写国家标准重大项目《食品包装用氧化物阻隔透明塑料复合膜、袋》。金德威包装官网显示："该项目受全国食品直接接触材料及制品标准化技术委员会委托，其编制组成立及第一次会议，就在金德威召开。"

第十六篇
利德宝：专业、创新、求变

秦　伟

成立于 2011 年的厦门利德宝电子科技股份有限公司（以下简称"利德宝"），一出生就被刻上了"印制电路板（PCB）"的基因，七年以来专注于印制电路板行业细分产品——金属基印制电路板的研发、生产和销售。

"成立至今，我们只做一件事——把 LED 行业用金属基印制电路板做好。"总经理江东红道出了利德宝的成长秘诀。"在资金和技术有限的条件下，企业就要从小做起，选择自身擅长的细分领域，踏踏实实地寻找生产应用的解决方案。把小产品做到极致，才能有核心竞争力，从而提高市场占有率。"

抢占创业风口

"利德宝今天取得的成果，得益于良好的外部环境。"江东红介绍，"首先是改革开放大环境。"改革开放以来，中国由于在劳动力资源、市场、投资等方面的优惠政策，吸引了欧美制造业的大规模转移，大量的电子产品制造商将工厂设立在中国，并由此带动了包括印制电路板在内的相关产业的发展。"

　　印制电路板（PCB），又称印刷电路板，是电子元器件电气连接的提供者。"它的发展已有100多年的历史了，它的设计主要是版图设计，采用电路板的主要优点是大大减少布线和装配的差错，提高了自动化水平效率。"江东红解释。

　　印刷电路板（PCB）是电子元器件的支撑体和电气连接载体，全球PCB产业产值占电子元件产业总产值的1/4以上，作为电子零件装载的基板和关键互联件，印刷电路板的品质不但直接影响电子产品的可靠性，而且影响系统产品整体竞争力，因此被称为"电子系统产品之母"。"印刷电路板产业的发展水平一定程度上反映一

利德宝外景图

个国家或地区电子产业的发展速度与技术水准。"江东红表示。

全球印制电路板生产从 2000 年开始持续向中国转移，从追赶到超越，中国 PCB 行业走过了一段不平凡的道路。从 2006 年起，中国超过日本，成为全球产值最大、增长最快的 PCB 制造基地和技术发展最活跃的国家。2017 年中国印制电路板产值达到 289.72 亿美元，占全球总产值的 44.13%。成为全球产值最大的 PCB 生产基地。

"其次是厦门 LED 产业链的迅猛发展。"江东红接着说，15 年前，全国首个国家级半导体照明工程产业化基地在厦门诞生，厦门成为中国 LED 照明产业的发源地之一，在 2016 年中国 LED 球泡灯出口前十大企业中，厦门企业占五席，出口规模占据了全国半壁江山。

随着 LED 设计和工艺技术的不断进步，推动 LED 灯的亮度不断提高，以便与白炽灯、荧光灯，甚至卤素灯展开竞争。像大多数电子器件一样，热量也是 LED 灯的最大威胁。尽管多数人认为 LED 灯不发热，其实相对于它的体积来说，LED 灯产生的热量是很大的。热量不仅影响 LED 灯的亮度，也改变了光的颜色，最终会导致 LED 灯失效，因此，防止 LED 热量的累积正变得越来越重要。保持 LED 灯长时间的持续高亮度的关键是采用最先进的热量管理材料，采用高性能的金属基印制电路板就是其中的要素之一。

"利德宝的核心产品是高导热铝基覆铜板和高性能铝基印制电路板。"江东红介绍，"LED 铝基电路板是印制电路板的一种，只是电路板的材料是铝合金。LED 灯工作的时候，会产生大量的热。所以 LED 灯的线路板在设计时必须考虑到散热问题。铝基电路板最大的特点就是导热快，适应 SMT 工艺，可以将功率电路和控制电路最优化组合，所以 LED 灯选用的电路板主要是铝基电路板，也就是我们的高导热金属基印制电路板的主要产品。"

江东红表示，"特别是大功率 LED 灯照明顺应了节能环保的潮流，获得高速发展，为金属基电路板的快速增长注入了强大的推动力。"

"最后是政策环境，特别是制造强国建设的实施。"2015 年，国务院提出建设制造强国，促进国内企业转型升级。"相关鼓励政策不断出台，在政策红利和良好发展前景的强力支撑下，国内印制电路板行业迎来高速发展。"江东红说，企业技术实力及生产设备水平显著提高，呈现一批在技术上赶超外资企业的新兴印制电路板的民族企业。这些撕去代工制造标签的制造企业，正在凭借细分领域的创新突围，成为支撑现代化经济体系的关键力量。

"综合来看，无论是改革开放大背景，还是厦门产业发展小环境，更有国家政策支持，无论是市场潜力、行业积累，还是人才储备，都是我们快速发展的条件，成功已是水到渠成。"江东红的叙述很平淡。

打铁还需自身硬

厦门 LED 产业迅猛发展的原因何在？在业界，大家把厦门 LED 产业的发展特色誉为"厦门模式"，是全国 14 个国家半导体照明产业化基地的发展样本之一。该模式的精髓可以用六个字来概括——创新、品质、专业。而这三点在利德宝同样体现得淋漓尽致。

"作为一家以电子元器件制造为主的国家高新技术企业，技术创新是企业最核心的竞争力。"江东红如是说。

一进入利德宝，江东红总经理就拿出印制电路板等产品，细致地向笔者讲解起了公司的主要产品——高导热铝基覆铜板和高性能铝基印制电路板。

"利德宝是 2011 年成立的，当时全球 PCB 行业向中国进行产业转移的进程已经接近尾声。"江东红回忆，面对众多外资和内资先入为主并已成规模的电子制造企业，"想要成功，闯出一番天地，只有在行业的细分领域寻找定位，在市场上开疆拓土，奋起直追。"

不过由于长期以来部分中国工厂留给外界山寨、低端的刻板印象，利德宝在起步初期也遭遇了发展困难和瓶颈。

利德宝通过一系列工艺研究和技术创新，在生产经营过程中不断钻研和学习国内外优秀印制电路板企业的生产经验，然后消化和吸收用来开发设计更优秀的产品，赢得了市场和客户的认可，"最关键的是 2013 年进入美国通用电气公司全球供应商名录，为公司发展打下了坚实的基础。"

但是，"开始大批量生产后，由于大部

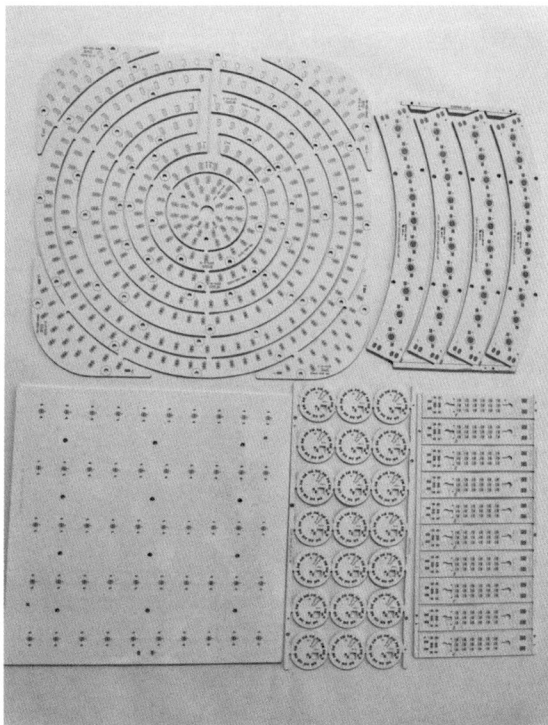

LED 照明铝基印制电路板

分的原材料都需要从境外进口，无论是生产成本还是供货周期都无法保证。"创业的苦恼一个接一个，"想要扩大规模受到了各种制约。"

随着中国印制电路板行业的逐步成熟，行业增长速度趋于稳定，发展步伐将逐步放缓，寻求新的市场增长点成为印制电路板最急迫的问题。同时，环保部门对行业环保治理的监管力度将持续加大，对企业的环评有更高的要求。"已经持续两年的原材料涨价问题，也是印制电路板行业急需解决的问题。"面对一系列棘手的问题，各企业都在努力寻求创新和发展。

"特别是铝基覆铜板的核心材料——高导热环氧树脂胶膜（简称"高导热胶膜"）。"江东红接着说，"LED 用铝基印制电路板所需求高导热胶膜并不是特别多，对于高导热胶膜行业来说属于小众行业，而且由于 LED 灯的高热高温对导热胶膜的要求又有相应提高，整体技术和工艺水平要求较高。"

"大企业不愿意做，小企业技术不过关。"江东红无奈地说，"我们只有横下一条心，自己研发。"

功夫不负有心人。2015 年，利德宝成功研发出具有独立知识产权和良好性能指标的 LED 用高导热铝基印制电路板的高导热胶膜，核心原材料的供应有了保障，公司产能也相应地提高。"公司主要产品在产业链中的竞争优势已经成为优质的企业护城河，有利于企业在激烈市场竞争中持续保持领先优势，并通过铝基印制电路板的生产能力进一步拉动我们的上游材料（高导热胶膜和铝基覆铜板）的发展。"江东红表示，利德宝又为我们树立一个样板。

"中国的印制电路板行业未来不会一直高速增长，印制电路板产品结构将会有较大变化，产品细分，密度增大，难度也将增加。"

江东红预言，因此，印制电路板企业要优化流程，不断提高企业的自动化和智能化能力。

公司一直专注于铝基印制电路板细分行业，不断开发新产品，现已形成多个系列的铝基 PCB 产品，覆盖了 LED 室内与室外照明行业、LED 电视背光行业、新能源汽车电子行业等多个产品领域。系列产品获得美国安全实验中心 UL 安全认证，并通过 SGS 检测鉴定符合 RoHS&WEEE 的环保要求。公司产品线齐全，能够充分满足下游客户的需求，可以为客户提供定制化产品的生产及服务，提供符合客户特殊规格、特殊性能订单和要求的产品。产品线齐全的定制化特色既是公司技术水平、研发能力的直接体现，也为公司开拓了广阔的市场空间。

公司作为国家高新技术企业非常注重技术创新，成立了专门的技术研发部门负责新技术、新产品的研发。目前公司已在印制电路板领域拥有实用新型专利 26 项、获得和正在申请的发明专利 7 项，所有核心技术均拥有自主知识产权。公司拥有一支独立、成熟的技术人员队伍，为公司的技术研发和产品创新提供了有力保障。同时，自有的研发团队也有力地支持了公司的技术服务，使公司能够更及时、更有针对性地为客户提供服务，并将客户的新需求转化为新的研发项目，实现了研发与市场的良好结合。优秀的技术水平和研发能力为公司带来了较为完善的产品系列，良好的市场口碑和优秀的产品质量，是公司持续发展的有力保障。

谈起企业的经营管理，江东红认为："在印制电路板行业中，自主创新决定了一个企业是引领者还是追随者，只有真正理解产品的生产工艺流程，并深入钻研获得技术积累后，才能获得有价值的创新成果，保持领先优势。"

上市让自己更强大

2016 年 10 月 14 日，对利德宝来说是个好日子，公司成功挂牌新三板，这既是利德宝电子发展史上的重要里程碑，也是对接资本市场后再次腾飞的新起点，预示着利德宝电子将在规范企业发展、追求品牌增值和实现公司科学管理方面迈上了新的台阶。江东红总经理对公司的前景充满了信心与期盼，"我们将通过资本市场平台，引入战略合作伙伴，实现产业升级，在纵向和横向上，抓住产业转型机遇，进一步拓宽市场，努力以不断增长的业绩，回报社会、回报市场、回报投资者"。

"我把登陆资本市场看成是我们发展的新起点，公司仍将秉承'诚信经营、利益共享、德才兼备、宝成伟业'的经营理念，借助资本的力量，提高公司的核心竞争力和盈利能力，扩大市场份额，保持营业收入和利润持续稳定增长。"江东红表示，"通过上市，公司管理也能得到进一步规范，我们会不断创新、增强人才凝聚力，推动企业更好地发展，生产出卓越的产品，最终为投资者创造更高的价值。"

江东红分析，"新型电子元器件、新材料、新能源电子是国家重点扶持的战略新兴产业，从对产品的技术和工艺的要求看，属于高端制造业范畴，对印制电路板制造设备和人才队伍有着极高的要求，这也为印制电路板行业的转型升级提供了契机。"

"整合上游材料资源，提升'智造'能力，以规模化生产，实现产能突破；加大研发创新投入，扩充产品应用领域；深化组织文化建设，打造全球最具规模的印制电路板生产企业，这是公司的整体战略思想，也是我们未来的方向。"江东红表示。

　　"专业、创新、求变，我们依旧将专注于印制电路板行业，致力于'打造全球最具规模的印制电路板生产企业'的愿景而不懈努力。"江东红豪气干云，"让踏实勤奋的技术创业者有机会通过'利益共享、德才兼备'的经营理念，奋斗实现'宝成伟业'的梦想。"

聚富

第十七篇
聚富塑胶："膜"界成雄

金 松 李 莉

　　美国、澳大利亚、新西兰、日本……2018 年 7 月初时，陈建朝就列出了"接下来一个月要去的几个国家"。

　　陈建朝是厦门聚富塑胶制品有限公司（以下简称"聚富塑胶"）的创始人、董事长。对他来说，接下来的跨国之行，并非饱览万国风光的"暑假旅游"，其出行的目的，与数天前的"成都之行"如出一辙。

　　6 月 28—30 日，"第九届中国奶业大会暨 2018 中国奶业展览会"在四川省成都市举办。这场由中国奶业协会主办的行业展会，吸引了国内奶企、畜牧业企业以及产业链上下游企业在内的数百家企业参展。陈建朝一行也来到了这个展会："这是一个好机会……可以集中向畜牧业企业推介我们的牧草膜。"

　　牧草膜是聚富塑胶近期成功研发出的一个新品。"这打破了以往牧草膜被国外垄断的格局"，陈建朝自豪地说，这也将使未来聚富塑胶的产品结构，由以前的"双核结构"变为"三驾马车模式"，即由供应工业用膜、家居生活保鲜膜，进一步向畜牧业牧草膜供应延伸。

"我们研发、生产的工业用膜，在全球业界里小有名气，产品也供应给国内外众多高端品牌客户"，这位聚富塑胶当家人还介绍，始创于19年前的聚富塑胶，主营PE拉伸缠绕膜、食品保鲜膜、牧草膜、POF热燃烧膜、PP片材等包装材料，其中尤以PE拉伸缠绕膜为重，其销售收入占比高达95%，并于2017年在国内市场占有率跃升第一、全球占有率排名第二。

"聚富塑胶走过的19年发展之路，其实也符合习近平总书记倡导的高质量发展的内涵"，陈建朝表示，首先，产品符合绿色环保大趋势；其次，符合鼓励发展的产业政策要求，具备相当的可持续性；此外，在发展过程中，聚富塑胶"一直注重技术研发，走创新发展之路，注重设备升级，追求自动化发展"。

厚积薄发之下，如今，聚富塑胶的主营拳头产品——PE拉伸缠绕膜，"已经达到了国际标准水平"，并且，聚富塑胶也跃升为国内该细分行业的"领军性企业"，引领着国内行业朝更高技术标准水平发展。

研发牧草膜，破国外垄断

牧草膜是聚富塑胶最新研发出的新产品，与此相伴，在国内橡胶和塑胶制品业内，聚富塑胶也成了第一家"打破这一细分产品领域被国外同行所垄断格局"的企业。

事实上，进军牧草膜的研发生产，缘于数年前陈建朝对中国畜牧业状况的一番认知和了解，并从中发现了商业机会。

　　"国内畜牧业发展，在许多方面都相对滞后或受到限制"，陈建朝介绍，这其中，在中国养殖高质量的奶牛，受制之一就是缺乏新鲜且高品质的牧草。

　　紫花苜蓿，人称"牧草之王"，一直以来，被认为是奶牛的高标准优质饲草：它可以替代部分精饲料，并能提高乳脂率、增加产奶量。然而，像紫花苜蓿这样的优质牧草，国内因为水源、耕地以及土地制度等，产量一直很少、质量也相对较差。

　　"相比于美国、澳大利亚、加拿大等国，那是望尘莫及"，陈建朝直言。这是他的切身感受：在研发牧草膜过程中，他曾经特意到过这些牧草种植大国，深深惊讶于"几万、几十万亩的土地"，都用来种紫花苜蓿等优质牧草，并且，那些农场自动化程度很高，

聚富塑胶外景图

"一年几百万吨的牧草，专供中国的奶牛饲养企业"。

中国奶业协会的相关数据也显示，目前，中国年进口紫花苜蓿 139.8 万吨，其中 130.7 万吨是从美国进口的，占 93.5%，"如今，中国已超过日本，成为美国紫花苜蓿最大的亚洲买家"。

每年巨量的牧草进口，供应着像现代牧业这样的中国奶牛养殖企业。作为国内拉伸缠绕膜专业生产者，陈建朝感慨于国内畜牧业发展不易，也从中发现了商业机会。

"一直以来，牧草膜都被国外同行所垄断"，他觉得，像紫花苜蓿这样的高标准优质饲草，中国企业无力大量种植，但高质量的牧草膜生产，中国企业一定可以有所作为并拥有市场竞争力。

"我们在 2015 年就开始着手市场调研"，陈建朝介绍，调研后发现，这在国内行业中，牧草膜是个空白点，"大家都没着力去开发这个产品"。于是，认为这个产品有很大市场前景的他，就决定着力进行开发："与高校一起来产学研合作开发，同时，也与使用单位进行多次实验，了解、探索他们对产品的细致需求"。

在牧草膜的研发过程中，聚富塑胶及科研人员"也遇到了很多的困难"。比如，当牧草膜遭遇 0°C 以下低温时，该如何克服寒冷考验并保持性能，就是其中的一大难点。为此，研究人员不断地在工艺上进行改善，不断调整配方进行实验，不断进行技术调整、提升，最终才解决这一难题。

"遇到了一些问题点时，我们不断刻苦钻研，不断深化与学校的配合研发，做一些技术上的改革"，陈建朝特别介绍，在牧草膜的研发过程中，为了保证产品性能，聚富塑胶做出了许多特殊的配方，而为了检验每种配方的效能，聚富的科研团队，还多次到国内的新疆、内蒙古等地的大草原进行实验，甚至还多次到美国、澳大利亚、加拿大去，针对当地牧草进行实地试验，"通过长期去实验，才取得成功"。

"牧草膜是一种改良的拉伸缠绕膜"，陈建朝说，在聚乙烯PE拉伸缠绕膜的基础上，进一步研发、改良新品牧草膜，使得牧草青贮时间更长，能保持一个较长的发酵时间，更长久地保鲜牧草，也能起到集合的作用，确保牧草不受污染，"质量并驾于国外同行产品"。

"接下来，牧草膜将是聚富销售推广的新重点"，但陈建朝认为，这并不是特别重大的挑战——他的底气在于三大方面：1.高性价比的竞争优势；2.深化的专业研发生产能力；3.国内外优质客户的"市场说服力"。

PE拉伸缠绕膜成就拳头产品

作为聚富塑胶今后的营销之重的牧草膜，堪称该公司产品体系中冉冉升起的一颗新星。然而，在全球橡胶与塑料制品业中的细分领域——聚乙烯（PE）塑料薄膜行业中，让聚富塑胶这些年来声名鹊起的，还有其旗下拳头产品——PE拉伸缠绕膜。

中国包装联合会提供的相关资料显示，最近3年，聚富塑胶的拉伸缠绕膜，无论在全球还是国内市场占有率及排名上，都有颇为瞩目亮眼的提升：在全球该市场的占有率上，2015年为6%、排名第三，2016、2017年则皆为10%、排名第二；而在国内该市场的占有率上，2015、2016年都是10%、排名第二，2017年提升到25%，排名一举跃升第一。

"PE拉伸缠绕膜的销售收入，占全公司主营收入的90%以上"，陈建朝介绍，从2015年起，聚富塑胶的拉伸缠绕膜销售数量破万吨，销售收入破亿元，这使得其现有生产线产能的利用，几乎接近极限水平。鉴于此，近期，聚富塑胶又将上一条新生产线，以将当前年产能从 1 万吨提升到 2.5 万吨。

"我们的工业用膜产品，广泛应用在工业、物流、电子、食品包装等行业"，陈建朝还介绍，聚富塑胶主要生产经营阻拉伸、预拉伸、前预拉伸、抗紫外线、抗菌抑菌等众多品种的 PE 拉伸缠绕膜新型材料，且该产品已被评为"福建省名牌产品"；此外，经过多年的不懈努力，这些年来，聚富拉伸缠绕膜产品"畅销国内外市场"。

陈建朝屈指数来，比如，纸业的恒安、维达、晨鸣等，电子行业的天马微、友达、冠捷等，物流行业的德邦、京东等，而且可口可乐、宸鸿南孚电池、林德叉车等众多各行各业如雷贯耳的大品牌企业，都是聚富塑胶的客户，"从国内市场看，我们的产品销往16 个省 70 座城市；从海外市场看，部分产品出口到美国、菲律宾、港台等国家和地区"。

"目前 30% 出口、70% 内销，未来致力于拓展国外市场，实现两个市场五五开"，在陈建朝看来，聚富塑胶的 PE 拉伸缠绕膜新型材料，之所以能畅销海内外，并为众多大品牌客户所青睐，"基本上，与这些客户一拍即合、一粘即久"，是因为其拥有众多核心竞争优势：稳定优异的产品性能、公道合理的产品售价、优质细心的服务团队、弹性准时的快速交期等。

轻量化、用料少、耐磨、成本低、节能环保……这是陈建朝对其主营产品特性的简要概述。他介绍，经过不断创新、改良后的聚富塑胶拉伸缠绕膜产品，如今具有拉伸强度高、自黏性好、透明度高、抗紫外线、抗静电、青贮、抗菌、自然降解、相对密度轻、韧

性强以及节能等特
点，并且，作为包
装材料，它使用简
便，在常温下只需
将弹性薄膜围绕着
被包装件拉伸、裹
紧并在其末端进行
贴合即可，而"整
个拉伸缠绕过程无

聚富塑胶产品图

须加热，能耗只有收缩包装的 1/20，实现节能最大化；既可以捆扎
包装单件物品，也可用于托盘包装之类的集合包装，可达到节约能
源、降低包装成本、减少运输损失、提高物流效率的目的；还有对
包装件的众多保护功能且有自然降解功能，可减少污染"。

　　"工业用膜看起来简单，但其实，它的工艺技术配方并不简单、
来之不易"，陈建朝表示，这是聚富塑胶人 19 年来不断进行产品创
新、改良等研发、生产的结果，与此同时，为了不断提升产品质
量，仅仅在生产设备上，从国产设备到进口元器件拼装，再到顶尖
设备原装进口，就已经升级到第三代，"只要能用设备去改造、提
升的，一直以来我都非常乐于投入，好的生产设备生产出的产品质
量好、周转率也快"。

国内拉伸缠绕膜行标修订、提高者

　　2019 年 10 月，聚富塑胶将迎来创立 20 周年。20 年弹指一挥间，
从"门外汉"蹒跚起步的聚富塑胶，凭着其拳头产品卓越的品质以

及超高的市占率，如今，聚富拉伸缠绕膜已经"成为行业中的知名品牌"。

"在当前全球这个细分领域中，聚富拉伸缠绕膜具有很强的综合竞争力、影响力和自主创新能力"，陈建朝不无自豪地介绍，也因此，目前，聚富塑胶是国内生产 PE 拉伸缠绕膜的领头羊企业，还跻身福建省包装龙头企业之列，"在推动福建省 PE 拉伸缠绕膜包装工业的发展中，起到了巨大作用，也促进了国内 PE 拉伸缠绕膜包装行业的迅速发展"。

让聚富人引以为荣的是，作为国内该细分行业领军性企业，聚富塑胶在 2017 年攀登国内市场占有率第一高峰外，也开始作为第一修订、起草单位，修订国内拉伸缠绕膜行业标准，并且于 2018 年 5 月，获得工信部公告通过。

"目前，这个行业暂时还没有国标"，陈建朝介绍，一直以来，聚富塑胶的主营产品执行的是行业标准，而该标准参考美国拉伸缠绕膜标准而制定，"产品达到该标准，实际上也就达到了国际标准水平了"。比如拉断力，现行国内标准对该行业产品的规定是，纵向拉断力要不小于 9N，横向拉断力不小于 5N，而"我们的实测值两者分别达到 11.2N、7.7N"；又比如断裂伸长率，现行国内标准对该行业产品的规定是，纵向断裂伸长率不低于 350%，横向断裂伸长率不低于 500%，而"我们的产品实测值分别是 624%、809%"。

"总之，聚富 PE 拉伸缠绕膜，在性能、功能及降低生产成本、客户包装运输成本等各方面，都有良好的效果和表现，完全适用于高要求的机械化打包作业"，陈建朝举例说，聚富塑胶的长期合作客户冠捷、捷星等公司，就通过使用聚富的 PE 拉伸缠绕膜，实现了对显像管等易碎元件的直接托运，"这种方式无须纸箱包装，但打包作业要求很严，对包装材料的性能要求很高"。

"现在，再来一次 2008 世界金融危机，我们也不再怕了"，陈建朝坦言，这靠的是聚富如今拥有的自动化能力、产品核心竞争力，"十年前 2008 金融危机时，我们的产品竞争力还不那么强，订单有相当影响"，而雪上加霜的是，当时还拥有最高峰的工人数 200 多人，"所以，那是一段煎熬且充满挑战的时光"。

意欲问鼎"拉伸缠绕膜之王"

独具竞争力的 PE 拉伸缠绕膜，成就了聚富塑胶的业内赫赫声名。然而"这山望着那山高"，如今，站在创业 20 周年的当口，陈建朝已经在想"攀登更高峰了"。

不断让产品迈向多元化，这是聚富塑胶的一个发展方向。"目前，聚富拥有 36 个国家专利，其中 7 个是发明专利，23 个实用新型专利，6 个外观设计专利，并强化了自主知识产权为核心技术的成果转化率"，陈建朝介绍，一直以来，根据市场需求和塑料包装材料行业发展趋势，聚富塑胶不断保持企业技术水平领先同行的同时，也不断增加缠绕膜包装材料的功能，增加产品品种，"近三年来，开发了许多新产品、新技术"。

比如，在新品种开发上，近些年，聚富塑胶在之前产品品种的基础上，已开发出抗菌复合膜、高透明高速 MPE 弹性膜、前预拉伸膜、气相防锈自粘拉伸膜、无纸芯膜、手柄膜、印刷型拉伸膜、彩带拉伸缠绕膜、防雾缠绕膜、香味缠绕膜等新品种，而这些新产品除了能作为工业用膜外，还有不少可以作为民生包装材料产品。

又比如，在工艺技术改造创新上，这些年，聚富塑胶则开发出

了薄膜防撕裂技术、薄膜收卷助推技术、拉伸膜印刷方法、彩带拉
伸膜制造方法、前预拉伸装置、无纸芯收卷技术以及高效节能综合
工艺技术等，其中大多拥有实用新型专利。

"创业 20 周年后，我们还将践行一个十年的计划"，采访中，
这位聚富塑胶当家人意气风发地透露，接下来再新加一条生产线，
达到 2.5 万吨年产能后，聚富塑胶还有意走出福建，到重庆、武汉
等国内多个城市布局生产基地，进行产能扩张，目标是：到聚富塑
胶创立 30 周年时，产能可达年产 10 万吨水平，成为亚洲最大的拉
伸缠绕膜专业生产高新技术企业。

雄心勃勃的产能扩张计划后面，是陈建朝对 PE 拉伸缠绕膜发
展前景的"很是看好"。他介绍，这种表面（单面或双面）具有较
强黏粘性并具有较强延伸性和良好回弹性的包装薄膜，由于其具有
众多的优点、特点，被行业视为是今后薄膜生产发展的重要方向。

"PE 拉伸缠绕膜适用于各种产品包装"，陈建朝说，这种包装
材料，具有适合大面积包装、可再生、安全快捷等特点，目前是国
际上较为流行的一种环保型低成本包装膜，特别是在发达国家的使
用量非常大。

"在我国，这种包装膜市场潜力也将不可估量"，陈建朝相信，
随着中国经济的不断发展和应用领域的扩大，PE 拉伸缠绕膜在国
内的用量也必将大大增加，特别在纸箱包装等成本日益高企的当
下，更显示出"这个行业将具有很好的发展前景"。

值得一提的是，在当今全球这个细分产业里，年产能 10 万吨
的企业，已堪称"独角兽"般的存在。这也就隐约透露了陈建朝俨
然定位于"拉伸缠绕膜之王"的雄霸意图。

而这，远非他当年入行时可以想象。这位厦门本土企业家，

1999 年从贸易转身，成为拉伸缠绕膜生产的实业家，原因很简单：他看到了许多企业的工业品无法及时出货，并了解到其中原因是国外的拉伸缠绕膜没有及时到货。

"当时，这种产品国内没什么企业生产，稀缺之下，一吨的产品利润高达 10000 元"，陈建朝坦言，这是促使他入行、决意研发生产出拉伸缠绕膜的最大动力。而创业初期，他租用不到 500 平方米的简陋厂房，从年产量不到 800 吨的小型单层流延生产线起步，"发展至今，拥有年产上万吨的 3—5 层全自动智能化流延生产线"。

"20 年间，我也算涉足过不少行业，但主业一直是拉伸缠绕膜"，他说，在某种意义上，这也算得上"一件简单的事情反复做"，才成就了聚富塑胶强大的技术研发能力、产品生产竞争力以及行业龙头的地位。

威爾邦
WELD BOND

第十八篇
威尔邦：成功源自创新

刘志昊

随着智能手机的普及，中国手机产业迅猛发展，成为中国最为火热耀眼的产业之一。随着技术的不断发展，手机的设计与制造越来越追求超薄超轻、立体美观。超薄、触屏、智能手机成为最新消费新宠。为了实现无间隙和扁平薄的外观，手机组装过程中越来越多采用胶粘剂来粘接、贴合组件。

国产智能手机在全球大受欢迎，与我国完善的制造产业供应链密不可分，造就了产业链上下游的"隐形冠军"迅速崛起。这些企业规模小、不知名，却在细分市场占据着难以撼动的市场份额。

胶粘剂作为"工业味精"，在手机制造中应用非常广泛，且发挥着非常独特、非常关键的作用。厦门威尔邦新材料有限公司（以下简称"威尔邦"）就是推动其实现国产化，成就细分市场"隐形冠军"的重要代表！

"我们针对超窄边框全面屏手机潮流，威尔邦技术研发的LCM侧边封胶方案大受欢迎，市场占有率近九成，有效推动产业链的技术更新和产品迭代。"威尔邦总经理林鸿腾如是说。

站在风口上创业

"站在台风口，猪也能飞起来"。这是互联网名言，也是林鸿腾对威尔邦成功的第一个解释，"只是因为站对了风口而已，因为在智能手机市场上，风口的风实在是太大了。"

"2012 年 iPhone4 进入中国市场，智能手机开始普及。2013 年威尔邦成立。"林鸿腾回忆，"这是一个非常重要的窗口，威尔邦恰好是这个时间窗口成立的。"

"站在智能手机风口的成功企业很多，但也有不少失败的案例……""我们在 2009 年已经预见到'手机'这个大市场，但具体如何进入，进入哪个细分领域，我们进行了非常细致的市场调研。"没有等问完，林鸿腾已然知道笔者所想。

"在这个爆发的市场里面有什么产品，哪些产品有机会，我们当时也筛选了很多。"林鸿腾介绍，"我们最终选择胶粘剂。"

林鸿腾介绍，工业胶粘剂的用途非常广泛，从微电路定位到大电机线圈的粘接，都需要用到它，是现代 3C 电子产品制造业中不可或缺的重要物品。对胶粘剂除有机械紧固的要求外，还有导电、绝缘、减振、密封和保护基材等要求。若胶粘剂一旦失灵，极有可能导致整台设备故障甚至停止运行，严重影响用户的正常使用。因此，各大品牌电子厂商对于电子工业胶粘剂的采购极为严苛，供货曾长期被海外品牌垄断。

随着苹果智能机的推出，中国手机从功能机时代开始转向智能机时代。林鸿腾表示，"在 2011 年之前整个手机产业链都是采用进口的胶粘剂，因此胶粘剂的价格都由外企控制，那时候的进口胶粘剂是暴利行业。"

"为何选择胶粘剂？"面对笔者提问，林鸿腾表示，"首先，从当时的市场来看，'中兴、华为、酷派、联想'时代，每个月都有很多新手机产品开发，市场需求大；其次，在这个细分领域里面没有做得好的还不多，那我们认为这是一个很大的机会；第三点，我们跟厦门大学做了很多的基础性的研究，配方体系的研发，并取得了一些阶段性成果。"

"差不多四年储备，我们不仅仅做一个技术研发，我们根据手机的发展判断未来的需求，预测热熔胶更适合未来手机发展趋势。"四年的蛰伏，威尔邦做足了准备。

智能手机用胶粘剂对于产品本身而言用量极少，却起着不容忽视的作用，可以说智能手机用胶粘剂是其核心辅料，对于该产品的使用寿命、安全性能、抗摔性能等，都起着至关重要的影响。

威尔邦前台

"在 2009 年，计划进入这个细分领域，我们开始研发聚氨酯结构热熔胶（PUR 结构胶）。"林鸿腾说，该产品主要应用于手持设备产品结构粘接、元器件组装、智能穿戴／智能家居产品结构黏接等。

据了解，PUR 胶不含有水和溶剂，固含量 100%，是一种高性能环保型胶粘剂，它适应了国内外对环境越来越重视的需要。反应型聚氨酯热熔胶（PUR 胶）与普通热熔胶相比，具有优异的综合性能。它兼有普通热熔胶粘剂无溶剂、初粘性高、装配时定位迅速等特性，又具有反应型液态胶粘剂特有的耐水、耐热、耐寒、耐蠕变和耐介质等性能。其施胶温度（120℃）又低于普通热熔胶粘剂（150℃—180℃），可用于某些塑料部件粘接、复合，备受现代自动化装配工业青睐。

威尔邦针对手机研发的聚氨酯结构热熔胶（PUR 结构胶），可以快速定位、快速固化，初粘力比较强。"我们这个胶在固化之后释放出来的是二氧化碳，对人体和环境都是无损害的，符合国家对于 VOC 释放的最新标准。"

"威尔邦的结构胶在智能电子产品特别是智慧型手机上应用已渐趋成熟，特别是聚氨酯结构热熔胶（PUR 结构胶），其卓越的性能在业界享有盛誉。"

专注于细分市场，以工匠精神铸就产品品质，终于迎来威尔邦的快速发展时期，林鸿腾透露："威尔邦成立 5 年时间里，营业收入年均增长率近 70%，公司已经成国内外众多知名消费电子品牌的电子胶粘剂的主要供应商，进入苹果供应商序列。在该细分领域国内第一、国际第三，目前主要两家竞争对手均为世界五百强公司。

随着近年我国科技产业界不断增加创新研发投入，包括电子工业胶粘剂在内的众多产品开始打破海外厂商垄断，相继进入国产化时代！目前，以威尔邦为代表的国产电子工业胶粘剂"军团"已开始在国内消费电子制造领域，逐步取代海外进口品牌，成为众多知名消费电子产品制造商的合作开发伙伴！

围绕客户需求创新

"作为一家初创公司，我们非常重视研发，非常重视我们的前进速度，这是我们比较核心的一个优势。"林鸿腾表示，"一家以创新为驱动力的公司，创新和技术时刻影响威尔邦价值链的方方面面。比如威尔邦独创的 quick–settle 技术，给各应用领域实现自动化快速组装带来革命性的突破。"

"中国智能手机行业的爆发，不仅仅是量的爆发，更新换代的速度也同样是在爆发，非常非常快速。"林鸿腾表示，"各种快，我们又能更加快速地响应客户。"

"就是找到了我们的市场，本来是不具备优势的情况下我们找到了一个很好的切入点，就是去响应客户，以客户为中心进行研发。"林鸿腾表示分析。

"我们第一个成熟的品牌是联想。"林鸿腾告诉笔者，"当时，联想启动一个方案，但可靠性过不了，我们进入帮它解决了这个问题。"

"从点胶车间的搭建开始，到整个点胶工艺的实施。威尔邦给联想提供了整套的解决方案，使联想的重要项目顺利地量产。"林鸿腾对这次成功非常自豪。

"威尔邦的任何成就，无不得益于我们的实践智慧和技艺精湛的员工，也是我们在设备、基础设施和人员方面空前投入的结晶。"林鸿腾表示，"因为创新，我们提高了研发能力与响应速度。"

也正是由于这种专注于客户需求的创新，让威尔邦赢得了众多厂商的信赖。"随着产品应用领域范围越来越广，逐渐积累了良好的客户口碑。每年上亿部手机用到我们的产品，客户的信心也逐步建立起来了。"

精准布局抢市场

随着手机全面屏时代的到来，威尔邦提前布局，通过科技创新驱动发展抢占市场。

但值得一提的是，虽然 2017 年进入了全面屏之战，但是全面屏并不是一个标准化的概念。从技术上来说，目前全面屏还属于市场紧缺资源。由于拥有了更大的屏占比，全面屏不仅需要异形设计，还要用 CNC 或者激光进行面板异形切割，而且，屏占比越大、里面走线的空间越小。全面屏不只是手机最大的外观变革，在工艺上的要求也提出了新的挑战。由于超薄、超窄边框、异形外形等元素的存在，对组装精度要求十分苛刻，让各个环节的工艺困难重重。

"全面屏手机的结构日趋紧凑，原来的很多固定结构设计如螺丝、卡扣结构要占用一定的空间，并且受力点不均匀，对于超薄超窄边框的屏幕，以及更薄更大的芯片及其他相关元器件的定位、固定，都已经很难胜任了。"林鸿腾指出，"而胶粘工艺作为重要的一环，自然也不例外。"

威尔邦胶粘剂适应新的产业升级，在材料配方、品质性能、测试应用等方面深耕钻研，开发出一系列高品质的胶粘剂，能够针对客户特定的应用需求，快速提供有效的胶粘方案，其中独创的威尔邦结构胶以优异的性能为客户称道，并率先推出了全面屏窄边框封边喷胶技术，帮助客户实现高效的量产方案。

林鸿腾介绍，高分子材料的胶粘材料，可以不占用手机结构件的空间，并且自流填充特性能适应任何结构面，无须精密的表面处理与加工，是目前全面屏手机最佳的定位、固定结构组装方案。

针对超窄边框全面屏手机潮流，威尔邦技术研发的 LCM 侧边封胶大受欢迎，喷胶方案更是享有近九成市场占有率，有效推动产业链的技术更新和产品迭代。"我们的产品具有流动性好、固化速度快及遮光性强等特点。"

"威尔邦解决了困扰整个业界的触摸屏拆解问题。"林鸿腾自豪地说，"触摸屏的拆解问题解决之前，虽然与传统胶带工艺的成本相比是节约的，但是整体成本并没有任何优势，加上设备投入，成本反而增加。""威尔邦创新使两种工艺方案的成本对比有了天壤之别！"

采访最后，林鸿腾说，"威尔邦是创新型技术企业，对科技研发的投入极为重视，位于高新技术园区的研发实验中心一再扩建，不断购置精密仪器，广纳行业精英，并与高等院校成立联合实验室，故新产品的开发成果斐然。"

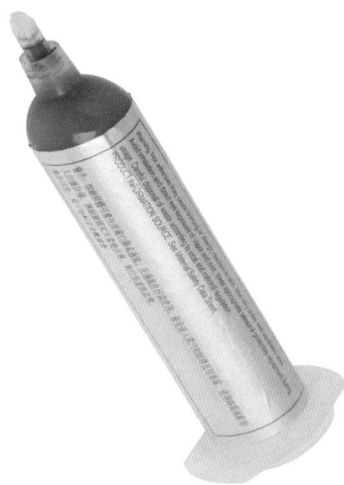

热熔胶

正是凭借对创新的渴求，对研发的投入和新品的开发速度，威尔邦品牌在电子胶粘剂行业异军突起，快速成长。正如威尔邦的视频宣传片所说，"我们是拼接世界的重要元素，你看不见我们，但我们存在你生活的每一个角落。我们的存在是为了让你的生活变得更加美好。"

中鲨
JOINSHA

第十九篇

中鲨动保：迈步走向国际品牌的路上

金　松　李　莉

　　中鲨动物保健品（厦门）有限公司（以下简称"中鲨动保""中鲨"）的历史要追溯到 66 年前，也就是 1952 年。

　　1952 年是中国不平静的一年。当时，朝鲜战争进入了白热化的阶段，其间，前线的驾驶员要长时间驾车和夜间行动，对眼睛的伤害非常大，急需服用鱼肝油补充维生素 A。在这样的背景下，厦门第一家国有企业——厦门鱼肝油厂应需而生。

风雨 66 年

　　厦门临海的地理优势使鱼肝油厂在成立之初就有良好的发展基础，伴随着厦门从一个小渔港发展成今天的国际港口城市，厦门鱼肝油厂走过 60 多年的风风雨雨。它的成长承载了许多老厦门人的记忆，是厦门自新中国成立以来发展历史的一个缩影。

　　1952 年，创立后的厦门鱼肝油厂开始了长足的发展，打造出享誉全国的"星鲨牌"鱼肝油。之后，在规模和影响力不断扩大的同时，它也迎来了多次的转型升级。

1975 年，它开始涉足动物保健品领域。

1992 年，在鱼肝油厂成立 40 周年之际，当时已经是国内最大的鱼肝油维生素制剂生产经营企业的它迎来了第一次转型升级，即转型为厦门星鲨实业总公司，同年星鲨动物保健品厂成立。

2004 年，厦门星鲨药业集团有限公司成立。

2008 年，星鲨药业集团战略搬迁到海沧区，开始了新阶段的发展。

"2008 年战略搬迁后的十年，星鲨药业取得了长足发展"，中鲨动保董事长郭伟介绍，"这十年里，星鲨药业集团又实现了两次转型升级，一是于 2011 年重组为'国控星鲨'，二是于 2015 年 3 月转型升级为'中鲨动保'。"

继往开来

中鲨自诞生的那一刻起就注定了它的不平凡。承继鱼肝油厂、星鲨药业以及其他合并企业在业内取得的诸多辉煌成就，中鲨成为动物保健品领域举足轻重的"隐形冠军"。在这个细分行业内，它创造了许多"第一"：参与制定中国饲料添加剂维生素预混料的行业标准，首次成功开发出可替代进口产品的复合型饲料乳化剂，成为国内首家动物膳食纤维制造商……

可以说，中鲨是名副其实的中国饲用鱼肝油、乳化剂、膳食纤维生产的领导者和开创者。

中鲨不会仅仅满足于现有的成绩。

"我们将把中鲨动保打造成国际顶尖的生物科技企业"，郭伟表示，一直以来，运用60余年深厚的技术和经验积累，中鲨为全球众多客户提供优质的动物营养产品和相关技术服务，这也与中鲨的口号"科技成就健康养殖"所要阐释的理念相契合。

"升级转型后的中鲨动保目标是成为集饲料添加剂、动物保健品、饲料、养殖等一条龙服务的专业化集团公司"，中鲨总裁庄其山介绍，自2015年3月升级为中鲨动保以来，这两三年来，中鲨动保在强化内部管理、引进外脑智慧、增强研发能力等方面，颇有建树。

一方面，中鲨动保创建运行 ERP 现代企业管理系统，从采购、生产、销售、财务、人力、信息等公司内部各方面的业务流程和管理过程进行了优化和自动化管控；另一方面，在产学研合作上更是不断深化，中鲨动保先后与福建农林大学、福建农业职业技术学院、厦门大学海洋与地球学院、福建农科院及国家海洋局第三研究所等高校、科研单位签订合作协议书，旨在打造一支具有顶尖专业水平和自主研发能力的技术团队，通过有目的、有组织和系统化的创新，持续进行产品迭代和新品研发，成为行业技术的领跑者。

从不懈跟跑到"努力超车"

"动物保健品、饲料添加剂行业，其实是一个很小、很冷门的行业"，庄其山介绍，这个行业本身产值较小，年产值两三亿元的企业，即可称为业内巨型企业。这个行业购买先进设备容易，但"隐形门槛不在于硬件，而主要是专业技术和行业的背景积累，以及市场经营与企业管理，不是短期内能拥有的"。

这样的感悟和心得，来源于这些长年浸淫在动物保健品、饲料这一细分行业的业内资深人士的切身感受——对此，郭伟也认识到，国内动保行业基础薄弱，中鲨动保利用对国内市场熟悉的优势，始终把"以客户需求为导向，帮客户解决问题"作为公司产品研发方向，产品质量要领先，服务意识要紧跟国际品牌，努力和市场上第一梯队一起跑，再超越第一梯队，成为领跑者。

庄其山介绍了中鲨研发生产的一般流程：动物保健品、动物饲料等产品的研发，通常需要涉及生物工程、化工等各种工艺，需要研发团队及顶尖外部专家一起通力合作。首先要研究市场上客户的需求，有针对地拿出解决方法。同时也要收集市场上同类产品的客户使用情况，对客户满意度最好的产品作出分析。以做出产品要独创或超越竞争对手为目标，经过许许多多次的组合、试产，进行研究、实验，其间不断进行改进，以筛选出一个最佳的组合及生产工艺改进方案，最终，通过"小试、中试、大试"后，确定了成熟的产品研发、生产配方和工艺，才能进行大规模生产、销售。最终研发生产出来的产品，要有明显的竞争优势，要更好，生产成本还要比它们低，才算得上真正的研发成功。

事实上，尤其是从 2008 年起，数年内，中鲨领衔的企业研发团队，通过与国内众多科研院校单位的专家教授们合作，对国内外品牌产品的性能、原料等进行研究。最终，先后成功研发出饲料乳化剂、动物膳食纤维等拳头产品。他们研发出产品后，再进行销售推广，逐渐在国内市场取得了领先的地位，代替了进口名牌产品。

新旧拳头产品

时至今日，中鲨动保主营五大系列产品：鱼肝油／鱼油系列产品；复合维生素系列产品；膳食纤维系列产品；营养性系列产品；功能性系列产品。

"这些系列产品分别覆盖全国饲料企业和畜牧、水产养殖企业，国内 20 大养殖企业都已经采用我们的产品"，庄其山介绍，五大系列产品中，鱼肝油／鱼油、星鲨多维、美纤多、美能乳化剂更堪称"明星产品"：其中，鱼肝油／鱼油、星鲨多维是传统拳头产品，几十年来，一直畅销国内市场并美名传扬，也一直称雄于国内市场。

"这些拳头产品，尤其让中鲨动保在行业内赫赫闻名……目前，其全国销量都是业内之冠"。庄其山介绍，以动物用膳食纤维为例，纤维素营养是动物营养的第 7 大关键营养素，能促进猪胃肠道蠕动，特别对怀孕母猪大有裨益，对其他养殖动物的肠道健康也起到关键作用，且长久以来只能依赖进口："我们决定研发后，在国家科技部技术创新基金的支持下，最终于2014年，公司海归博士不负众望，成功首创出新产品'美纤多'动物膳食纤维，一举填补了中国饲料行业饲用动物膳食纤维产品的空白。此后，开始大规模生产、销售，其后销售额逐年增加，到了2017年，其在中鲨动保总营收中占比近3成，而该类产品，当年国内整个市场销售约10000吨，中鲨动保即销售了5000多吨。"

至于饲料乳化剂，指的是复合型饲料乳化剂——美能牌乳化剂。这是2008年厦门星鲨动物保

鱼肝油

健品厂与国内外多家科研单位合作后成功开发出的新产品，解决了饲料厂、养殖场关于饲料中的油脂消化及能量利用问题——通常情况下，这种产品只有在肉鸡这类快速生长的动物的生长后期阶段才添加，因此，目前全国市场年销量不到2000吨，而2017年，中鲨动保的饲料乳化剂即销售了500多吨，占了四分之一。

除了五大系列产品，"后期，我们还有几个新品将研发生产出来"，庄其山透露，如今，国家已经明令，到2020年所有饲料添加剂、药物添加剂"禁用抗生素"。与国家政策和法规及全球产业发展趋势相结合，近年来，中鲨动保在动物饲料及其饲料添加剂的研发中，将重点放在替代抗生素产品上，并且已经颇具成效，"比如，

动物用植物精油这种产品，有许多的技术、工艺难点，目前，国内同行也尚未有其他企业成功研发出来……未来，特别是在'禁抗'大势所趋下，它也将成为中鲨动保的新拳头产品"。

新基地新里程

在毗邻厦蓉高速厦门西入口数百米处，一幅位于厦门海沧区翁角路西北侧的工业用地，这幅地块占地近 20 亩，是 2017 年海沧区政府总共出让的 4 幅工业用地之一，其最后花落中鲨动保。目前，该幅地块的规划设计图已经一锤定音。

2018 年 7 月中下旬时，已经搭起了围护板，意味着其动土施工的日子为期不远了。规划设计效果图显示，这里将建成一个现代化、花园式的生产基地："到 2020 年，将全部竣工投产"，郭伟介绍，届时，这将是中鲨动保的一个里程碑式的新起点。资料显示，这个项目，中鲨动保预计总投资将超 1 亿元，整个园区规划总建筑面积将近 40000 平方米。

"针对现有产品，已经采购了三条世界一流生产线，每条生产线价值都逾千万元"，中鲨动保总裁庄其山介绍，这三条全自动生产线设备，"三条线三种工艺，每条生产线都是全自动化"，分别用于生产中鲨动保现有的三大拳头产品：动物膳食纤维、饲料乳化剂以及复合维生素产品。

"我们的目标，就是要盯住世界 500 强的竞争对手，如罗氏、辉瑞等国际品牌药企的动保部门"，郭伟表示，三条全自动先进生产线上马后，中鲨动保的产能"可以放大近十倍"，而此举，不仅是拓展国内市场销量需要，也是着眼于今后大规模出口国外市场需要。

"已经有不少国外订单开始下给我们了"，他还介绍，中鲨动保今后的市场拓展重点之一，就在于将产品更多占领国内市场，还有意逐鹿国际市场，在世界范围内与国际品牌同行进行竞争，"甚至销售到它们所在的国家市场去"，实现中鲨动保欲与国际品牌强企"试比肩甚至试比高"的理想。

之所以有如此雄心勃勃的市场攻略，在郭伟看来，这不仅是因为中鲨动保的上述理想，更因为在国内的动物保健品、饲料生产行业中，"中鲨动保如今已是国内领先的一线品牌"，特别是在一些拳头产品的研发、生产、销售上，更遥遥领先于国内同行，甚至在个别产品的原创研发上，目前已能与众多国际品牌同行并驾齐驱，一旦率先研发成功，将有望在当今全球业内最瞩目的细分产品领域上"实现弯道超车"，从而为中国动保业赢得世界级声誉。

"以前，一些高端的动物保健品、饲料，都得依赖进口"，庄其山解释，现在，像中鲨动保等国内一些企业，锐意研发生产、加工改善，最后生产出的众多产品，都实现了"产品品质不亚于甚至超过了国际品牌产品，而价格却大为降低"的目标，从而实现了取代进口的效果。

"这也是我们将企业升级为中鲨的一个原因"，郭伟补充说，2015年3月，厦门星鲨动物保健品厂转型升级为"中鲨动保"，也确立了企业愿景：有朝一日，中鲨动保代表"中国顶尖的行业企业"，在全球动物保健品、饲料生产行业内，于强手如林中争得一席之地，并致力于打造成为"国际顶尖的生物科技企业"。

第三部分

机　械

◆ 第二十篇　科华恒盛：创业 30 年来的"变"与"不变"

◆ 第二十一篇　厦门力巨：LOCD 领导者让制造更智能

◆ 第二十二篇　大千集团：创新自成一格

◆ 第二十三篇　申颖科技：商用洗净设备开拓者的坚守

◆ 第二十四篇　永裕机械：汽车刹车系统领航者

科华恒盛：创业 30 年来的"变"与"不变"

王志琴

　　"唯改革者进，唯创新者强，唯改革创新者胜。"这是厦门科华恒盛股份有限公司（以下简称"科华恒盛""科华"）董事长兼总裁陈成辉先生在 2018 年新年送给公司同人的一句简洁而饱含深意的寄语。

　　提起厦门的制造业企业，科华恒盛无疑是其中一颗耀眼的明星。这家始终坚持"自主创新，自有品牌"发展理念的企业，已连续多年成为中国本土电源行业的领跑者。

　　1988—2018 年，科华恒盛 30 年的发展史，恰可谓是中国改革开放以来制造业企业发展的一段经典缩影。在曾经几乎是一片空白的国内科研市场中从零起步，科华恒盛取得今日成绩绝非易事。在笔者看来，对于这家正当而立之年的企业，从诞生到今天，骨子里有两个特性一直未变：一是坚守，二是创新。一路走过来，无论是初创时自主研发第一台 UPS（不间断电源），还是现在为国家重大工程提供支持，发展"一体两翼"战略，似乎都能看到这种特质。

使命担当　勇立潮头

在很多时候，准确的预见和果敢的抉择，是民营企业家的天赋使然。年轻的陈成辉先生在1981年大学毕业时，恰是改革开放初期。他没有按照常理找一份安稳的工作，而是选择进入工厂，将自己大学修读的、仍在寻找突破口的电子工业作为职业发展方向。就在一次对UPS项目做技术攻关时，他洞悉到了其中的市场前景。在当时，国内的供电情况不是太好，而高质量的电源又是刚需，在这样的背景下，UPS的研制和生产，具有可观的市场潜力。

于是，1988年，陈成辉作出了一个出人意料的选择：抛弃"铁饭碗"，创办实体企业。这应该是他个人职业生涯最初也最深刻的转折点之一，同时也是科华恒盛的起点。

在命运齿轮奇妙的耦合下，1988年8月，科华恒盛的前身——漳州科华电子有限公司成立。成立之初，公司仅有47万元人民币，28名员工，300平方米的空间，主要的产品研发就是围绕UPS展开的。基于创始人的技术基础，公司成立的第二年，就推出了UPS1000电源，这款自主研发的产品被列入首批国家级火炬计划项目，为科华往后的发展打下了一个很好的基础。

在其间，越来越多优秀的科研人员被吸引加入了这个创业团

队，成为公司第一批技术元老，其中包括本次专访的受访人、现科华恒盛总工程师陈四雄先生。陈四雄是当年漳州高考理科状元，在大学毕业后，秉承着对科研和技术开发的热爱，他来到了漳州科华公司，从此与科华，与 UPS 结下了深厚的情缘。

经过改制，1999 年 3 月科华恒盛在厦门成立。因为有了之前的生产基础和管理经验，科华恒盛一经成立，就将企业定位为集研发、生产、销售和服务为一体的技术创新型企业，先后入选成为国家科技部认定的 UPS 行业首批"国家认定企业技术中心""国家火炬计划重点项目"承担单位、国家级重点高新技术企业、国家技术创新示范企业、全国首批"两化融合管理体系"贯标企业，并于 2010 年在深圳 A 股上市。

再到今天，科华恒盛已拥有员工近 4000 人，在全国拥有五大现代化生产制造基地，产品方案广泛应用于金融、工业、交通、通信、国防、军工、核电、教育、医疗等行业，服务于全球 100 多个国家和地区。

同时，陈成辉、陈四雄、苏瑞瑜三位技术元老也在事业发展过程中，先后入选成为公司自主培养的国务院特殊津贴专家。

"我们这一代人，有一种情怀，一旦认定方向要做了，就坚定地要做成，做不成很不甘心。"如今回首 30 载创业风雨历程，陈成辉言语中依然是笃定和自信。

自主研发　坚守工匠精神

一家企业在创始之初就有它自己的基因。科华自诞生起，就将"自主创新，自有品牌"确定为企业发展的核心理念，将自主研发、技术创新视为公司发展的立命之根、核心驱动力，直至今日未曾改变。

在公司第一代技术元老的带领下，科华在 21 世纪初期就陆续突破了"高效率大功率电源变换拓扑与控制""无主从自适应多机并联控制""大功率三相 UPS"等行业瓶颈技术限制，奠定了公司在高端 UPS 中领先的行业地位，打破了国外品牌对我国高端 UPS 的技术垄断。

2015 年，科华恒盛自主研发首个国产化核岛级大功率 UPS 电源。核岛级 UPS 设备是核电厂的重要控制系统保护电源，有高端电源"皇冠明珠"之称，技术十分复杂。该项目产品研发及应用需要考虑到核电站不同堆型、不同技术路线的需求，要经过应力分析试验、老炼试验、环境试验、基础性能试验、抗震试验等一系列严苛的鉴定。在抗震试验中，研发团队不断改善仿真参数、结构加固方式，摸索建模、共振频率点等问题，终于突破重大核电技术装备难题，通过严酷的核级鉴定程序和大纲，并根据 HAF003 要求建立了堪称业界最高水平的核电质保体系。这一成果是公司研发与制造水平的重大突破，填补了国内在该技术领域的空白。2016 年，该产品成功中标"华龙一号"项目广西防城港核电站项目，成为核电重要控制系统保护电源的首次国产化应用。

目前，科华恒盛的主要产品包括信息设备用 UPS 电源和工业动力用 UPS 电源两大类，功率范围为 0.5kVA–1200kVA，基本覆盖了 UPS 电源的全部功率段。同时，基于公司深厚的技术积淀，科华恒盛也运用电力电子同源技术，在拓展新能源、云服务两个领域的业务布局后，完成了多项研发突破：在新能源领域，公司已拥有覆盖光伏、微网、储能的全类型解决方案，开发出业界体积最小的 500kW 集中式光伏并网逆变器，攻克百 MW 级储能微网稳定性关键技术，入选国家能源局首批能源互联网示范项目；在云服务领域，于北上广自建四大云计算中心，运营机超过 1.5 万架，在全国形成华北、华东、华南、西南四大数据中心集群，为全国 2000 多客户提供数据中心规划设计、工程建设、IDC 服务运营、传输服务及云服务⋯⋯

　　不难看出，不论是类似核电站、超级计算机这样的国家重要工程，还是国内一些重点研究基地，如果没有类似科华这样自主研发、自主生产的国产厂家，而只能依赖进口，就会陷入很被动的状态，也使得包括欧美在内的一些国外品牌厂家垄断中国市场，卖高价。就这一点来说，使用我国自主研发的产品，对于保证国家信息和国防安全、提高"中国制造"的整体装备水平的意义十分重大。

　　综上科华恒盛已取得的成绩，"下血本"的研发投资和研发团

总部大楼

队建设起了很大的作用。不论年景好坏，公司每年都会在研发和创新方面保持较大的投入。2006年，科华恒盛建成国内UPS行业最大、水平一流的电力电子研发中心和UPS检测中心，成为企业技术创新驱动的原动力。数据显示，2017年，在科华恒盛，参与研究开发和试验的人员为900多人，研发人员占员工总数的25%，研发投入占营业收入的8.74%。截至2018年，在专利技术方面，科华恒盛已经获得国家专利、软件著作权等有效知识产权600多项。

"我觉得成功没有什么诀窍，就是踏踏实实、一步一步把技术做好。我们的做法是真正去做产品里面的核心技术，不管是电源还是新能源发电，我们一定从头做起，把整套技术完完整整地开发出来。整套技术都是我们自己的，一定要有完全自主知识产权。"陈四雄如是说。

自我革新　实现增长多级驱动

这是一个最好的时代，也是一个最坏的时代。"工业4.0"概念的崛起和国家"互联网+"行动计划的提出，在带来巨大革命与机遇的同时，也给传统制造业带来了巨大的冲击和挑战。唯有跟上时代的节拍，在技术和战略上主动求变、不断革新的企业，才能在市场洪流中扎稳脚跟。科华恒盛30年来，始终专注于电力电子技术的研发与制造。根据赛迪报告显示，科华恒盛的大功率UPS（≥20kVA）市场销售额居国产品牌首位，连续20年位居国产品牌价值首位。但在互联网时代的号召下，为保持公司更稳健、可持续的发展，科华恒盛积极探索转型，以创造更加广阔、更加多元化的市场空间。

2010 年在深圳 A 股上市后，2011 年，公司确立了"一体两翼"战略发展规划，具体内容是以 UPS、高端定制电源、军工电源、电力自动化系统为主的智慧电能业务作为科华恒盛稳健发展的"主体"，以云动力、云服务、云安全为核心的云业务和以光伏、储能、微网、售电、电动汽车充电系统为主的新能源业务则成为公司得以跨越赶超的"两翼"。旨在运用电力电子同源技术，来联结各业务板块的有机生态。

通过技术创新进行业务延伸与拓展，科华恒盛的公司业务模式逐步从单纯出售产品向出售"产品＋解决方案＋技术服务"转变，整合上下游全产业链，为客户打造一流的电力保护与节能一体化集成方案，让资产更轻，对劳动力的依赖越来越小。

在这样的业务形式下，科华恒盛技术服务及平台型收入占比逐年提升。以轨道交通业务为例，过去一条轨道交通线路的产品销售额也就三四百万元，如今升级为项目提供系统的整体解决方案，项目金额可达上亿元。

基于"以满足客户需求为己任"的理念，科华恒盛还可以根据客户场景需求，提供定制化整合方案。例如，公司 2017 年成功中标某地铁公司屋面光伏电站示范项目，提出了"光伏＋交通"等多场景融合解决方案。项目建成后，不仅可为地铁提供可观的绿色电能，富余能量还可完全输送到轨道交通供电系统高压电网，为其他负荷提供光伏电能；针对海洋船舶、海洋石油平台上所处环境容易晃动，海洋性气候环境潮湿，盐雾、油雾、霉菌侵蚀的情况，科华恒盛推出了包括海工类电源保障系统在内的一系列高可靠工业级电源解决方案，获得世界 500 强企业——中海油的青睐，从 2015 年起，已为其海上平台项目连续服务三年……在产品"出海"过程中，科华恒盛也注重考察当地市场特点，以定制化克服"水土不服"。例如，在为俄罗斯天然气集团提供 UPS 时，根据其高寒气候对产品做了相应调整；在印尼为偏远地区学校配电时，采用集装箱式微型电力供应网系统，以适应当地学校点多线长的特点。

2015 年，科华恒盛成功定增 16.58 亿元资金，用于新能源光伏电站建设运营；2017 年，完成了对天地祥云的 100% 并购，并在此基础上，整合公司旗下云计算相关业务，成立独立运营的"科华恒盛云集团"……

科华恒盛在战略的指引下，启动"技术＋资本"的双轮驱动，聚焦技术服务，借助资本力量，通过并购、战略合作等方式不断拓展三大业务体系的边沿，丰满公司版图的新雏形，为未来长足的发展注入强大动能。

匠心服务　精益"智造"

在技术革新、战略转型的同时，科华恒盛也不忘在打造更优质的供应链、精进服务上多下功夫。

一直以来，科华恒盛致力于打造"质量、成本、效率、柔性、敏捷、集成"的具有综合竞争优势及科华特点的卓越供应链。基于长期的专业生产制造经验，科华恒盛结合两化融合和精益管理的理念，提炼出了科华精益生产系统 KPS（Kehua Production System），基于技术实力全面强化了定制能力、制造能力、质量能力；建立统一的质量追溯系统，工人用专用扫描器一扫产品零部件上的专属"身份证"条码，就可以实时录入并查看该部件的所有操作记录，快速锁定产品故障；打造信息透明、管理透明的"透明工厂"，透

过系统，客户既可以清晰看到个人订单的生产状态，也能看到管理
制度、操作指导书和规范在工厂现场的呈现……

目前，科华恒盛已形成了新型的 3A 服务体系，在全国建立起
16 个技术服务中心、50 多个厂家技术服务网点，实行 7×24 小时
基础设施设备运营服务，将传统的应急维修支持转变为以预防为主
的维修和服务。

2016 年秋冬之际，科华恒盛川渝区服务站检修队伍忍受艰难
的环境，在大凉山翻山越岭、渡江跨河，前后历时 20 多天，只为
给西部山区缺电民众带去及时的离网光伏电站检修服务；2017 年夏
天，在第十三届天津全运会筹备期间，科华恒盛作为其核心场馆
"水滴" 体育场的电源保障解决方案提供商，在时间紧任务重的情
况下，专业工程团队仅用 24 小时就完成了数十套大功率 UPS 及近
百套 EPS 从下单到运抵现场的
工作，并在炎热的天气下连续
7 天进行安装调试与带载任务，
圆满完成系统安装……

这样的案例只是科华恒盛
应时而动、高效尽责的服务态
度的一个缩影。除此之外，公
司还可提供诸如维护培训、操
作培训等的增值性服务和以设
备租赁、设备供应等为主的资
源型服务。

据了解，在新的模式下，
客户不用买科华恒盛的设备，

MR33 系列模块化 UPS

只买服务就可以，其后告知自身需求，例如让这些设备的供电不间断，供电电压达到什么稳定度、频度等，至于怎么实现，由科华来做，之后客户根据用电量来付费即可。在这种模式下，客户不用再为 UPS 质量的好坏或者如何进行设备的使用和维护发愁，只需要判断厂商提供的服务是否符合自己的需求。

凭着"科技领先、品质超群、用户信赖"的质量方针和"主动服务、用户至上"的服务理念，科华恒盛获得了福建省首批智能制造示范项目和"最佳服务承诺兑现奖""UPS 服务满意金奖""中国光伏行业最佳服务商奖"等殊荣，并于 2015 年 5 月成为首批通过全国两化融合管理体系评定的企业。这是市场对科华恒盛品质与服务的认可，也是对科华匠心精神的有力鼓舞。

"我们是科华人，我们是冲着变革、转型和升级去的。"

从公司掌舵人陈成辉董事长如今的言语间我们仍能窥见科华恒盛血液里如初的热血和意气，或许这就是科华想传递给我们的最纯粹的创业精神。

从历史的天空回望科华恒盛 30 年的发展历程，实现了若干次的蜕变：从漳州简陋的厂房起步到厦门总部投入运营；从股份制改造到深圳 A 股上市；从高端电源到"一体两翼"三大业务体系的建立；从单一的设备供应商到整体解决方案的技术服务型供应商；从福建省走向全球 100 多个国家和地区……一路走来，科华恒盛在每个时期变的是在时代变革背景下的发展思路和业务布局，不变的是振兴民族品牌的使命感和敢为天下先的精神。

我们也有理由相信，这家企业能经受住时间的考验，在未来的道路中走得更远、更广，为中国电力电子产业的振兴奉献更多应有的力量。

第二十一篇

厦门力巨：LOCD 领导者让制造更智能

陈　曦

　　清早，手机闹铃响的时候，轻轻滑动一下屏幕，以停止响声；上班路上，在车载显示屏上，选择一首自己喜欢的歌曲，一路相随；工作台上，拿出来作图电脑，在屏幕上画一幅设计图稿；休闲的时候，拿出来平板电脑，放一部早就想看的电影……

　　生活和工作中，越来越多的便利和娱乐，来自用手轻轻地触摸一下屏幕。

　　随着高端电子设备的普及，触摸屏应用的领域越来越广，从量的积累进入了质变的爆发期，触摸屏已经融入了我们的日常，越来越多地出现在各个角落里。

　　消费者习惯于在日常生活中使用智能手机和平板电脑之后，如今触摸屏也越来越多地进入汽车中。前瞻产业研究院整理的数据显示，2017 年车载触控面板出货量约 5000 万台，比 2016 年的 4500 万台增长 11%。

　　在触摸屏行业迅速发展的时候，为其服务的上游设备商，也迎来了春天。以点胶贴合设备为主营业务的厦门力巨自动化科技有限公司（以下简称"厦门力巨"）就赶上了这波热潮。

创业，大胆布局

触摸屏是一种人机交互设备，它覆盖在显示器屏幕上，用户触摸屏幕时，触摸屏可以识别触摸点位、移动方向和速度，并将信号传递给计算机，实现用户与计算机的交互。

触摸屏全贴合设备的作用是把玻璃与玻璃（G+G），或者玻璃与薄膜（G+F）贴合在一起，为了让两者贴合更紧密、持久，需要在中间"加"一层胶。

厦门力巨总经理陈勇庆介绍，目前，主要的触摸屏贴合技术有OCA 和 LOCA 两种。OCA（Optically Clear Adhesive），是用于胶结透明光学元件（如镜头等）的特种粘胶剂。无色透明、光透过率在 90% 以上、胶结强度良好，可在室温或中温下固化，且有固化收缩小等特点。简单地说，OCA 就是具有光学透明特性的一层特种双面胶。LOCA（Liquid Optical Clear Adhesive），即液态光学胶（也称水胶贴合），用于透明光学元件粘接的特种胶粘剂，具有无色透明，透光率 98% 以上。粘接强度良好，可在常温或中温条件下固化，且具有固化收缩率小、耐黄变等特点。

这两种技术所应用的领域稍有不同。目前，手机屏主要采用OCA 全贴合技术，然而车载显示屏 / 工控显示屏由于产品结构和使用环境的复杂性，对产品粘接强度的要求高，LOCA 全贴合相比OCA 全贴合的性能更好，其使用范围广和粘接强度更高，同时透光性和显示性能也有很大的优势，因此 LOCA 全贴合更适用于车

载屏 / 工控屏。

2004 年，陈勇庆当时所在的公司制造出了中国第一台点胶机。从此，他便在这个行业中耕耘至今。

2008 年，厦门力巨成立，陈勇庆与其他两位股东每人投资 10 万元，以点胶贴合为主营业务，围绕 3C 电子设备特别是屏显行业，经过十年的发展，目前公司的产品有点胶 / 贴合设备、水胶全贴合设备、CCM/ 指纹模组设备、UV 光固设备、贴标设备、FPC 检测设备及其他自动化设备等丰富而专业的系列产品。

在力巨成立之初，智能手机开始普及，手机屏幕需求量越来越大。水涨船高，作为生产触摸屏必备的机器，触摸屏贴合设备市场也快速扩张。陈勇庆回忆，"头几年我们基本围绕着手机触摸屏行业。我的主要客户基本上就是屏显行业。中国这几年跑得比较快，所以很多设备跟不上。比如，指纹识别，在我们创业的时候是没有

的，现在加到手机上来了。那么指纹识别需要用到的金属框点胶粘接及蓝宝石点胶粘接，就需要设备来做，而我们国内就没有跟上。"

在手机指纹识别刚刚兴起的时候，陈勇庆已经意识到，这是一个必然趋势，会成为企业的一次机遇。于是，厦门力巨斥资近 200万元购买设备，组织研发人员连日攻关，终于研发成功一款性价比高的指纹识别组件点胶贴合设备。

然而，手机行业变化太快了，这款设备很快就进入了冷却期。陈勇庆知道，又该寻找新的方向了。经过分析，他发现，高精度、窄屏框是手机触摸屏的下一个高地，于是提前布局为这种屏幕服务的侧边涂胶设备。2017 年大热的苹果 X，所用的"刘海"屏幕，就是采用的侧边涂胶方式。

厦门力巨的经营理念是：一直站在行业最前端，注重市场调研，把握市场走向，钻研先进的、最难的技术。

"即使没有能力冲到最前沿，也要跟着比较前沿的走，不选最好走的路。"陈勇庆坦言，在手机触摸屏领域，厦门力巨跟进的企业是苹果、华为和三星，这三家企业是业内的领军企业，其产品创新往往引领行业潮流。

每年，厦门力巨积极参加各种业内展会，一方面推广自己，另一方面了解行业动向。现在，厦门力巨已经成功研发出 3D 玻璃后盖贴防爆膜设备，适合当下手机行业，只是还没有进行推广的产品。陈勇庆认为，"3D 玻璃后盖贴防爆膜的这个工艺现在还没有很大量，但是我一定要把技术先储备起来。就像刘海侧边涂胶机还有我们的车载水胶全贴合机一样，有一天总是要爆发出来的，到时候，我就是绝对领先的。即使别人仿制，我的量大成本可以降下来，我还可以跟人家 PK 价格。"

守业，时刻准备着改变

"当一种技术大家都有的时候，我就得变了。"对于企业而言，必须在未知中寻找契机，因此在陈勇庆的经营哲学中，有一条是顺势而变。

现在，手机触摸屏贴合设备依然处于高峰期，这时候，厦门力巨已经在准备占领下一个战略高地了。

任何行业的发展都有周期性，入行早的企业赚钱多，有更多的钱投入研发，因此可以占领技术高地，保持领先地位。虽然，厦门力巨在手机触摸屏贴合设备领域已经抢占了先机，但是业内竞争越来越激烈，市场趋于饱和，企业难以有更大作为。于是，根据企业的软硬件能力，以及对触摸屏领域的深入分析，厦门力巨决定大力发展车载触摸屏贴合机。

在这个手机指纹解锁瞬间完成的时代，可能有的汽车上还存在戳屏选歌都会有误差的情况。车载触摸屏与手机触摸屏相比，触控体验有待提高。

另外，汽车领域触屏与消费电子领域的触摸屏相比，用户体验之外更加强调行车安全，而且必须考虑到可能遇到的极端天气和恶劣环境，因此对于触摸屏在质量稳定性上的要求更加严苛。既要保持性价比，又要兼顾车主的使用体验及需求，电容式触摸屏将成为更多汽车的选择。

早在手机推出触摸屏后一两年，各大设备商一直在寻找更合适手机盖板和触摸屏传感器的贴合的工艺，当时 LOCA 全贴合和 OCA 全贴合两种技术都被看好。LOCA 全贴合性价比高，但生产工艺相对较复杂，最初很多厂家都尝试涉足该领域研究以期提高贴合效率及良率，但在手机实际生产中，OCA 全贴合技术的效率高、无溢胶、平整性好等多种优点逐渐被认可，同步随着胶带价格的降低以及粘接强度的提升，OCA 全贴合技术成为主流，水胶贴合工艺逐渐没落，因此，现在国内市场中做水胶贴合的设备商已经屈指可数，也造成该技术的断层。

然而，车载显示屏 / 工控显示屏由于产品结构和使用环境的复杂性，对产品粘接强度要求高，LOCA 全贴合相比 OCA 全贴合的性能更好，其使用范围广和粘接强度更高，同时透光性和显示性能也有很大的优势，因此 LOCA 全贴合更适用于车载屏 / 工控屏。随着车载屏市场的繁荣，LOCA 全贴合的关注度持续走热呈现爆发状态。

LOCA 全贴合适合更多样的产品结构车载显示屏的功能及智能化需求的不断增加，产品不断升级变化，采用大屏、多屏及不规则屏幕组合等更为复杂的产品结构，特别对于屏幕和外框处的"台阶"结构，OCA 胶带难以跨过贴合时会产生气泡的障碍。

LOCA 全贴合适用于更高的环测要求，如户外低温 / 高温 / 沙漠 / 海边等各种苛刻的环境、行驶中的颠簸、前发动机舱的余热等都对屏幕的可靠性提出了更多的挑战，对粘接强度提出了更高的要求。而采用 OCA 贴合工艺，很可能产生屏幕开裂等各种问题。另外，显示性能也是考验条件之一，车载屏 / 工控屏需要在强光中也能清楚显示，OCA 贴合的透光性和显示性较 LOCA 全贴合有差距。

其实，厦门力巨在 LOCA 全贴合技术上的积累可以追溯到 2010 年前后。当时，LOCA 全贴合采用的 G+G Sensor（玻璃 + 玻璃感光器）的技术已经过时，为了满足目前多样化的工艺需求，厦门力巨科技推出了狭缝涂布全贴合、刮涂贴合一体、围坝+点胶全贴合、围坝+注胶全贴合、多屏全贴合等多种方案，有针对性地满足不同产品的多样化工艺需求。陈勇庆说："手机触摸屏从2010年开始近乎恐怖的爆发，到2015年我感觉已经开始慢慢平稳，走下坡路。我也开始收紧，只做那些最高端的客户，做没人做得到的应用。"

大尺寸多屏水胶全贴合机

厦门力巨产品

由于OCA全贴合技术长期占领市场，目前国内仅厦门力巨持续对LOCA全贴合研发投入，现已研发成功了多种工艺。如，适用于产品表面平整光滑的液晶显示器+触控面板（LCD+TP）、感光器+镜头（Sensor+Lens）的LOCA狭缝涂布全贴合工艺，可做到狭缝涂胶效率高，无溢胶；对位精度高；真空下伺服贴合，解决气泡的存在问题；自动预固化无后续偏移。适用于感光器+镜头（Sensor+Lens）、液晶面板+触控面板（Open Cell+TP）的LOCA刮涂真空全贴合工艺，采用钢网刮涂方式，真空贴合且包含自动预固化功能，保证连续生产的稳定性。适用于液晶面板（Open Cell）的LOCA多屏全贴合工艺，通过视觉自动对位系统，减少贴合误差，采用真空贴合，保证连续生产的稳定性。用于液晶显示器模组/液晶显示器+触控面板（LCM/LCD+TP）的LOCA围坝点胶/注胶涂胶全贴合工艺，特别适用于产品有台阶的结构。

厦门力巨在 LOCA 全贴合领域已经抢占市场先机，"只要是车载用的 LOCA 贴合屏，95% 是用我们力巨的设备贴出来的。"陈勇庆底气十足地说。

据相关机构统计，2017 年车载显示屏市场的出货量为 1.1 亿台，在接下来的 5 年预计年均增长 8%—10%，至 2022 年出货量达 1.61 亿台。在车载触摸屏高速增长的保驾护航之下，加上拥有国际领先技术，厦门力巨所生产的车载水胶贴合设备的发展前景非常可观。

研发，人才与企业的互相成就

通过近十年对精密流体控制及自动化控制技术的潜心专研，厦门力巨在半导体级精密喷胶，高速、高精度运动控制以及智能 视觉 CCD 定位 / 检测的开发和应用等方面赶超同业水平。

套用隐形冠军企业喜欢的一个词——专家。厦门力巨对自己的定义是运动控制与流体控制专家。陈勇庆说，我们在智能化，比如多轴联动、多轴控制以及点胶贴合，这两个领域积累了很多经验。"所以别人用一年半载没做好的东西，我一个半月的时间可以做出来，然后用一个半月时间把它完善"。

成为专家，厦门力巨与其他企业一样，靠的是人才。

员工先安居，才能乐业。厦门力巨一方面为员工提高工资待遇，让他们有满意的生活质量，另一方面给予股权激励，让员工更有归属感。

厦门力巨年底把利润的 30% 拿出来奖励给所有员工，另外还拿出 20% 的净利润给三年以上老员工。"2015 年，销售总监、生产总监、研发总监这一拨人，我一次性全部给'抓'进来变成股东。"

陈勇庆说。从 2011 年起，厦门力巨就开始为研发人员配股，目前维持每年 5% 的比例持续地进行。

这样的人才之道使得厦门力巨人员流失率大大降低，也极大地助力公司研发与创新。

有了积极性的研发人员学习更主动。通过公司的学习及共享机制，设计团队将理论知识与实践相结合，更有针对性地深入学习；同时针对已完成的案例不断总结并设立多样化的设计素材，避免重复的基础设计工作。水胶贴合技术研发团队小组每月召开一次会议，谋划布置本月的创新工作，研究解决创新过程中遇到的困难和问题。公司每月对团队成员组织一次培训，每季度组织一次考试，不断更新知识，提高技术素质。公司加强团队成员的日常管理，广泛吸纳创新意识强、技术素质高、肯钻研的员工加入水胶贴合技术研发团队。对不注重学习提高、不主动参与项目创新的人员，经团队工作领导小组研究讨论，及时调整出水胶贴合技术研发团队。

创业十年，厦门力巨凝聚了一批勇于创新、经验丰富的资深专业团队，核心研发人才零流失，本科以上机械、电气研发资深工程师 30 多人，其中 15 人在点胶贴合行业有超过 10 年以上的工作经验，是中国第一批从事点胶流体行业的人员。公司积极与厦门大学、厦门理工学院等进行学科合作，通过将多轴联动运动控制系统、CCD 视觉图形识别系统、液体微量控制自动补偿系统等原创性研发成果与实际生产转化，进一步提升在电子行业原创性技术研发实力。

手机触摸屏和车载触摸屏都会因为设计的不同而不同，因此，贴合设备也存在很大的产品差异性。陈勇庆举例，车载触摸屏，有带铁框的，不带铁框的，先组背光的，后组背光的，每一个厂家都有不同需求，那么工艺也有所差别。

面对差异化需求，供应商需要有足够的研发储备来应对客户的各种需求。作为业内领军企业，厦门力巨积累深厚，能够迅速作出反应，为客户提供适合的产品。

厦门力巨深入了解不同品牌胶水的性能、黏度，相关工艺实现的需求及关键点，面对客户需求更针对性地将流体控制与自动化进行更好的结合。针对市场上的贴合需求，针对不同尺寸不同产品结构，以贴合效果为最终目的，多道工艺的组合应用，开发更多适合的设备。

目前，厦门力巨的技术研发人员占比60%，公司还将继续引进资深人才，加强培养和引进电气、软件及工艺等方面高技术、尖端的新技术人才，为企业的成长补充新鲜血液。另一方面积极与高校合作及交流，进一步提升研发原创性。

未来，本着"让制造更智能"的企业使命，以精密流体及自动化一站式方案解决商为己任，夯实优势技术，紧跟产业方向，坚持研发创新，厦门力巨将不断涉足更多自动化生产环节及整线控制，为更多行业的客户提供方便、快捷、智能的自动化解决方案。

第二十二篇

大千集团：创新自成一格

王志琴

福建厦门，海沧区马青路 899 号，几栋灰色的厂房矗立在道路的一侧，和其他工厂的外观相比，这里并没有显得有什么特别。

真正走进去时，却发现别有洞天。

走在工厂的小路上，时不时可以看到各种造型不同的雕塑，它们或夸张，或抽象，让人瞬间有一种走进了北京 798 艺术区的错觉。而这些雕塑，居然全部是由这家工厂自己设计和生产的。

走进办公楼的大厅里，国家级高新技术企业、国家级服务型制造示范平台、福建省省级工业设计中心、厦门市智能制造示范企业、厦门市工业设计知识产权优势企业、中国 3D 打印技术产业联盟理事单位、ISO9001 质量认证单位等荣誉和资质更是吸引人的目光。公司的产品——3D 打印设备更是获得了 FCC、UL、CE 等多项权威认证。

没错，不起眼的外表之下，却藏着一家实力不俗的企业——大千振宇集团（以下简称"大千集团"）。

发展至今，大千集团已拥有7家全资子公司，分别是苏州大千模型制作科技有限公司、威斯坦（厦门）实业有限公司、厦门大千振宇智能科技有限公司、厦门迈奇思贸易有限公司、厦门鑫大千模塑科技有限公司、重庆大千汇鼎智能科技研究院有限公司以及厦门大千振宇工业产品设计有限公司。而这些公司的建立，也为大千集团在市场竞争中作出了自己的贡献。据了解，大千集团的主营产品在近几年国内市场占有率分别为2014年15.2%、2015年18.3%、2016年28.9%，全球市场占有率也分别达到了2014年2.3%、2015年5.3%、2016年11.6%。这样的成绩让大千集团成为国内模型行业中规模最大的生产商和知名的3D打印全产业链服务提供商。

为什么能成为规模最大的模型生产商，这当中有什么契机，在企业的发展过程中又有哪些故事？带着这样的疑问和好奇，记者采访了大千集团董事长巫国宝。

瞄准手板模型，做市场的先行者

"我原来是中学里的化学老师兼团委书记，1996年我们大千成立了"。1996年，对巫国宝来说，是不平凡的一年。那一年，他在厦门成立了一间生产模型的工作室，虽然只有几个工人，但是他的身份却从一位中学化学老师变成了一位创业者。

而这一切转变，要从一次深圳之行说起。1993年，在中学任教的巫国宝在工作中遇到了一些瓶颈。为了解决工作中的烦恼，他决定到已经在深圳工作的同学那里度假散散心。没想到，同学工作的地方是一家由香港人开设的模型公司，制作手板模型的过程让巫国宝大开眼界，他回忆"那个时候我们没有机器、没有数字加工的东西，都是用手工来做。雕出来的叫手板，就是手工做出来的，我也看不懂"。生产出来的手板究竟可以干什么？为了弄明白这个问题，他在同学的公司里待了整整7天。在这段时间里，一边听同学的讲解，一边自己观察，巫国宝终于了解到了手板的用处。

手板就是在没有开模具的前提下，根据产品外观图纸或结构图纸先做出的一个或几个，用来检查外观或结构合理性的功能样板。手板不仅是可视的，而且是可触摸的，他可以很直观地以实物的形式把设计师的创意反映出来，避免了"画出来好看而做出来不好看"的弊端。因此手板制作在新品开发、产品外形推敲的过程中是必不可少的。因为手板是可装配的，所以它可直观地反映出结构的合理与否、安装的难易程度，便于及早发现问题、解决问题。由于模具制造的费用一般很高，比较大的模具价值数十万乃至几百万元，如果在开模具的过程中发现结构不合理或其他问题，其损失可想而知。而手板制作则能避免这种损失，减少开模风险。

虽然手板有着众多好处，但是国内手板模型工业的发展，却并非一帆风顺，直到 1976 年仍处在落后状态。自 1977 年以来，由于我国机械、电子、轻工、仪表、交通等工业部门的蓬勃发展，对手板模具的需求在数量上越来越多，质量要求越来越高，供货期越来越短。因此，我国有关部门开始对手板模具工业重视起来，将模具列为"六五"和"七五"规划重点科研攻关项目，派人出国学习考察，引进国外手板模具先进技术，制定有关手板模具国家标准。通过这一系列措施，使得手板模具工业有了很大发展，并在某些技术方面有所突破。

看到了手板模型的商机，作为国内重要的卫浴产区之一，厦门的卫浴生产企业众多，然而了解手板作用的设计师却并不多。那时，巫国宝想着成立一家制作手板模型的工厂，因为设计师对产品进行改动时都要等模具出来有问题再改模具，而手板不一样。"设计师在产品设计完马上用一下手板，就可以验证设计和产品的功能，不用再等模具出来。而且手板开模速度快，能减少开模风险，也能够控制成本。"

考虑到可能存在的市场需求，身为客家人的巫国宝没有犹豫，说干就干。靠着四五万块的积蓄，他成立了一个工作室，并请了两位制作手板模型的师傅制作手板模型。

最初，因为其他企业对自己工作室生产的手板模型质量不了解，并不敢使用，巫国宝的工作室面临着生存的考验。然而，身为客家人，骨子里那种不服输的拼搏精神让他选择了坚持。为了让厂商了解自己的产品，巫国宝甚至把产品免费送给客户用，"国内的企业不相信，说你做的这个东西怎么能用？我就一家家求他们给他签合同和保密协议，签好了保密协议，让厂商把产品设计图给我，我不要钱帮他们做出来"。就这样，免费给自己的客户用产品，直到认可后再来谈合作的日子，持续了两年，巫国宝把这段日子称为"培育市场"。

渐渐地，随着客户的认可，联想、夏新、麦克奥迪、鹭达等等企业成为巫国宝的客户，他的事业出现了转机。

2000 年，原本的工作室规模扩大了，巫国宝的工厂组建起来了。虽然只有二三十个工人，但是巫国宝自豪地介绍，"大千是国内第一个做工业模型的内资企业。"

经过了前期艰难的市场培育后，2003 年，大千的工业模型开始辐射到整个福建省。巫国宝说，那时候不仅仅是卫浴行业、电子行业选择了大千集团设计生产的模型，"甚至运动机械领域，大千合作的企业也达到了 200 多家。"

后来，随着模型的重要性越发凸显以及巫国宝在业内影响力的变大，巫国宝的工厂也壮大了起来。

在这个发展过程中，巫国宝坦言，与联想公司的合作，"是我们大千发展当中，带给我们成长最多的企业。"巫国宝回忆，当时联想手机需要设计外观，因此找到了大千集团。在生产出相应的手板模型后，联想又追加了几十台、几百台手机模型，再安装好内部的线路后把这些结构机放到了地下室、山上等不同的地方去测试。

因为有了初次良好的合作，这样的合作便一直持续下去。2006年，按照当时联想设计总监的建议和其他一些因素的考量，巫国宝在苏州开设了分厂，也就是苏州大千模型制作科技有限公司。分厂的设立，既更好地服务了上海及长三角地区的企业，也同时给大千集团带来了一大批新的设计师客户。

2008 年，大千集团在手板模型行业内已经有了相当的名气，考虑到业务布局的需要，大千集团在北京开设了分公司，形成了上海、北京、厦门"三足鼎立"之势。巫国宝说，"在这 10 年当中，我们把北京公司更多的精力放在了企业的转型升级上，也就是我们完整的产业链的建立。包括从模型前方往工业设计做，后端往批量生产做，去建立一个工业设计的产业链。这样大千可以为客户提供一站式服务，提高速度，减少沟通成本。"

不止步于模型

经过多年来的发展，如今的大千集团生产的模型涵盖了电子产品模型、手机模型、卫浴模型、运动器材模型、建筑模型、家用电器模型等多个领域。

凭借着模型生产，大千集团成为国内同行最大规模的一个企业，曾经合作过的客户国内有 2 万多家，欧美有 3000 多家。而由此带来的小批量生产模型的收入超过了企业收入的 50%。

但大千集团并没有因此停下前进的脚步。

随着社会市场竞争的日益激烈，工业设计产业的发展壮大，越来越多企业在重视工业设计的同时，开始注重产品模型的制作，也因此有更多的企业瞄准了这个市场。

如何在这个市场中保持优势地位？在巫国宝的构想中，工业模型与小批量生产全产业链服务是大千集团要布局的重点之一。

"在这 20 多年当中，我们打造了两个产业链，其中之一是工业设计产业链。这个产业链从工业产品的外观设计到工业产品的结构，以及生产设备和模具的研发，到小批量模具生产的一条龙服务。"在这个产业链中，巫国宝认为"模型是一个非常重要的点"。通过这样一个点，他要串联起工业设计产业链。

模型生产的重要性不言而喻。只是，随着市场上新产品层出不穷，竞争越来越激烈，产品的生命周期越来越短。如何在激烈的竞争中立于不败之地？大千集团也在不断学习并改进着。

SLA600 光固化成型机

2009 年，大千集团的工作人员到德国慕尼黑进行了相关行业的观摩、交流、学习，在这个过程中他们发现国外在生产模型时运用了工业设计快速成型的理念以及技术手段、数控设备进行深化设计、空间测量定位、生产。

在这样的基础上，大千集团借鉴了工业设计中逆向工程技术的使用。在生产模型的具体过程中，利用逆向工程技术能够快速制作 CAD 模型，方便地输出 STL 层文件，到快速成型机上产生精度较高的三维实体模型。通过这项技术的运用，能够在短时间内给设计师和工程师更多的信息，包括产品的外观造型、尺寸大小、具体结构和工作性能等详细参数，为设计方案的评价和优化提供了实用的参考。

除了逆向工程，大千集团还采用了真空复模工艺。真空复模是利用原有的样板，在真空状态下制作出硅胶模具，并在真空状态下采用 PU 材料进行浇注，从而克隆出与原样板相同的复制件的一种较为常见的加工方式。这种工艺的使用，对于快速生产小批量手板模型功不可没。

以汽车为例，随着生活水平的提高，汽车在家庭中的使用率越来越高，并且汽车品牌和款式也变得越来越多，手板模型在汽车行业的使用率也随之增加。因为对每一个新研发的产品来说，都必须先做手板模型来检验其结构以及功能的正确性。在这个过程中，需要手板模型小批量生产，而采用真空复模小批量加工工艺能很快满足客户的需求。

不仅如此，大千集团的经营思路也在这个过程中发生着变化。在大千集团总部的展厅里，陈列着不同的游艇模型、飞机模型以及汽车模型。据大千集团董事长助理唐娟介绍，这些模型都是被当作产品直接来出售的，其中一艘游艇模型售价达到了 80 万元，而按照设计师要求定制的汽车模型售价也将近 800 元。

从验证设计方案的可行性到现在升级为直接出售的商品，这种模式的转变，巫国宝认为体现了大千集团的探索精神。他说，"工业模型是工业设计的产物，没有工业设计就没有工业模型。工业模型是工业设计的产出，同时也是各个行业发展的一个晴雨表，把模型做出来，就是实在的产品。以前手板模型是验证设计方案，现在我们做的模型升级为可以直接出售的产品"。

每一次改进或者创新，都是为了更好地发展。因为在机遇与挑战之间，人们渐渐意识到，制造业的核心是建立在国家基本创新能力、技术进步的基础上，一定要在创新上加大力度才能立于不败之地。在工业的创新方面，美国提出了"先进制造业伙伴关系计划"，加快了制造业升级、降低成本和提高生产质量的步伐；而制造强国德国提出"德国工业 4.0"战略。

在这样的大趋势下，巫国宝认为个性化定制将为模型行业带来新的机会。巫国宝表示，"工业 4.0 的过程中，一个非常重要的特点就是个性化定制。个性化定制恰恰可以让模型行业通过转型升级变成工业 4.0 制造业的主角。"而如何做好个性化定制服务，巫国宝表示，"在这个点上，我们正在不断去夯实这个基础，也就是说从做单个模型到小批量生产，去做一个个性化定制的工厂。抓住模型化生产，实现个性化定制。"

发力 3D 打印技术

在大千集团总部，记者了解到大千增材制作公共服务平台项目被列为《福建省创意设计产业发展行动方案（2018—2020 年）》。巫国宝表示，布局 3D 打印产业链是大千集团大力打造的第二个产业链。

说到 3D 打印，大家都不陌生。20 世纪 90 年代中期，3D 打印技术出现。近年来，随着产业升级，3D 打印在国内乃至全球掀起了一股新的热潮。2008 年，著名的《经济学人》杂志专门撰文，将 3D 打印技术称为"第三次工业革命"。一批 3D 打印企业在金融风暴过后纷纷破土而出。

由于我国工业化起步晚，技术积累相对薄弱，先进技术的产业化能力与工业强国存在显著差距，我国制造业智能化升级面临着一系列挑战。而 3D 打印技术的出现，给制造业带来了无限种可能。也因此受到了政府的支持。

2012 年 4 月，3D 打印行业在被纳入"国家高技术研究发展计划（863 计划）"和"国家科技支撑计划制造领域 2014 年度备选项目征集指南"，成为国家重点支持科技领域。2016 年 12 月，国务院发布了《国务院关于印发"十三五"国家战略性新兴产业发展规划的通知》，其中涉及很多关于 3D 打印（增材制造）的内容。2017 年 12 月，工信部、发展改革委等十二部门联合印发《增材制造产业发展行动计划（2017—2020 年）》，要求推进中国增材制造产业快速可持续发展，到 2020 年产业年销售收入超过 200 亿元，核心技术达到国际同步发展水平。

"10 年前我们开始布局 3D 打印，因为工业 4.0 一个非常重要特点就是个性化定制。全球都把工业 4.0 当作发展战略，包含 3D 打印也作为国家发展战略，我们国家也一样，是因为 3D 打印目前是全球做个性化定制的最新的设备和技术。"巫国宝如是说。

他告诉记者，敢于布局 3D 产业链，得益于在模型行业 20 多年的技术积累，大千集团很早就开始尝试把 3D 打印与工业设计结合起来。

众所周知，3D 打印技术应用在工业领域内，将从源头颠覆制造业，机器将取代模具、部件、半成品到成品等每一个关键环节。与传统制造业相关的劳动力、设备投资、工人技能、生产线管理等将随之被颠覆。

考虑到这些影响，巫国宝提出构建闭环生态链的设想。在构建这个 3D 打印生态链时，巫国宝提出了六位一体的概念。巫国宝表示，"我们的理念就是从模型开始，前端往工业设计去做，后端往小批量生产，设计平台。3D 打印的研发、生产、销售以及 3D 打印基地的辅助，这样包含电子商务，把工业设计作为我们的基础，形成一个工业设计的产业链，或者是闭环的生态链。从工业设计的这个基础上形成了工业的产业链，或者是生态链。"其中涵盖了设备、软件、材料、服务等诸多内容。

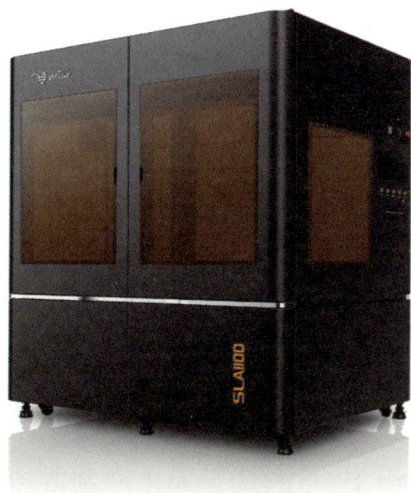

SLA1100 双振境双激光光固化成型机

对于打印设备和材料的研发，大千集团从 2003 年便开始着手研究。

由于当时核心技术主要掌握在美国、德国等发达国家手中，大千集团成立了专门的研发团队，与欧洲团队合作开发适合自身企业的 3D 控制软件、3D 打印机设备和打印材料，致力成为 3D 打印材料和设备的供应商。

因为很早就向工业级 3D 打印机发力，大千集团在引进国外 3D 打印设备的基础上，对 3D 打印设备进行了二次创新，不仅优化了打印机的结构，进一步提高设备精度与稳定性，完善各类机器型号，解决进口 3D 打印机在中国"水土不服"的问题，使之能够适应中国用户的功能需求，而且还大幅降低了 3D 打印设备的成本。大千集团生产的工业级打印机也受到了市场的认可。在 2017 年的销量达到 200 多台，占据市场份额的 20%—30%，排在国内市场中的第三位。巫国宝介绍，随着研发的深入，将与挪威技术团队合作研发推出液态金属 3D 打印机。其中，最核心控制软件是由大千自主研发的。

不仅如此，大千集团还将材料发展作为重点。为了降低对 3D 打印材料和设备供应商的依赖，大千集团与国内外专业厂商合作研发 3D 打印原材料，将材料价格降低近 50%。其中，SLA 打印机用到的材料全部拥有自主知识产权，并且申请了专利。之所以将材料作为重点，巫国宝有自己的考量。他说，"未来 3D 打印设备的价格会降下来，材料发展将是重点，所以我们布局材料发展，通过材料来锁定设备，锁定不同的行业，买了我的设备长年累月要用我的材料。这保证了我们大千的 3D 打印产业的可持续发展。"

由于 3D 打印是对生产制造和材料开发颠覆性的技术，这使得大千的产品设计不再局限于原有的一些行业，而能够将自身的设计专长扩展到更多行业，如航空航天、生物科技、汽车零件等行业。在这个过程中，大千与汽车企业在汽车零部件的开发和赛车的零部件制造方面的合作也不断深入。使用 3D 打印技术为长城汽车设计生产的汽车保险杠，一体成型的技术使得产品与设计更好地吻合。还有一些应用包括汽车仪表盘、动力保护罩、装饰件、水箱、车灯配件、油管、进气管路、进气歧管等零件。正如巫国宝介绍："工业设计可以渗透到各个领域，不仅是工业领域、家装领域，还有航空航天领域、汽车领域等，都用了工业设计。"

在这个过程中，大千也在不断改进着 3D 打印的工艺。由于 3D 打印产品表面较为粗糙，很多 3D 打印企业不重视这一点，而大千利用过去的工艺经验，在后期加入表面处理这道工序，弥补 3D 打印产品表面较粗糙的缺点，改善了产品的外观。3D 打印技术和传统工艺经验的组合，使得原来只能生产模具、不具备生产成品能力的大千具备了制造功能，而且制造流程得以优化升级。

除了提供设备和材料之外，"在全球建立 100 个 3D 打印个性化定制的基地"也是巫国宝为大千集团制定的未来发展战略。随着基地的建立，可以利用互联网和 3D 打印，从客户端和基地端两大平台将客户与设计资源进行整合。

在客户端平台上，把客户与设计、生产环节链接起来，利用智能转换软件将客户需求和创意转化为 3D 打印机可读的生产指令，通过这种方式将客户转化为产品设计师，同时还压缩了客户与生产制造现场的空间距离，缩短了产品交付周期。在基地端平台上，接收到客户的生产指令即可投入生产，减少仓储环节，实现整个生产流程到物流配送全程自动化和信息实时共享。

巫国宝介绍，这种模式给企业带来了实实在在的好处。随着 3D 智造基地的投入使用，原本需要 200 个工人完成的手工处理的工作，现在只需 20 个工人看护，减少了人力成本和管理成本。不仅如此，通过互联网的使用，提高人机沟通机能，减少沟通成本、生产成本，缩短了生产周期，提高生产效率，原本生产周期需要 30 天，现在一周内就可以完成。

企业外部环境的改变会刺激企业发生转变，但是这可能不仅仅是一种机遇，更可能是一种解决问题的出发点。而在这种转变中，显然，巫国宝对于企业的未来发展有着明确的规划。

SYƟWA®

第二十三篇

申颖科技：商用洗净设备开拓者的坚守

陈　曦

习近平总书记在党的十九大报告中对当前我国社会主要矛盾作出了与时俱进的新表述，指出"中国特色社会主义进入新时代，我国社会主要矛盾已经转化为人民日益增长的美好生活需要和不平衡不充分的发展之间的矛盾"。这一社会主要矛盾体现在衣食住行的诸多方面，在民以食为天的中国，更是如此。

改革开放 40 年来，国民饮食生活从吃不饱，经历了吃得饱、吃得好，到现在追求吃得卫生、吃得健康的过程。

在当下，想要满足全体国民"吃得放心、舒心"的诉求，需要从两个方面努力。一方面，要提高食品安全意识，把好原材料关；另一方面，随着人们外出就餐次数的增加，要严格执行餐饮行业卫生规定，从食材、制作环境、餐具、用餐环境等多角度进行监督。

然而，现实是，目前我国餐饮行业在快速发展之下出现了诸如食材不合格、厨房卫生不达标、餐具不够洁净、餐具流通过程不合理等问题。为之服务的上游企业，还没有足够的能力和决心来解决这些问题，短期内还不能克服发展不平衡、不充分的困难。

意识到这些问题，厦门申颖科技有限公司（以下简称"申颖科技"）的两位负责人，董事长林影萍和技术总监陈沪，夫妻二人在日本学习生活了十余年之后，毅然决定回国。二人希望通过改善国内餐饮行业的卫生安全，为祖国尽一分力量。

"我们去国外学习，也是希望能够学成归来为社会作点贡献。2003年我们发现在国内餐厨设备很落后，比如在日本已有五六十年历史的洗碗机，虽然国内一些五星级酒店有使用，但是普通大众对此还没有概念。随着时间的推移，理念的转变，洗碗机肯定会有市场，所以我从日本回来。"林影萍在介绍为何把商用洗净技术及设备的研发生产作为回国创业的方向时如是说。

不忘初心　元老级企业的坚持

2006年，申颖科技正式成立。在当时，中国已经成为"世界工厂"，而以餐饮业洗碗机作为主营产品的制造业企业，在国内还寥寥无几，在流通业、生鲜超市等行业所需的洗净设备，更是闻所未闻。在准备创业的时候，陈沪发现这个行业在中国几乎是空白，"2003年的时候，我们在查餐具清洗设备企业的时候，几乎查不到。事实上，我们后来了解到，2003年之前，中国餐具清洗设备制造企业只有从欧美过来的几家，但是几乎也没有什么知名度。直到2006年的时候，中国企业才开始生产洗碗机清洗设备。"

经过对行业的研判，陈沪看到餐饮业清洗设备有两大明显的优势，这两个优势使其必然会成为未来的一个行业趋势。

其一，陈沪认为，中国发展这么快，资源消耗量大而且速度快，节能环保将会成为所有行业发展的前提要素。"新型餐具洗净设备，用机器来代替人工清洗，可以通过在机器内部过滤、循环，让水循环使用。洗净设备的节水功能非常好，所以，具有节能减排的作用。"

其二，依然回归到食品卫生问题上来，陈沪说，"三聚氰胺，还有很多的有毒添加剂等一系列问题在过去已经发生。很明显，我们已经看到政府治理越来越严格，整体越来越向好。在创业初期，其实那时候我国可能更多把焦点凝聚在食品本身，比如添加剂、有效期、防腐剂等等。当时大家还没有把焦点放在食品保管以及食品使用过程的卫生上，比如装食品的盒子卫生不卫生，大家还没考虑到。我坚信，食品卫生在中国也一定会引起更多重视。那么从另外

申颖科技外景

一方面来讲，用机器清洗、消毒、保管，到后来规划与餐具相关的各种规定及其卫生标准都一定是趋势。所以我认为，不论是从环境角度，还是从卫生，从整个行业的竞争情况来考虑，餐具清洗设备行业一定很有市场前景。"

作为行业的元老级企业，申颖科技经历了从不被了解，到被了解再到被认可的艰难过程。

现在，随着餐具不洁给人们带来危害的事件不断曝光，餐具洁净越来越受到重视。与人工清洗方式相比，餐具洗净设备不但可以完全替代人工，而且可以实现人工所无法达到的洗净效果，比如80℃以上的高温消毒，这是人手所无法接触的温度，而机器却能轻松实现。因此在国外，餐具洗净设备相当普及，据日本的调查资料，每天客流量100人以上餐饮业100%使用；客流量50人以上的，普及率达到82%。

林影萍回忆，2007年申颖科技制造的第一台样机生产出来后，送到东南汽车食堂试用，因为效果好，对方"不肯归还"，就认准这台样机，非要买下不可。"其实卡乐美食广场先试用了样机一个星期后，一次性订了两台，那是我们的第一笔订单。"

第一次试用，就得到了两家客户的认可，印证了申颖科技对行业研判的准确性。

陈沪说："卡乐美食广场高峰期的时候，要用到二十几个人洗碗，高峰期的时候，碗能摆到外面用餐的位置，摆二十几米长。所以老板很想要一台洗碗机。我们就把样机送过去让他试，那台机器还不到两米，其实规格对于美食广场来说挺小的。客户同意先看一下清洗的效果怎么样。至于说能不能满足清洗量，我当时就跟他说肯定满足不了，至少要两三台这样的设备才能满足他的要求。试用一星期后，本来美食广场用二十几个人洗碗，后来七个人就够了。"客户很高兴地对陈沪说，他其实在全国各地到处找洗碗机，已经跑过浙江、广东了，厂家都说能做，但是没有见过一台真设备，申颖科技的产品还是他们看见的第一台实物。

销售的开门红带给申颖科技信心。可惜，刚刚有了一点销售业绩，就遭遇了全球金融危机的打击，生存都成了问题。"2008年初虽然开始有点起色，但是很快遇到金融风暴，人力成本低廉，没有人愿意一次性花这么多钱去买洗碗机。"林影萍说。

申颖科技最艰难的两年，当属金融危机的头两年，不仅销路打不开，接二连三的坏消息甚至开始动摇企业的信心。陈沪说："本来对中国市场就不熟悉，有点将信将疑，我的业务员出去跑业务的时候听到的多是负面信息。当时我们总结，到底回来是对还是错，有那么一种感觉，暗暗地说早知道还不如不要回来。"

最终，陈沪还是相信自己的专业知识，通过对行业和全球经济的分析，他坚信："整个世界，不管是欧洲、美国，包括我们待过的日本，都是从不规范走向规范，从不注重环境保护到注重环境保护，从不注重食品卫生到注重食品卫生，这是一个必经之路。洗碗机，是符合我们国家节能减排国策的，而且又能解决饮食卫生问题，总有一天国家会重视起来。2008、2009年，不要说员工没有信心，其实我们自己也没有信心，在那种环境下，我们相互鼓励，跟员工讲这个环境，讲趋势，跟他们说只要能坚持，总有一天会有人来用，国家会重视。"

果然，2010年以后，随着经济慢慢复苏，申颖科技的日子越来越好过。到了2014年、2015年，公司开始成几何级数增长，厂房几经搬迁，规模不断扩大。

砥砺奋进　技术型管理者对质量与创新的执着

管理者的个性，就是企业的个性。

其实，回顾申颖科技一步步走来的路程，技术型管理者对企业文化的影响不言自明。

陈沪 1996 年获得东京水产大学博士学位后，就职于一家日本企业。这是一家老牌企业，有 70 年历史，专业从事餐具洗净机、周转箱洗净机等各种洗净设备的研发生产，特别是该公司的周转箱洗净机在日本占了近 70% 市场份额。在职期间，陈沪独立或第一担当开发的洗净机、水循环系统以及其他机械等新产品有 20 多类 100 多种机型。

在日本的工作经验，在工作态度和管理方式上，都给了陈沪非常大的影响。

一直从事技术研发，让陈沪对于产品本身更加看重。所以在创业之初，他并没有先去跑市场，而是决定先把产品做好，再送到市场中验证。也正因如此，才获得了卡乐美食广场的第一笔生意。

如今，陈沪回忆，在制作第一台样机时，申颖科技所遇到的困难，真是一言难尽。

"原来在日本搞研发的时候是这样的，研发团队自己研发的产品、样机，一定是你自己做出来的，而不是让别人帮你装出来的。所以我们从钣金的加工，钣金的处理，数控，装配，测试，全部自己弄，只有焊接这个技术活求助外人。"

因为已经有了多次研发、制造经验，陈沪原本信心十足，"原来想象挺简单的，因为这些产品，本身都是我自己研发、生产的，可以这么说，我不需要任何一张图纸，整台机器在我头脑里都非常清晰，哪个地方用什么类型螺丝，哪个地方有几个螺丝我自己都非常清楚。所以当时我想，做出来应该没问题的。"

事实远没有想象的简单。在钣金上，申颖科技就遇到了一个坎。陈沪其实已经预料到，有一些零配件在国内买不到或者国内的零配件不如国外的质量好，所以已经提前在国外买好。最初只是先找人制作钣金。"钣金拿到手后发现，虽然采用国外高精度设备加工，但是有的地方加工没有那么细心，折弯角度不够，有的刚好折反，而且在毛刺方面也处理不够好，总之并不满意。"

技术型管理者把产品的好坏放在第一位，陈沪多年的海外工作经验，也让他无法将就。所以，为了让第一台样机在各方面都符合要求，他带领团队，一次次修改，不断完善，以求产品在性能上可以与外国产品媲美。虽然是第一台样机，但卖给客户后至今仍然在服役，客户反映性能良好，绝没有枉费当初七八个月时间的钻研。

2006 年，陈沪回国后仔细分析了国内商用餐具洗净设备的使用情况以及餐饮业的现状，并结合国外餐具洗净设备的发展历史，明确将商用餐具洗净设备分为四代。

第一代洗碗机——揭盖机，清洗量小，需要人工粗洗，再进行洗碗机清洗，适合中小型的餐饮店。

第二代洗碗机——篮传机，特点是采用推块间歇输送，但碗碟的食物残渣也需要人工处理。从预洗到没有食物残渣再进行装筐，推入洗碗机内，实现了半人工式清洗，达到比较大的清洗量，适合大型的餐饮单位，如酒楼、食堂等。

第三代洗碗机——斜插机，直接把碗碟插放在输送带上，免除装筐工序，在一定程度上减轻了劳动强度。

这前三代的餐具洗净机，虽然在不同程度上减轻了人工工作量，但还存在粗洗工序需要较多的人工介入、耗水耗能等问题，且没能完全节省人工。

申颖科技决定把研发重点放在第四代——平放机。

第四代平放式洗净烘干一体机

中餐是世界上最复杂的菜系，不仅蒸煮炒炖工艺繁杂，而且为了让菜品更加美观，往往会用到一些特殊形状的餐具。比如盛鱼用椭圆状的扁平盘子，盛炖菜用大碗，盛羹汤用小碗等等，餐具规格繁多，清洗难以统一标准。

新一代产品，直接将餐具口朝下平铺在输送带上，无须除渣粗洗，操作简便，这是陈沪将日本的人性化技术与中国餐具渣多、油腻、不规则等特点相结合研发而成的专利产品，最大限度地减少了人力和劳动强度。

申颖科技以平放式餐具洗净机为基础，先后成功研发了餐具洗净烘干一体机、餐具浸泡洗净烘干一体机、超声波餐具洗净机、自助式餐具洗净机、垃圾输送过滤机、智能托盘餐具分离除渣洗净系统等产品。

而后，为了拓展业务面，申颖科技把目光放在了其他需要类似产品的行业，比如物流业。2016年中国快递业务量突破300亿件，收入规模近4000亿元，年增速超过50%。如此巨量的物件，在装卸、分拣、运输等处理过程中，离开高速自动化分拣线，单纯依靠人工，难以保证处理效率与精度。周转箱是快递物件的容器与快速分拣用的载体，是实现高速自动分拣不可缺少的重要工具。为了保证承载物品（快递件）不被弄脏或破损，许多大型物流中心在规划时，直接将周转箱洗净设备嵌入整体分拣线，成为不可分割的一部分。不只是物流行业需要清洗周转箱，食品加工行业的模板、烤盘、蒸盘等，生鲜超市行业的保温箱、周转筐等，连锁便利行业的折叠箱，甚至汽车、电子等机电产品行业等等，周转箱都是必要的容器，都需要洗净，而且很多洗净设备是自动化生产线的组成部分，是人工清洗所无法取代的。

根据物流、食品加工、生鲜超市等行业特点，申颖科技研发并投入生产了周转箱洗净烘干一体机、烤盘洗净烘干一体机、模板洗净烘干一体机等产品，得到广大客户的好评。

目前，申颖科技已获得国家专利30多项，申请中专利10多项。公司产品先后荣获中国饭店协会颁发的"中国餐饮业金牌设备商"及"中国餐具洗净技术创新奖"、中国烹饪协会颁发的"中餐科技进步奖"及"2016年度中国餐饮优秀供应商"等多个奖项。

2018年6月，申颖科技的合资品牌"昭和"入围"2018年度中国洗箱机十大品牌"以及"2018年度中国洗碗机十大品牌"。"昭和"系列产品具有高效节能、可靠稳定、绿色环保等特点，在性能和功能上已经达到或超过日本等发达国家水平，并且在使用习惯上更符合中国市场需求，产品技术在国内稳居同行业前列。

从强制商用厨房配备餐具消毒柜，到专业餐具消毒公司配送餐具，从规范人工清洗餐具流程，到采用设备自动清洗餐具，人们对餐具洁净的追求不断升级，清洗、保洁手段也不断创新，而这一切都离不开餐具洗净设备。

在中国，餐具洗净设备具有广阔的市场前景，据申颖科技的估算，厦门市目前年需求量就达到数百台，金额近 1000 万元，预计在未来 5 年之内将突破 2000 万元，以此类推全国市场，未来 10 年内，餐具洗净设备年需求量将接近百万台，金额近千亿元，再加上洗涤液、消毒剂等其他配套消耗品，餐具清洁市场必将超千亿元。

在社会效益方面，餐具洗净设备对节能节水、减少排污、保护环境起着积极促进的作用。根据日本有关协会调查资料，洗净 1 个碗碟需用 2 升水，按每人一餐 3 个碗碟，一日 3 餐，我国 14 亿用餐人口每天洗碗用水达 0.252 亿吨，一年有 92 亿吨，即洗碗水年排放量达 92 亿吨。餐具洗净设备只消耗手工洗的 1/7 到 1/10 的水量，仅节约净水以及减少污水排放方面，每年便可以节约数百亿元。

从业务员到处碰壁，到如今销售以每年 50% 以上的速度增长，申颖科技作为餐具清洗行业的先行者一直坚守初心。在未来，这个千亿行业中，这家元老级企业将紧跟国际趋势，以"洗净一切污垢，追求你我健康"为宗旨，积极推行"一实两意三心"（实事求是；创意、心意；爱心、信心、责任心）的企业文化，在实现公司良性运营之际，以产业报国和科技兴国为己任，为社会作出贡献。

第二十四篇
永裕机械：汽车刹车系统领航者

李　莉

　　一湾浅浅的海峡，大约 30 年前，在一些台湾人心中，还是一道浓浓的乡愁，但在另一些台湾人眼里，却是一个满满的机会。

　　这些掘金者、企业家，敏锐嗅到商机，从海峡东岸的台湾跨海而来，来到了海峡西岸的厦门，在中国这片改革开放的前沿热土，落子投资、设企兴业。许多年后，他们中的许多人，创下了一片崭新而广阔的财富、事业天地。这其中，就有老董事长许耀仁总经理的父亲及现董事长纪经得。那个年代，老董事长与纪经得由台来厦，寻找一片事业新天地，创立了厦门永裕机械工业有限公司（以下简称"永裕机械"）。

　　数年前，许耀仁子承父业。如今，这位永裕机械总经理说，从 20 世纪 90 年代初在厦门设厂兴业起，经过 20 多年的奋斗和发展，现在，这家主营汽车刹车系统零配件制造、生产和销售的企业，凭着产品的高品质和高性价比，成为"美洲和东南亚地区最大的刹车系统售后市场零配件新品供应商"，而且，近些年来，也开始登陆汽车维修市场高地——欧洲大陆。

目前，永裕机械一年营业额约 4000 万美元，赚的虽是"辛苦钱"，但让许耀仁引以为豪的是，如今，这家全球汽车刹车系统零配件著名的供应商，凭着在研发、生产及管理等方面的一系列核心优势，在汽车刹车系统零配件这一细分领域，已堪称汽车售后维修市场的"刹车系统领航者"。

雄冠美洲、东南亚

现代生活中，汽车早已"飞入寻常百姓家"。尤其在美国这个"轮子上的国家"里，更是如此：100 多年前，这一交通工具就在这个国家被发明出来，日渐成为每个家庭的必需工业品。

"车行万里，安全为要"。在汽车五大系统中，制动系统至关重要。其中，刹车系统又是重中之重。而如今，在美国的汽车刹车系统售后市场零配件新品供应中，永裕机械勇占鳌头：其一家的市场占有率就超过了 50%。

"我们是做 AM 市场（售后维修市场）的"，许耀仁介绍，这在中国汽车工业协会制动器委员会里是唯一的一家——这个协会由国内营业额排名前十的业内企业组成，目前，永裕机械是副理事长单位；与此同时，其也是"国内第一家"进军美国汽车售后维修市场的刹车系统零配件供应商。

资料显示，厦门永裕机械创立 6 年后，1998 年开始进军美国、墨西哥等北美汽车售后维修市场。20 年后，永裕机械在整个美洲——从美国、墨西哥到南美洲的售后维修市场上，如今只要是美系车，其刹车系统零配件，"基本上都会找我们公司采购"，因为其刹车系统零配件"品种开得很齐全，市场占有率也是第一"。

现在，永裕机械的海外市场，占企业全部收入的95%以上。其中，最重要的是美洲市场，"整个美洲市场的营收，目前已达到企业总营收的70%以上"，而除了美国，在墨西哥以及南美一些国家的售后维修市场，永裕机械汽车刹车系统的零配件市占率，也都超过50%，永裕机械成了"美洲地区售后市场最大的汽车刹车系统零配件供应商"。

"当初进军美国市场，源于永裕机械的一个创想"，许耀仁记忆犹新：彼时，台企同行的市场开拓，多集中在东南亚一带"同文同种的华人地区市场"，竞争充分而激烈。在此之下，永裕机械决策层决定另辟新市场，并详尽分析了日本、欧洲、美洲等新目标市场的进入门槛。最终，以"第一家进入"的领导者经营策略，选择先进军美国、墨西哥等北美市场。

永裕机械厂房

值得一提的是，当初永裕机械进军美国时，其生产的产品，在美国也有其本土企业在研发、生产、销售。然而，久而久之，这些美国本土企业在开始停工，转移到墨西哥，"今年又把它停了……那结果就变成是，逐步的全部都是跟我们买"。

此外，东南亚市场，是永裕机械最先进军的海外市场。目前，这里是其第二大市场：该市场的营收占总营收的 20%，其中在马来西亚、印尼等市场，永裕机械的产品市场占有率，也超过了 50%，俨然一枝独秀于业内同行。

市场新攻略

经过 20 多年的奋斗与拓展，时至今日，在美洲、东南亚市场上，永裕机械的汽车刹车系统零配件供应，已然独霸一方。然而，其市场拓展的雄心，并不止步于此。如今，其甚至已有着眼全球市场的新发展规划。

根据中国汽车工业协会的说法，在汽车售后维修市场上，就汽车刹车系统零配件的出口而言，永裕机械目前是国内最大的出口商——尽管如此，今后在提高全球市场占有率上，其还将践行四大发展规划：美洲、东南亚市场稳中求增，欧洲市场进一步拓展，中国市场深耕以及新兴市场开发。

一些行动已经开展。因为致力于"一直要当市场的领导者，掌握行业的话语权、定价权"，许耀仁表示，这就要求，一旦某种车型出来，在业内同行中，永裕机械就要成为"第一个开模具的"，为此，就要将触角不断往外延伸。有鉴于此，在美国，永裕机械控股母公司——永新控股，以本土化策略在迈阿密设立了经营公司，其旨在及时搜集市场信息情报、做市场情报研究，制订各种车型的刹车系统零元件开发的年度计划，以及各个产品的市场价格制订计划，反馈到总部，再由总部决策是否进行研发及价格调整。

而为了进一步提高在东南亚市场的竞争力和市场占有率，针对泰国、新加坡等亚太国家、地区市场，永裕机械控股母公司，也已在马来西亚吉隆坡设立了刹车片生产基地，"未来，比如像刹车总泵也可能转移过去"，到那里进行生产、组装再销售。

永裕机械近年来才开始进入的欧洲市场，虽说目前市场占有率还比较低，但对这一市场未来的进一步拓展，许耀仁也深具信心。

他的底气来自数个方面：其一，"全世界最挑剔的德国、日本客户，这几年来一直与我们做生意"，其产品已成为 BOSCH、TRW、AISIN、Sam 等数十家全球顶级汽配品牌商的青睐之选；其二，这个产业的产品生产，目前从全球范围来看，除了欧洲一部分、巴西一两家企业外，基本上全部都在中国，而永裕机械又是其中的佼佼者；其三，除了产品品质过硬外，永裕机械的产品交期，现在也能压缩到更短；第四，欧洲市场比较特殊，国家众多，目前汽配产品主要是如 BOSCH、TRW 等大品牌在供应，但它们也向永裕机械采购，一旦未来解决了配销系统问题，这块市场的市场占有率提升可期。

此外，几乎做出口外销业务的永裕机械，在内销市场上业务量比例，目前虽然也还很微小，然而在许耀仁看来，中国这个巨型新兴经济体，汽车进入普通家庭虽是近十来年的事，但随着整个市场的汽车保有量及每年新增量巨大，国内注定拥有巨大的市场容量。因此，随着国内消费者品质意识的大幅提升，以及国内信用经济的发展，如今，永裕机械也在为此未雨绸缪，开始和上汽等国内大品牌汽车厂商寻求合作……

逾 30 年深耕的厚积薄发

在汽车刹车系统零配件供应上，永裕机械之所以形成今日显赫地位，并有志于攀登"全球汽车刹车领航者"的行业地位，许耀仁表示，这源于该企业创立、经营团队和研发团队，在该细分领域——从铸造到机械加工再到刹车片生产等，都有逾 30 年的行业经验积淀和深耕细作历程，并因此拥有了一系列核心竞争力优势。

早在 20 世纪 80 年代，永裕的经营技术团队 早期都是做换修，卖换修件去自行维修。时日渐久，他们慢慢摸索出并掌握了一些如刹车泵等机械器件的生产技术，逐渐把汽车刹车系统的一些零配件产品开发出来。后来，他们在台湾投资设立了"鑫荣机械工业股份有限公司"，以生产这些汽车刹车系统零配件产品。很快，这家公司在台湾经营得风生水起，但台湾毕竟"地域狭小、市场容量有限"，欲求发展必须走出去。

1989 年，两岸关系大为缓和后，经贸交流活动频繁。那时，台湾地区行政管理机构的一名负责人曾带着一个投资团来到厦门考察，这开启了日后台籍企业家在厦门的投资落户潮。这其中，就有永裕经营团队许耀仁的父亲及现任纪经得董事长的身影，数年后，邓小平南方谈话更展示了中国进一步加强改革开放的决心，激发他们于 1992 年在厦门创立了永裕机械。其中，商机之外，闽台五缘文化、祖籍故里、人文环境和生活环境几乎一样，这些是他们最终投资落子的重要原因。

"之前，我们在深圳、宁波都有投资生产"，许耀仁介绍，最早时，原计划是在这些城市生产机械产品，在厦门生产橡胶件产品及进行组装、出口，但后来，"因为听不懂广东话"，就把深圳工厂搬到了厦门，从事生产组装、橡胶、机械加工之类的产品。与此同时，在创立、经营初期，因为看到当时国内深受"三角债"问题困扰，永裕机械"不敢做内销业务"，而转向开发印尼等东南亚市场。

"从1992年企业创立起算，公司主要经历了三次搬迁、四个阶段的发展"，许耀仁还介绍，永裕机械首先落户湖里工业区，之后搬到思明区前埔片区，最后落址于同安工业集中区，"每一次搬迁都是一次跃升"。

资料显示，1992—1998年是永裕机械的初创期，这个阶段主要进军、耕耘东南亚市场，年营销额从零起步到逾300万美元；1999—2006年是快速成长期，原因是率先进入美国、墨西哥等北美市场，并逐渐在这一市场站稳脚跟，"2006年那年，年营业额首次实现突破1000万美元"；2007—2011年是成熟期，这个阶段里，厂址于2008年搬迁到现位置，且随着产品品质大幅提升及性价比优势明显，一些国际性汽配品牌零售商如BOSCH、TRW等，开始陆续成为永裕机械的客户，到这个阶段末，企业年销售额已经突破3000万美元；第四个阶段是2011年至今，即"转型期"，其间，不仅企业年销额突破4000万美元，更重要的是，实现了转型，通过一些收购进行了上下游产业链的整合，控制了上游的铸造厂，也在下游拓展了产品线。

"目前，企业基本上往两个方向走，一是控制产品品质和缩短交期，一是拓展产品线"，许耀仁表示，经过20多年厚积薄发后，这些正是永裕机械形成今日及未来行业核心竞争力之所在。这集中体现在如下几个方面：拥有丰富的产品线；产品拥有优良稳定的品质；拥有弹性、高效率、少量多样的交货模式；拥有快速反应的交期；拥有国际市场本土化的积极服务……

而在这些核心竞争力的背后，许耀仁总结是永裕机械"对资金、技术、经验和管理等一系列资源整合的叠加成果"：开设厂房、购买生产机械设备及开发完备的模具，背后是庞大

刹车卡钳

的资金量投入；这个行业涉及注塑、橡胶、机械加工和组装测试，每个环节都需要相当的技术积累；项目和客户的养成，则需要长年累月精心耕耘的经验积累；而管理上，资源整合、IT 技术应用及精益生产，也并非一日之功。

具体而言，在产品线上，未来，永裕机械"将进一步扩展卡钳、刹车片、转向系统等产品线"，如今，永裕机械的产品线，几乎可以生产出整个刹车系统除个别产品外的全部产品。比如，刹车片、卡钳、刹车蹄片、刹车板、转向节、刹车总泵、离合器总分泵、真空助力器……"全都有能力高品质提供"——这意味着经过 20 多年发展，永裕机械在业内建立起一定的壁垒，并拥有竞争力优势：现在，一个竞争对手要进入这个"看起来领域不深的"行业，要形成如此齐全的产品线，资金、时间和技术积累，将有一定难度。

而在产品品质控制上，由于汽车刹车系统零配件这个领域，涉及注塑、机械加工、橡胶、组装测试等环节，"组装线一天要换 140 次"，如果靠人工操作，就要求员工熟能生巧，才能确保品质。

为此，永裕机械新设了二厂，引进自动化生产设备来进行产品的机械加工，"它可以 24 小时加工，而且可以自动送料进去、然后自动加工，加工完可以自动检测……这在全中国同行中很可能是引进的第一台"。

此外，为了既能确保、提升良品率又能缩短产品交期，并购上游铸造厂、加强企业内部管理，都是必需的选择。永裕机械也正通过这些举措，实现了竞争优势：以往，整个行业交期接近 120 天，但充分竞争下，如今，永裕机械可实现 60 天交期，"未来，还将实现客户要求的 45 天交期"。

顺时应势而作

"现在，这个行业的竞争，最重要的其实就是两点，一是良品率要提高，二是交期要尽量缩短"，许耀仁表示，这就不仅需要企业能控制上下游，也需要企业进行精益生产和管理，"这是市场竞争趋势的一个要求"。

然而，在他看来，要成为一个行业的领航者，适应市场竞争趋势还不够，而主动预判、顺应产业发展趋势，更为重要。在这点上，许耀仁表示，20 多年的行业深耕不懈，让永裕机械更能察觉并主动顺应各种产业发展趋势。

比如，产品需求趋势上，在美国汽车售后维修市场，二手翻修件使用比例日渐萎缩，而如"经过国际大厂认证且有价格竞争力"，新产品的使用比例日益增加，这意味着永裕机械从事着拥有市场前景的产业。

又比如，在产品材料需求趋势上，随着汽车发展的时代要求，这一行业零部件的产品原材料也相应巨变，"从铁到铝再到塑料"，有鉴于此，永裕机械将在最近几年内大力开发塑料材质的产品线。

又比如，国内劳动力人口红利优势不再，再加上市场竞争要求更高的良品率、更高的专精度品质，以往国内粗犷的机床工业已经难以为继，投资更好的、自动化的生产设备，成了应有之义，这也正是如今"我们的品质能提升到与国际水准相差无几"的原因之一。

又比如，电动汽车将是时代的大势所趋，特别是在如今的美国，电动汽车的保有量和年增加量都比较高，而美洲市场又是永裕机械最主要的市场。鉴于此，近两年来，永裕机械已经在研发适应于电动汽车的智能化卡钳产品，"这个部分，目前我们已经走在行业前面"，并希望该产品的成功研发、生产，将带动未来永裕机械的整个售后市场业务发展。

此外，随着电子商务、现代物流的突飞猛进发展，未来，靠汽配店供给修理厂这样的传统模式，很可能将被时代淘汰，生产方和终端客户之间直接对接，将成为一个现实。为适应这一趋势，如今，永裕机械也开始着眼电子商务，并将以可溯源的方式，提供给终端消费者以正品。

最后，随着市场上各种品牌、型号的车子出现，这也给了永裕机械等业内企业们以不小的挑战。为应对这一挑战，"少量多元化"的研发生产策略应运而生。然而，这一策略要能取得市场的成功，就必然要求有信息化、大数据的支持，以获得相关热销、畅销车辆的情报，"这意味着，我们对市场上整个销售情况，要去关注和统计"。

"其实，少量多样，对我们的研发能力、技术水平以及快速反应能力，都是很高的要求"，许耀仁表示，这是集中体现企业全面综合能力的一个方面：它首先考验的是企业的前期市场情报搜集、市场调研能力；其次考验的是企业的技术、开发能力如何来跟进市场需求，而这其中的基础支撑，就是企业现有的生产设备、经验积累和技术积累等，"在这些基础上，我们适应需求进行相关的拓展、深化或提升"；再次，这也展示了相比于同行，企业有独特的领先技术优势或竞争优势，"可以进行攻关克难"；此外，落实到企业内部生产和管理上，这要求企业能作出快速反应，快速地生产出产品、快速出货，从而提高产品周转率。

"细节见真章"，在许耀仁看来，一家企业要成为一个行业的领航者，并不仅仅看其生产规模、年销额以及市场占有率，更要看它的产品齐全度和品质水准、技术积累和过硬度以及精益生产、管理能力等更多细节方面，而正是在这些方面，"永裕机械有一定的竞争优势"。

第四部分
物联网

◆ 第二十五篇　蓝斯通信：智能公交技术领航员
◆ 第二十六篇　物之联：轨道交通主动安全的守护者

陈 曦

第二十五篇

蓝斯通信：智能公交技术领航员

　　如果搭乘福建省的公共交通车辆，那么你有 90% 的可能会遇到厦门蓝斯通信股份有限公司（以下简称"蓝斯通信""蓝斯"）的智能终端设备，或许是公交智能终端、刷卡机、操作屏、客流仪等车载终端系统，又或是调度运营、视频监控、EPR 等运营管理系统。

　　总之，在福建，蓝斯通信是智慧公交系统的佼佼者，在全国，蓝斯通信也是先锋企业。在 2018 年 4 月 11—12 日举行的第七届中国智能交通市场年会上，蓝斯通信在最具影响力企业评选中被评为"2017 中国智能公交行业十大优秀企业"，这也是蓝斯第 5 次获评该荣誉。

　　根据交通运输部科学研究院城市交通中心智能交通部给出的数据，2017 年，全国公交车载终端量达到了 54.3 万台，同比增长 6.2 万台。蓝斯通信 2017 年公交车载智能终端的出货量近 2.5 万台，占比行业终端新增市场 40.32%。

智能交通的领航员

厦门蓝斯通信股份有限公司董事长兼 CEO 林升元介绍，"进入这个行业 12 年，我们得到了行业的高度认可，很多客户，像大连公交、厦门公交，与我们都有 12 年之久的合作。全国公交车的数量，交通部给出的数据大约有 65 万辆，我们蓝斯通信通过 10 年积累下来，应该在其中安装了 10 万多辆的量"。

如果按照百分比计算，全国大约 20% 的公交车上使用蓝斯通信的产品。在全国 300 个城市里，都有蓝斯通信的智能终端设备在运行着，产品类别涵盖智慧公交、出租、客运、校车、"互联网 +综合出行"等核心软硬件。

智能交通是交通的物联化体现，其发展跟物联网的发展是相辅相成的，只有物联网技术不断进步，智能交通系统才能越来越完善。

以制造通信硬件起家的蓝斯通信，先是敲开了物联网的大门，后来又在智能公交领域里做得风生水起。

2009 年，成立 3 年的蓝斯通信其主要业务还是硬件终端，公司更多的是为大工程提供硬件配套设施，当时，公司的智能公交产品在技术上实现了一个突破，正是从这个突破开始，蓝斯通信从此在智能交通的行业里一直扮演着技术引领者的角色。

林升元介绍，"2009 年前后，当时普遍使用的是 2G 网络，速度特别慢。我们自己通过视频压缩技术的处理、创新，率先实现 2G 网络环境下的远程实时视频的监控。我们从应用式的创新角度出发，前期去调研了上海、杭州、青岛、哈尔滨四个当时国内最先提倡公交智能化的城市，这四个城市，各有各的优点。当时大连想做智能公交，却苦于市面上找不到理想的产品。那时，蓝斯仅是一家只有十几个人的团队，但是蓝斯凭借研发和创造力，赢得了他们的认可，便委托我们去做智能公交终端的开发。"

智慧公交的意义在于提升公交运营管理的效率，让市民出行更便捷、安全。林升元介绍，"在 2008 年，厦门公交集团公开向全国招投标，在厦门进行现场 PK，各家企业都把设备安装在车上，在实际环境下进行测试。我们测试的效果很好，率先提出并实现包括远程实时定位监控理念。由此，我们技术设计理念及技术团队得到了厦门公交集团的认可，而且在安装我们的产品之后，事故率也下降了 20% 到 30%，运营效益得到了很大的提升。"

现在，经过十余年积累，蓝斯通信能够为客户提供智慧公交整

蓝斯通信展厅

体解决方案，利用嵌入式软硬件、云平台、大数据、图像处理、机器视觉、机器学习等多种技术，结合公交车辆的运行特点，推动"四位一体化管理"（即监管、运营、人、车统一管理）的公交信息管理体系发展，提升公交公司运营管理水平及企业综合效益，为乘客提供更加安全、便捷、舒适、高效的服务。

目前蓝斯通信的智慧公交解决方案在二、三线城市的市场形成了核心竞争力。在国内展开以华东、华中、华南、西南、西北和东北为主要覆盖区的销售网络的基础上，积极开拓海外市场，在埃塞俄比亚、厄瓜多尔、津巴布韦、哥斯达黎加、沙特阿拉伯、中国澳门、菲律宾等国家和地区都有公交、巴士等项目落地。

成功案例越来越多，使命和责任感促使蓝斯根据行业的发展不断开发完善方案产品体系，包括：公交智能调度、公交 ERP、视频监控管理、车载客流统计、公交全支付、纵火预警、安全驾驶辅助管理、预防酒测、运维管理、电子站牌服务等软硬件系列产品。

找准重点　解决痛点

公交系统关系民生，一直是国家战略关注的重点。2000 年，科技部会同国家计委、经贸委、公安部、交通部、铁道部、建设部、信息产业部等部委相关部门，专门成立了全国智能交通系统协调指导小组及办公室，组织研究中国智能运输系统的发展；2006 年《信息产业科技发展"十一五"规划和 2020 年中长期规划纲要》将"智能交通系统"确定为重点发展项目。

公共交通要解决的首要问题是效率与安全，随着信息产业革命而来的智慧交通也是如此。提升公交系统的效率和安全，包含了很多方面，从支付车费的便利性，到掐点候车，到减少车上偷盗行为等等，问题各式各样，解决方式自然各有不同。

作为行业的领导者，蓝斯通信一直以来都以解决痛点为创新的出发点，力求让研发有的放矢，事半功倍。林升元说，"我们定位就是以行业的领导者的担当去推动公交智能化。现在蓝斯通信都是围绕着公交客运行业的痛点来做。"

林升元回忆，在刚刚进入智能公交领域的时候，"当时公交系统最难管的第一个是速度，管控不下来。第二个是车上的小偷多。第三个是堵车的情况。零几年时候，这个应该是国内普遍现象。首先我们应该把速度管控下来。第二个就是在车上安装实时系统，有助于公安取证，帮助提升破案率。第三就是把车辆的利用率提高。"

在等公交车的时候，时常会出现等待很久没有车来，而一来就连续几辆的状况。这种情况下，提高公交调度效率的重要性就凸显出来。"什么时候是高峰期，高峰期发车的频次是怎么样的，平峰期发车的频次、节假日人流是怎么样的，如果真要做到智能化的话，就要根据情况做调整。"

为了减少市民候车时间，提升公交调度效率，蓝斯通信开发了公交智能调度运营管理系统和客流统计系统。这两套系统的应用大大提升了公交调度的效率，当一辆车在路上遇到拥堵或车内拥满的情况，调度中心的工作人员可根据实际情况发出指令，下发诸如调度其他车辆、缩小发车间隔等调度指令。

公交智能调度运营管理系统可通过智能车载终端实现对公交线路、车辆、司机状态等信息实时采集、应用和分析，实现智能化、无纸化排班调度，进而提升企业管理水平和运营效率。同时，也为公众出行提供准确、及时、全面的基础数据，为政府行业监管提供准确有效的决策依据。

客流统计系统利用视频客流统计仪采集传输的上下车客流量数据，进行对客流量的实时监测，监控中心能即时了解到每台车辆的载客状况，到达的各站点上、下客情况，各站点的繁忙或拥挤程度等信息，通过客流数据分析，为公交公司的车辆排班调度和线路优化提供数据支撑。

林升元介绍，新技术新产品的应用，改变了过去公交靠人脑调度排班的情况，"我们引入 AI 行业智能化的判断，会让乘客与公交客运企业都受益。第一，市民的感知，等车不那么费劲了。合理排班也并不会因为车辆投入的减少，让市民感觉不便。第二，从企业经营的角度，投入的车辆减少了，但是顾客满意度提升了，经济效益就提升了。另外，让线路的规划更合理。以前线路规划可能就是拍脑袋，哪里的市民投诉多，需要线路延伸，就给他延伸过去。现在，通过仪器检测，我们知道这一带的客流，这条线路上有多少公交线路汇集，可以得出精准的客流数据分析报告，为以后线路规划布局提供重要的数据参考和支撑。"

另外，为了顺应移动支付迅速、大面积覆盖支付体系流行开来的趋势，蓝斯通信在全国率先推出了全支付系统。全支付 POS 机是一款集非接触 IC 卡支付、微信支付、支付宝支付、银联支付、以及 APPle Pay/Samsung Pay/Huawei Pay 等手机 NFC 支付于一体的新型车载智能 POS 终端，并通过 CCC、银联 PBOC3.0L1、银联 PBOC3.0L2、住建部认证，可无缝接入全国互联互通系统平台，全方位满足客户的需求。

当然，每个城市的公共交通都具有自己的特点，因此很难以一个产品或系统解决全部问题。林升元介绍，"在实际研发和与客户交流的过程当中，我们也会发现市场的新需求，为了更好地满足客户的需求和行业的发展，2017年，蓝斯通信将产品部从研发中心独立出来，成立产品管理部，有针对性地对不同城市的交通需求进行分析，量身订做出适合的产品。我们有责任跟客户一起梳理、整理他的需求。要让客户清楚这个要求究竟是不是他想要的，是不是这个行业需要的。我们希望在这方面能做得更深入，更符合行业的发展趋势。"

硬件与软件两手抓

现在，蓝斯通信对自己的定位是智慧交通整体解决方案服务商和提供商，这样的表述突出了企业的本事——设备、系统与服务都可以提供。

智能化趋势中，硬件与软件缺一不可。蓝斯通信从硬件入手，先把终端设备做好。车上相关信息的采集、数据传输都需要硬件终端；后端运营的分析则需要软件配合。林升元说，"目前来讲，业内的企业可能都不去做设备，而是从市面上采购。采购来的设备可能是通用性的，并不是针对公交客运行业来做的。而我们针对公交客运行业制造硬件终端设备，在这个细分市场上做专、做透。"

林升元回忆创业之初，8个股东，拿出来35万元创业，每个人都要身兼数职，可以说分身无暇。大家对于公司的定位和发展方向考虑得很简单，"以前我自己定位就是一个设备供应商，我只卖产品就好了，当时的想法很简单。"

说到为何从设备供应商转向研发系统，林升元表示，这也是经历过挫折后的抉择。他介绍，在2009年左右，公司拿到了一个项目，原本是把系统部分交给其他公司做的，但是这家供应商提供的系统无法满足要求，"比如说，系统经常跑不起来，会死机、崩掉。操作不方便的地方，叫他改一下，他也不配合。比如我需要一个准点率的统计，他们响应非常慢，拿不出来。导致我们后面的项目被其他竞争对手拿走了。到后面，我们自己逼着自己组建了开发系统的团队。刚开始很难，慢慢越做越好，现在我们的这个调度运营管理系统，我可以说是业内最好的。"

在系统开发上，蓝斯通信起步并不早，而且基础弱，其之所以能够发展成为业内最佳，原因在于敢于在研发上投入。林升元介绍，"我们团队本身大部分是技术背景出身的，最核心的人员，都是自己人。目前，公司已经搭建了完善的人才梯队，形成了以骨干员工为核心，以老带新，共同进步，不断涌现研发新秀的局面。现在，研发中心是公司最大的部门，将近90人。"

在制造业服务化大潮中，蓝斯通信作为设备供应商迅速作出反应，在坚持自身优势的同时，开发、打造系统集成能力，挖掘深度价值，提高附加值，从而形成了较高的客户黏性。林升元认为，"这个行业你做完，客户对你会有黏性。因为整个系统都是我们去做的时候，就会形成使用习惯，客户没那么容易换掉我们。我们也会不断提供迭代升级的方案给他，所以我们也在不断地创造这个价值。"

在研发上，蓝斯通信也采取硬件、软件两手抓的方式。公司终端硬件和系统软件研发上取得了进一步的提升，推出了二代公交智能调度运营系统、客流统计系统V2.0、智慧校车管理系统、酒测及危险品检测终端等，继续完善了公司的产品线。

一方面，蓝斯通信在研发投入上毫不吝啬，企业研发经费支出占主营业务收入比一直维持在 13%。蓝斯通信在研发设计阶段就高度重视产品的可靠性、稳定性，因此投入大量资金建设实验室。并在厦门市科技局的指导和支持下，承建了厦门市车辆主动安全智能视频分析工程技术研究中心。进入蓝斯通信的实验室，里面的设备各种各样，从高低温测试到电压测试，均是国际先进的实验设备。"现在的实验室投入了大概 400 万元。只要需要的设备，该买的都买。我们的设备在南方要用，在北方也要用，所以就需要温度上适应范围广。我们现在产品，定义是从零下 30℃ 到零上 85℃，都可以用的。这样我们就要有高低温的测试。另外，一些旧的公交车的电压、电流很不稳定，一上坡踩油门，电压、电流一下就飙升上来，这个时候就很容易把设备烧掉。我们投入了一台价格将近 100 万元的专门测试电流、电压，模仿车上供电情况的设备。"公司研发实验室在原有多通道定位卫星信号模拟源、酒精—橡皮耐磨试验机、精密全自动恒温运风烤箱、VC（2）摄像头测试专用标准光源箱等设备的基础上，新增了组合式抗扰度测试仪、振动测量记录仪、手持示波表等先进设备。

大笔的投入带来了丰厚的回报，截至 2017 年末，蓝斯通信已取得发明专利 3 项，实用新型专利 15 项，外观专利 10 项，软件著作权 34 项。

无独有偶，在生产方面，蓝斯根据产品及客户订单的特点，建立了平准化生产流程，在生产过程中导入了看板管理、目视管理、防错管理、平准化等一系列的管理工具。为了确保产品生产的过程质量，建立了品质提升推行委员会、5S 推进小组等专职化工作小组。而在质量管控方面，则导入了 TQM 组织，通过了 ISO9000 质量体系认证、完成了 CMMI（软件能力成熟度模型集成）三级认定等等，促使产品的品质不断得到提升。

而另一方面，蓝斯通信在企业内部管理和人力资源管理等软实力上下功夫。2017 年，根据公司发展战略及运营管理需要，以精简、高效为原则，蓝斯通信引进外部咨询顾问团队，调整公司组织架构，完善公司治理，重构企业流程，通过提升"销售流""交付流"和"服务流"，强化服务和竞争意识，强化对业务部门的支撑；进一步明晰各部门、各岗位职责，通过细化加分指标、明确级差系数、设置合理权重，完善以正向激励为主的绩效考核体系，以指标驱动，靠考核控制，加强绩效管理的规范化、制度化，充分调动员工的积极性和主动性；在流程建设方面，研发中心建设了完善的 IPD（集成产品开发）流程，有效地确保了产品研发的过程质量，提高了开发效率，提升了产品质量。

林升元说，高新企业最重要的是人才。蓝斯通信一边不断引进人才，一边加强已有人员的素质和能力提升。为了把优秀的工作经验总结起来并传递给员工们，公司成立了内训师团队，并开展系列培训活动、设置各种奖项等，让大家在企业的发展过程中对未来有明确的方向。

进军国际市场

在中国的智慧公交领域，无论在市场份额，还是技术先进性上，蓝斯通信都已经成为隐形冠军。

在国内市场上，蓝斯通信将继续以二线城市为突破口，积极拓展三、四线城市市场，对国内市场的最终客户进行优化梳理，深度拜访。同时，在重点区域城市布局增设多个办事处，在空白市场寻找地方伙伴，做深当地市场。

在国际市场上，林升元对公司的竞争力也很有信心，他说："我觉得从我们现在接触到的国家来讲，还是很有竞争力的。比如，菲律宾的政府部门，到公司参观学习，很认可。应该说，最起码我们相对东南亚的企业，是处于领先地位的。与西欧国家相比，他们的软件有独到的优势，但是在硬件上，我们远远领先于他们。从先进性上来讲，我们是非常有竞争力的。每年来公司参观交流的国外政府部门、国外企业，对我们的评价都非常高。"

下一步，蓝斯通信将大力探索国外市场，争取在国际市场占领重要位置。

作为一家民营企业，蓝斯通信深知自己的短板所在，于是在开拓国际市场上选择了"借船出海"的方式。在立足国内的基础上，稳健向海外市场辐射，已经完成加蓬调度监控、埃塞俄比亚公交一卡通和 GPS 调度项目、厄瓜多尔公交刷卡项目、津巴布韦首都运钞车项目、哥斯达黎加旅游巴士视频监控项目、沙特阿拉伯对讲机开发项目等，并与同菲律宾合作方达成共识，签订了战略合作备忘录，将为菲律宾公共交通运输行业提供先进的智慧交通整体解决方案。

在"一带一路"倡议的引导下，从公路铁路到机场港口，中国承建的交通基础设施项目遍布亚非大陆，智慧交通的概念也正渐渐深入人心。林升元说，我们现在跟"一带一路"倡议走出去，先采用"借船出海"的策略跟随有实力的大企业，诸如华为、金龙、金旅等走出去。"现在国内的产能在向外输出。中国的客车、商用车，随着'一带一路'也在走出去，他们的车上都会装上我们的整体解决方案。我们跟着大企业一路走来，站在他们的背后，不断配合去做相应的方案。比如加蓬、肯尼亚、巴基斯坦、哈萨克斯坦，我们都有项目落地了。"

未来，蓝斯通信将向产业链纵深推进，实施城市公共交通综合出行数据运营垂直一体化战略，实现"终端—项目—数据—运营—服务"一体化的商业模式、推动智能公交整体解决方案及产品在公交客运之外领域的应用。

第二十六篇
物之联：轨道交通主动安全的守护者

王志琴

伴随城市化进程不断加快，城市占地规模、经济规模和人口规模不断扩大。城市愈加繁荣的背后是交通问题的日益突出。轨道交通系统的建设是国家重大需求，在经济和社会建设及可持续发展战略中发挥着重要作用。轨道交通行业已进入快速发展阶段，截至 2017 年底，中国大陆累计有 34 个城市建成、投入运营城轨线路5033 公里，国家铁路里程达到 12.7 万公里。

我国相继颁布《国家中长期科学和技术发展规划纲要（2006—2020）》《"十三五"国家自主创新能力建设规划》《"十三五"国家战略性新兴产业发展规划》和《国务院关于城市优先发展公共交通的指导意见》，提出"着力提高轨道交通自主创新能力，促进轨道交通快速发展"，"轨道交通装备产业作为高端装备制造业的重点培育对象，需大力发展技术先进、安全可靠、经济适用、节能环保的轨道交通装备"，"巩固和扩大国内市场，大力开展国际合作，推动我国轨道交通装备全面达到世界先进水平"。

随着轨道交通运营里程的迅速增加，运送客流规模的急剧增大，如何在快速运行条件下保障轨道交通系统的运营安全已经成为各主管部门共同面临的越来越严峻的考验。运营里程的延长，线路的增多，路网结构的复杂化，使得轨道交通系统运营遇到了一系列的管理和技术难题，迫切需要开展安全保障技术的研究和应用。以北京、上海、广州等特大城市为例，城市轨道交通运营里程快速增加，客流量迅速攀升，各种新情况、新任务、新问题层出不穷，线路纵横交错、规模庞大、客流与车流交互影响、线路之间高度关联。这一复杂系统能否安全、可靠、高效运行成为轨道交通运营面临的最大考验。如何全面系统地加强轨道交通全局安全保障，促进安全保障模式从设备级安全向系统级安全的本质转变，已成为我国轨道交通行业发展的大趋势。

前瞻性眼光布局　抢占轨道交通细分领域先机

物联网作为继计算机、互联网之后世界信息产业的第三浪潮，是当前重点发展的战略性新兴产业，也是我国信息产业未来发展的战略支点。但在 10 年前，大众大多对互联网、物联网、大数据、云计算这些概念混淆时，厦门物之联智能科技有限公司（以下简称"物之联"）创始人已将目光瞄准当时还是全新的智慧生态型领域的物联网，并将公司定位为以智慧轨道交通为核心业务的物联网行业解决方案提供商和服务商。

之所以具有如此前瞻性的眼光，正是出于对物联网行业发展潜力的看好和预判。如今，在国家创新驱动战略及相关产业政策的推动下，中国物联网产业取得了快速发展，已经嵌入各行各业，相关产业链日趋完善和加强，并逐步成为国家新的经济增长点，物之联将物联网技术运用于轨道交通领域，也印证了物之联独到的市场眼光和坚定的信念。

安全是轨道交通永恒的主题。随着轨道交通的快速发展，结合全局战略性骨干运输网络的高效能、综合性、一体化、可持续发展需求，急需对高速铁路系统进行安全保障体系化建设。一个偶然的契机，物之联与西南交通大学展开合作，之后同北京交通大学、北京地铁、中铁西南科学研究院形成产、学、研创新体系，开展轨道交通车辆长期服役健康状态及其性能演变规律研究。物之联在轨道交通健康监测领域上已累计完成上千万公里列车安全跟踪实验，收集保存海量列车运营相关数据，为公司快速发展奠定了坚实的基础。

物之联经过多年技术沉淀，技术团队自主研发轨道交通系统综合安全保障平台、轨道交通智慧运维平台、装备健康监测及故障诊断系统、RFID 电子标签、专业传感器等多项产品，已运用于部分

轨道交通车辆监测设备

高铁、地铁等轨道交通领域。

脚踏实地　大胆技术创新

创新是一个企业生存和发展的灵魂。物之联研发团队时刻保持着创新意识，严谨于技术，大胆于创新，在技术、产品上狠下功夫。

物之联的主要产品是轨道交通系统综合安全保障平台，包含：列车安全感知与预警系统、基础设施及环境安全感知与预警系统、地面综合安全保障平台等。产品以轨道交通系统与装备为关注对象，开展广域环境监测下轨道交通系统状态智能感知技术研究；构建空间与时间维度上多状态信息融合与辨识技术；揭示轨道交通装备关键结构服役动态行为及演变规律；形成轨道交通装备安全状态评价、故障诊断与性能预测技术和轨道交通基础设施故障预测及灾变识别与防控关键技术；引入安全度的概念，建立轨道交通装备多维度系统本构安全行为评估理论与改性技术标准体系；揭示车、线及自然环境状态与车辆运行安全性的映射关系；建立轨道交通系统风险链构建与系统解耦技术；形成轨道交通系统安全度理论与评价体系和协同安全保障技术；完善轨道交通运营安全决策、主动维护与救援保障技术。通过构建一体化网络实现列车—地—控制中心安全互联，保障轨道交通系统安全运营。

列车安全感知与预警系统。对恶劣环境下轨道交通列车的关键部件运行状态进行在线实时监测，完成轨道交通列车多元多维度的大容量的感知数据获取与融合及对数据资源进行深度学习、挖掘分析和特征提取，实现单一列车及列车群信息的综合分析，实现列车关键部件、关键部件群的安全状态检测。基于列车、基础设施、运行环境等安全状态数据，采用大数据关联分析、机器学习等方法，分析故障机理及演化过程，构建故障辨识、预测评估模型，实现列车运行安全状态预警。

基础设施及环境安全感知与预警系统。轨道交通是一个运营组织技术复杂的大系统，基础设施、自然环境等多方面因素会对运营安全产生十分重要的影响。基础设施及环境安全感知与预警系统是对多传感器、多尺度信息分析和多特征耦合分析，进行基础设施、自然环境的全息化智能感知、安全服役状态评估和预警。

地面综合安全保障平台。针对轨道交通列车、基础设施、自然环境多相耦合、失效全局传播影响风险大的特点，构建轨道交通系统多层次多粒度风险链、风险辨识与解耦定位，实现轨道交通系统的综合安全评价与预警，构建资源的共享与调度、应急联动机制，为路网正常运营提供安全保障和决策支持。

产品以构建轨道交通综合安全保障系统为目标，以"基础理论—关键技术—系统装备"为技术路线，围绕轨道交通系统全局行为形成 / 致害机理、风险链构建与解耦等问题，产品所涉及的很多研究成果在行业处于领先技术。

不断精进　让企业走得更远

高品质产品的背后，正是物之联长期从事高速铁路及城市轨道交通系统的安全监测技术研究的研发团队专注技术研发、提升，将公司诚信、执行、协作、创新的企业精神发挥极致，创造团队价值。

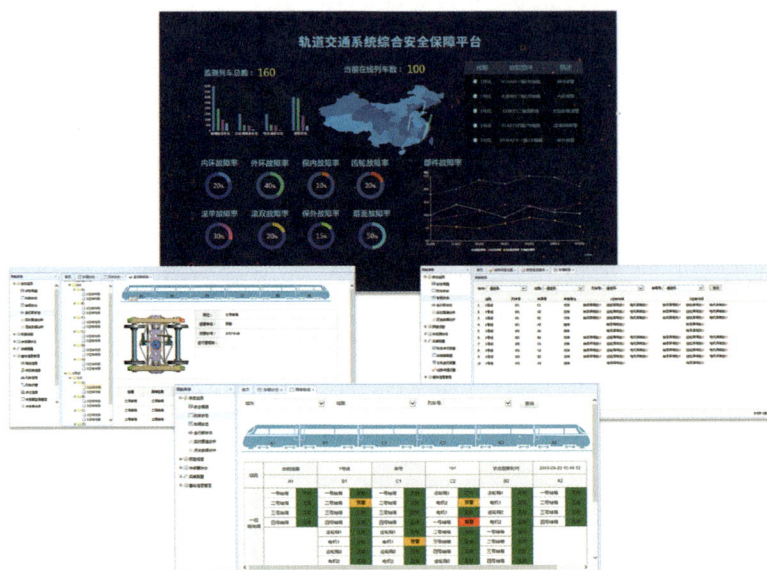

轨道交通系统综合安全保障平台

　　物之联深知"人"才是最核心的生产力，也是最具活力的发展因素，为员工提供舒心的办公环境，如宽敞通透的办公室、精心规划设计的茶水间、随处可见的绿植、集会议活动于一体的多功能厅……让员工在繁忙的工作之余放松身心。物之联还用心建设核心企业文化，关心员工所思所想，关心员工自身的发展和提升。组织各式各样的培训、户外拓展、旅游、生日会……通过一次次活动凝聚力量，团结发展。

　　物之联自上而下将"知行合一"思想贯穿其中，欲做事先做人，做人要有底线，确立自己正确的价值观，才能实现与客户携手共赢、让员工自豪、让企业受人尊敬的使命，这样企业才能更加壮大，走得更远。

一分耕耘，一分收获。物之联的不懈努力得到了认可和肯定，近年来相继荣获最佳轨道交通物联网创新奖、创新型试点企业、智能制造示范企业、"双百"人才计划企业、科技小巨人领军企业、物联网行业最具潜力企业、守合同重信用企业、科技产业化基金扶持企业、最具影响力物联网项目十强、中国创新创业大优秀企业、"白鹭之星"创新创业大赛二等奖等荣誉。

物之联通过了软件企业、高新技术企业、信息系统安全集成二级、CMMI3、ISO9001、ISO14001、OHSAS18001、ISO27001 等资质和体系认证，并多次承担国家、地方科技创新项目和重大科研项目，参与部分国家及行业标准的制定，相关产品获得 CNAS、EMC、GB/T25119–2010 认证，拥有百余项专利和软件著作权。

荣誉见证实力，凭借多年不懈的努力，物之联与中车长春客车厂、四方车辆厂、唐山车辆厂、大连机车厂、北京地铁、广州地铁、厦门地铁、长沙地铁、中铁西南科学研究院等单位建立战略合作关系，持续协同创新，共赢美好未来。

轨道交通行业持续高速发展　安全保障市场前景广阔

"十三五"以来，中国轨道交通行业持续高速发展，运营规模不断创新高。截至 2017 年，全国铁路营业里程达到 12.7 万公里，动车组 2935 标准组。根据最新公布数据显示，2017 年全国铁路行业固定资产投资完成 8010 亿元，"四纵四横"高铁网提前建成运营；预计到 2020 年，中国铁路网规模达到 15 万公里，配属动车组较 2017 年将翻倍；到 2025 年，铁路网规模达到 17.5 万公里左右，其中高速铁路 3.8 万公里左右。

城市轨道交通 2017 年共计 34 个城市开通轨道交通并投入运营，运营里程达 5033 公里。2017 年中国内地城市轨道交通完成建设投资人民币 4762 亿元。有 62 个城市的轨道交通线网规划获批，共计在建线路 254 条，在建线路里程 6246.3 公里。预计到 2020 年，全国将建成城轨、地铁 6200 公里。未来十年，城市轨道交通车辆平均年需求将超过 5000 辆，整体呈加速发展趋势，2050 年将建成 11700 公里，占世界总里程一半以上。

《"十三五"国家战略性新兴产业发展规划》明确提出推进轨道交通装备产业智能化、绿色化、轻量化、系列化、标准化、平台化发展，未来在"一带一路"、中国高铁"走出去"等政策的推动下，强化轨道交通行业领先发展优势，大规模推进铁路线路建设和信息化建设已成为促进我国经济持续健康发展的一项长期战略工程。

在轨道交通快速发展的背景下，轨道交通系统安全保障、综合能效提升、系统可持续性、系统互操作成为重点研究方向，安全保障市场前景广阔。物之联开发的轨道交通系统综合安全保障平台，为保障轨道交通复杂系统安全提供了坚实的技术支撑。物之联将继续对列车关键部件在线监测与诊断技术、对象结构认知、隐患挖掘、故障链构建及各故障关联分析等方面深入研究，结合运营环境、线路等对列车运行安全性的综合影响，实现轨道交通系统综合安全评估与保障。今后，物之联将凭借先进的技术及可靠的质量，尽快形成市场布局，并逐步与客户建立可持续性的战略合作关系，为公司长期的业务开展提供保障。同时通过技术手段或行业影响向客户提供创新的综合安全体系平台及相关大数据服务，成为保障轨道交通系统安全运营的重要技术手段及措施，引领轨道交通安全保障市场。

策　　划：杨松岩

责任编辑：徐　源

封面设计：石笑梦

图书在版编目（CIP）数据

寻找中国制造隐形冠军 . 厦门卷 / 魏志强，陈良财 主编；
《寻找中国制造隐形冠军丛书》编委会编 . — 北京： 人民出版社，2018.10
（寻找中国制造隐形冠军丛书 / 魏志强，王玲玲主编）

ISBN 978－7－01－019876－7

I.①寻…　II.①魏…　②陈…　③寻…　III.①工业企业－介绍－厦门
　IV.① F425

中国版本图书馆 CIP 数据核字（2018）第 225645 号

寻找中国制造隐形冠军（厦门卷）

XUNZHAO ZHONGGUO ZHIZAO YINXING GUANJUN (XIA MEN JUAN)

寻找中国制造隐形冠军丛书编委会　编

魏志强　陈良财　主编

人民出版社 出版发行

（100706　北京市东城区隆福寺街 99 号）

北京盛通印刷股份有限公司印刷　新华书店经销

2018 年 10 月第 1 版　2018 年 10 月北京第 1 次印刷
开本：710 毫米 ×1000 毫米 1/16　印张：19.25
字数：223 千字

ISBN 978－7－01－019876－7　定价：68.00 元

邮购地址 100706　北京市东城区隆福寺街 99 号
人民东方图书销售中心　电话（010）65250042　65289539